浙江省规划课题"现代区域研训教一体化的路径创新与实践"研究成果

Mingshi Haoketang
Yanxunjiao Yitihua Chuangxin

Mingshi Haoketang
Yanxunjiao Yitihua Chuangxin

名师好课堂

研训教一体化创新

唐西胜 编著

ZHEJIANG UNIVERSITY PRESS
浙江大学出版社

序

我个人一直喜欢新生事物,新生意味着生命与活力,新生预示了蓬勃与发展。"太平之世无所尚,所最尚者工而已;太平之世无所尊,所尊贵者工之创新器而已。"康有为先生所推崇的工业及工业创新也同样适用于现代社会。我以为"名师好课堂"就是教师专业化发展道路上的一个新生事物。据我所知,"名师好课堂"诞生于下城区教师教育学院更名之前,学院的前身则是下城区教育研究发展中心。一个单位的更名,不仅是名称的变化、工作环境的改善,关键是内部机制的革新。张瑞敏认为企业竞争力的实现取决于创新的细胞。教师教育学院,着眼教师专业化发展、立足研训教一体,综合性学术型办学机制逐步形成,这一过程中,创新思想喷然而出,"名师好课堂"崛然而起。

如今,教师专业化发展已成为教师实践的主流话题,是研训教部门的重要工作内容。教师专业化包含双层意义:既指教师个体通过职前培养,从一名新手逐渐成长为具备专业知识、专业技能和专业态度的成熟教师及其可持续的专业发展过程,也指教师职业整体从非专业职业、准专业职业向专业性质职业进步的过程。钟启泉教授认为,对照新的《教师教育标准》,绝大多数老师都不合格。但他并不是说不合格的老师都有遭到淘汰,而是说绝大多数老师需要进一步学习,事实上所有的老师都应该是终身学习者。而"名师好课堂"恰好应了教师专业化发展之需求。因此,我为"名师好课堂"这一新生事物的诞生而欢呼,我赞佩下城区教师教育学院创新的勇气。

法国哲学家柏格森曾说:"对新的对象必须创出全新的概念。"我非常赞同下城区教师教育学院唐西胜院长对"名师好课堂"做出的全新注解。书稿对"名师""好课堂""名师好课堂"进行了多元的解读和自我的体认。唐西胜院长认为"名师好课堂"是一个以下城为基地、以教师专业化发展为目标、以名师为引领、以课堂为载体、以参与式培训为主要方法,以实现研训教一体化为主要功能的创新品牌。我以为,这样的定位和诠释是完全正确的。"名师好课堂"活动开展以来,正是体现了这样的一种功能。尤其是研训教一体化,以"课"为载体,以"研"为方法,以"训"为途径,以"教"的改善和提升为目的,将教师培训主题化、课程化和学术化,"名师好课堂"的每一期活动都做得漂亮,做得响亮。

要创新需要一定的灵感,这灵感不是天生的,而是来自长期的积累与全身心的投入。的确,下城区教师教育学院是有底气的。"名师好课堂"的渊源是下城区"课堂节"。

"课堂节"是下城教育的特色品牌之一,以"轻负高质"理念为指导,以促进教师专业化成长为追求。自 2008 年以来,"课堂节"已举办七届,开展各学科课堂展示、观摩、研讨项目达 70 多项,区内教师上课与交流展示达 400 多人,邀请教育部、中国教育科学研究院、香港地区、台湾地区、省内外教育理论专家和教学专家来下城做学术交流达 160 多人,每年不仅全区教师受益,省内外近万名参会教师也品尝了下城的学术大餐,影响浩大。全区呈现出课堂教学改革的生动局面,实现了师生课堂生命的成长。

"名师好课堂"在"课堂节"基础上,已成功举办十三期。近两期又推出"海峡两岸和香港课堂汇"新平台邀请香港、台湾、大陆名师演绎课堂,三方知名课程专家点评和指导。海峡两岸和香港教师的专业对话,凸显和分享海峡两岸和香港教师的教育文化和智慧,构创一种"合作共赢"的教研文化。一次次拓进,无不浸润着下城教师教育人创新的锐气。

"日新之谓盛德。"下城教师秉承对教育的挚爱,深刻领悟到:没有反思的教学,缺少研究的教育已经无法满足未来的要求。教师的研究是一个真正的学习过程,这是教师专业化发展的必由之路。教师研究的途径就是实践,实践是教师发展的基础和生命。"现在的一切美好事物,无一不是创新的结果。""名师好课堂"这一集实践与研究为一体的优质平台,吸引着教师的兴趣,鼓舞着教师的精神,燃起教师对实践、对研究的不可遏制的渴望。最后,我用三句话来预祝"名师好课堂"越走越好:

每天创新一点点,是在走向领先。

每天开拓一点点,是在走向丰收。

每天进步一点点,是在走向成功。

刘　力

2015 年 6 月 8 日

(刘力:浙江大学教授、博导,浙江省中小学教师与教育行政干部培训中心常务副主任)

前　言

一、关于名师

在中小学,究竟什么是名师? 不同的人按照不同的价值取向、从不同的视角,对名师进行了不同的诠释。有人认为能上好课的就是名师,有人认为能够考出好成绩的就是名师,有人认为会搞研究、有丰硕学术成果的就是名师,有人认为热爱教育、关爱学生的就是名师,还有人认为有名气、有影响力的教师就是名师……甚至有人试图通过提炼、归纳名师的共同特征和特质,画出名师的标准像,来解读名师。多元化的名师认知,也恰好说明大家对名师有着广泛关注和更多的期待。

名师之所以成名、有名、知名,一定是有其外在表征和内在特质的。一个真正的具有示范、引领、标杆价值的名师,更应该有其独特个性以及特色产品和代表作品。同时,名师的专业化成长可以看作是一个能量输入与输出的过程;在其成长之初,以输入为主,在其成名之时、之后,可以认为是一个以产出、输出为主的过程。据此,个人认为,作为一个名师应该有四大"产出":出好课、出高徒、出思想、出精神。这也是名师判别的另一种视角。

首要的是出好课。

课堂是教师的主阵地。课堂既是名师成长最丰美的沃土,也是检验名师含金量的试金石,还是名师展示风采、引领影响、回馈社会的大舞台。顾泠沅认为,"真正的名师是在学校里、课堂里摔打出来的"。名师的成长、成名,遵循着从课堂中学习——在课堂中成功——为了课堂改进的实践路径。因此,作为名师,应该有先进的课堂教学理念,有渊博的知识储备和释放策略,有高超的课堂驾驭能力,有独到的师生对话智慧。名师的课堂,应该是教师神采飞扬,学生如沐春风,师生平等合作,课堂活力四射的课堂。名师的好课,不是一堂、两堂公开课、示范课,不是精心准备、反复打磨、花样翻新的"教学秀",而是教师一种成熟、稳定、优良的个人教学风格,是名师的拿手的"家常菜"和个性化标签,要达到课如其人,人如其课,课人合一的境界。

紧要的是出高徒。

高徒有两层意蕴:一是教出好的学生;二是带出好的青年教师徒弟或教学团队。教出好的学生,意味着课堂教学要有良好的教育教学效果,这也是"出好课"的必然结果。

不能让学生得到实惠、不能促进学生成功和成长、只开花不结果的课,不能称之为好课,这样的名师肯定是叫好不叫座。检验名师、检验好课的重要标准应该是教书育人的实效,教育教学的质量。教出好的学生,一方面是学生当下的学习、表现优秀、出色,另一方面是学生未来能有可持续发展,在未来步入大学、走上社会,成为创新型人才,成为社会栋梁,这是名师之功,是学生之幸,更是民族之利。

名师的另一种角色和责任就是当好师傅、带好徒弟,乃至带好团队。名师是一种优质的教育资源。在名师成长之初,教育界乃至社会投入了大量的资源,助其成长。名师"成名",又成为新的教育资源,贵在回报,优在科学的挖掘和有效的利用。师徒结对,作为小微型学习组织,在学习型校园建设中是一种重要的形式和载体,也是发挥名师作用、促进青年教师又好又快成长的传统方式。为更高效率地发挥名师带动作用,下城区在区域层面构建了"名师智慧空间站",打造了以名师为引领的教师专业成长和发展的"共同体"。无论是"结对"还是"团队",名师都成为关键和核心,成为青年教师和骨干教师精神的导师、学生敬爱的"师傅"。对名师的评价和考核,带好徒弟、带出好徒弟都应该成为重要指标。当高徒再发展成为"名师",教师的专业化成长就进入一种良性循环的轨道,教师队伍就充满活力,教育就充满了希望。

重要的是出思想。

思想从来就不是一个奢侈物。思想是人类一切行为的基础,任何教师对教育、对教学都有所思、有所想,都有自己独特的教育理解和教育观念,这种理性认识我们通常可以认为就是教师的教育、教学思想。只是这种思想有正确与偏颇之分,有粗浅与深刻之分。

人因思想而伟大,人因思想而崇高。思想关系着一个人的行为方式和情感方法,没有正确、先进的教育思想作支撑,就不可能有好的教育教学行为和好的教育教学效果的发生。作为名师,其"名"之所在,其魅力所在,其崇高之所在,就贵在有教育、教学理性思考,有自己的教育、教学主张,并逐步形成正确、成熟的教育教学观念和理念,且付诸实践,接受实践的检验。在教育变革的今天,细细研究当前各级各类"名师",他们都有一个共同特征,那就是都有自己独到的教育见解和教育思想,总是闪耀着思想的光辉。名师的引领、示范,根本的是思想的引领和影响。

名师的教育思想从哪里来?名师是一个勤奋的学习者,是一个深耕细作的实践者,更重要的是一个远行的思考者。在学习中实践,在实践中思考,在思考中去探索、去研究。研究是名师成长的重要阶梯,是名师教育教学思想形成的重要路径,每一位教师都应树立"教师即研究者"的理念。要在研究中学习、掌握、吸纳并内化先进的教育理论和理念,去观察、发现新的教育现象,并在思考的基础上形成自己的教育理念和观点。

至要的是出精神。

人无精神不立。列夫·托尔斯泰说:"人类被赋予了一种工作,那就是精神的成长。"教师是人类历史上最古老的职业之一,也是最伟大、最神圣的职业之一。习近平主席说:"教师重要,就在于教师的工作是塑造灵魂、塑造生命、塑造人的工作。"其伟大、神圣、崇高或是"重要",就不仅仅在于教师自己的精神成长,更关键在于引导、影响他人的精神成长。在强调教师专业化发展的今天,专业精神和专业情意,既成为其专业成长的重要内容,也构成教师专业发展的不竭动力。特别是名师的成长,更是以精神成长为责任和使命,精神世界的良好发育贯穿个人成长始终,这也是名师的影响力、感召力和核心竞争力的根本所在。我们不难发现,享誉全国、广受师生欢迎的名师,无不德艺双馨,无不精神丰盈。只有娴熟的教学技能和技术,而精神发育不成熟、不完善的教师,至多算是匠师,不可能成为真正的名师、大师。名师向上、向善的精神品质是一种宝贵的教育资源,输出和传递着强大的正能量,影响着教师一批人、学生一代人,这也才是名师真正的价值所在。

每个名师总有独特的、令人仰慕的精神气象。尽管气象万千,但其内核和实质是共同的、也是必不可少的,比如有正确的人生观、世界观和价值观,有高尚的道德情操,有炽热的教育理想和情怀,有仁爱之心,等等。教师特别是立志成为名师的教师,应当高度关注自身专业精神和专业情意的修为和成长,同时,名师也当以其丰厚的精神产品输出作为己任,让名师真正名副其实。

我们从名师出好课、出高徒、出思想、出精神等"产出"的视角探讨名师的标准和要求,但也必须理性地认识到,名师是有不同层级的——学校、区域、全国、国际等层级,各层级在好课、高徒、思想的配比和权重会各有侧重,我们无法也不应该统一标准、苛刻要求,否则,我们必将人为抬高名师的台阶,妨碍名师的梯度成长。在名师成长中,我们也要清醒认知并努力做到以下几点:

第一,去神秘化。杭州师范大学童富荣教授提出"名师,并不遥远"的观念,让人人都可以有名师梦想。杭州市下城区推进"梯级名师"建设,通过一二三四五个星级对教师进行多目标、梯级开发,塑造金字塔形人力资源结构,促进人力资源的正态分布和正向层级流动,促进名师的梯度成长,从制度和机制层面让名师走近每个教师。揭开名师神秘的面纱,让名师成为每个教师可以追逐的梦想,有利于促进每一个教师的专业化发展。

第二,去行政化。名师是区域教育可持续发展重要的人力资源和人才支撑。区域教育通过行政的推动,营造良好的名师成长氛围,构建有利于名师成长的制度和机制,这是重要和必要的。但名师的成长具有较强的专业性,有内在的成长规律。名师不能是选出来的,也不能是评出来的,不可以有揠苗助长的催生,更不可以有教育实绩需要的牵强。

第三,去功利化。名师的适度包装,是一种艺术、也是一门学问,但事实警醒我们,要防止功利化驱使下的过度包装,这样既不利于名师自身的可持续成长,也必将导致名师示范"负效应"的发生,背离名师培养的初衷和本质。名师的包装,要有"淡妆浓抹总相宜"的审美效果,并很好地提高、升华、增加名师的附加值,从而为名师自身持续成长、示范引领作用的发挥助力。去功利化,还要防止名师"成名"之后"环谒于邑人,不使学",或脱离教学一线,或频繁外出讲学,或故作高深之态,最终"泯然众人矣"。伤仲永,伤不起。

二、关于好课堂——"好课堂"的生活化理解

对好课和好课堂,无数教师、名师乃至教育专家,都在努力研究和诠释,其定义林林总总,描述方方面面,在网络上简单搜索一下,可谓众说纷纭:

叶澜教授认为的一堂好课的标准:(1)有意义的课——扎实的课;(2)有效率的课——充实的课;(3)有生成性的课——丰实的课;(4)常态下的课——平实的课;(5)有待完善的课——真实的课。

顾明远教授认为世上有四种老师:深入浅出(轻负高效)型、深入深出(重负高效)型、浅入浅出(轻负低效)型、浅入深出(重负低效)型。深入浅出型的课是好课。

崔允漷教授认为好课的标准是:教得有效,学得愉快,考得满意。

德国体育教学专家海克尔教授提出评价体育课的两条标准——一是出汗,二是笑。

朱永新先生在《新教育之梦》一书中提出了三个层面六个度的新课堂评价标准。第一个层面是教师层面,包括亲和度和整合度;第二层面是学生层面,包括参与度和练习度;第三个层面是师生互动的层面,包括自由度和拓展度。

郑金洲教授将"好课"的标准概括为"十个化":课堂教学的生活化、学生学习的主动化、师生互动的有效化、学科教学的整合化、教学过程的动态化、教学资源的优化、教学内容的结构化、教学策略的综合化、教学对象的个别化、教学评价的多元化。

某网友写道:一堂好课,首先应是"学习课",而不是单纯的"教学课"。一堂好课,应该是"自主课",而不是单纯的"执行课"。一堂好课,应该有"个性化"色彩,不应该是"标准件"。一堂好课,应该是网络中的一个点,而不是直线中的一个点。一堂好课,是给学生上的,不是给听课人上的。

……

这些观点给了我们多元化的课堂教学启示和启发。对课堂的思考和理解,有时候跳出来,换一种思维,可能让我们有醍醐灌顶的顿悟。《舌尖上的中国》热播,勾起的绝不只是垂涎欲滴的食欲,也引发了我们对教学、课堂的思考。我曾经写过一篇关于课堂的文章,试图从熟悉的生活场景出发,迁移对课堂的认知,本色、本真地去理解课堂,理解"好课",进而有效地转化我们的教育教学行为。附在这里,探讨分享。

从厨房说课堂

"治大国,若烹小鲜。"古代思想家老子在《道德经》中把宏大的治国方略用极其浅显且生活化的方式表达出来。治理国家如此,治理课堂呢?有太多的理由让我们把课堂和厨房联系起来,从厨房之趣,看课堂之理;从厨房之变,看课堂之改。课堂与厨房的外在形态和内在精神的时代变迁,值得比较思考。

• 厨房的形态变迁与价值更新

"厨房"在词典上是这么定义的:烹制饭食菜肴之处。不难发现传统意义的厨房结

构简单、功能单一：煮妇的工作场所。因此厨房一直似乎不是大雅之堂，在建筑上一般偏安一隅，呈现小、旧、暗、陋的气象。在烟熏火燎之间，"煮妇"也非大雅之人。所谓下得厨房，上不得厅堂。

几千年的厨房演进到了现代，有人开始发问：厨房究竟是个什么样的地方？于是时尚男女各自踊跃表达着自己的厨房理想：

男女主人说，它必须方便清洁、容易打理，用起来舒适；

孩子们说，希望有够得到的台子和水盆，和爸爸妈妈一起制作食物；

设计师说，安全便利之外，厨房也讲究风格，并且应该与整个居家空间和谐；

美食家说，那里必需容纳上好的冰箱、烤箱和灶具，如果能够藏进一个专业酒柜就更完美了……

由此可见，当今品质生活下的厨房，早已成为现代男女的时尚、幸福的标签。有人曾戏言：一个国家的物质文明看厨房，精神文明看卫生间。特别是新生活理念下对厨房的敞开式设计和处理，使厨房、餐厅、客厅融合成为多功能的家庭公共区域。这种开放与统一，提供了交流、沟通、参与的可能，也涵养了民主、自由的厨厅文化。同时，精美的装潢、整体的橱柜、考究的餐具等，无不说明：吃，不仅仅关乎食物。厨房的文化潮流，让这里更像一个慵懒的茶歇室、温馨的咖啡吧。十八世纪法国作家、美食家布尼亚·萨瓦兰曾说："与其他场合相比，餐桌旁的时光最有趣。"这是一种最美丽的人生哲学，最纯粹的人文情怀。每天都能享受美食给我们提供的最纯洁的快乐。餐中的家常闲话，饭后的咀嚼回味，带来一家人更多的满足与幸福。

传统意义上的厨房经过现代流变，融合了休闲、娱乐、会客等多项功能以及各种高科技设备，这块小小的空间正逐渐成为家庭生活、情感沟通乃至朋友聚会的重要场所。其功能和追求已经从"为了生活"的美丽嬗变成为一种现代人享受幸福的优质"生活方式"。

课堂的演化与厨房的演进可谓殊途同归。传统的、特别是应试教育下的课堂——简陋的房舍、呆板的桌椅排列、单调的作息时间和内容、台上台下隔离的结构、冷峻中传递着威严的课堂氛围，教师在这里把知识变成"食物"，生硬地、填鸭式地灌输下去，学生别无选择。"煮妇"也似乎成为教师社会地位的一种隐喻。周而复始的上课下课让学校生活变得单调枯燥，教与学成为不得不完成的任务，一切是那么索然无味。

课堂的现代转变同样精彩。素质教育下的课堂有如现代厨房，是一个生命场。孩子成为课堂的中心。他们喜欢"吃"什么，他们需要怎样"吃"成为教师"烹饪"必要的关照。课堂调整了"餐桌"的摆放，可以围坐，便于小组讨论、合作学习与探究性学习，开始了"餐桌旁"的轻松交往与自由对话。最为重要的是在开放的课堂形态下，学生在这里不仅仅要获取"食物"，而且是要掌握一种获取以及烹饪食物的方式——学会学习，为此教师更像一个温情的巧妇，把课堂"烹调"得情意融融、营养丰富，学生"吃"得有滋有味，"聊"得无拘无束，高潮迭起，快乐而满足。知识成为动态的，师生共同建构、生成的过程，课堂也不再只是知识的传授场，而是生命滋养、成长的分享。

现代课堂让学生获得了一种快乐的生活方式，从而拥有了一个幸福童年。

- 餐桌上的长幼秩序

有趣的是不同时代、不同形态的厨房，似乎都客观反映、内在规定着人际关系和饮食规则。传统的餐桌是有严格的长幼尊卑秩序的，一家之长端坐上位，其他人各就其位，不可造次。吃饭的时候如果小辈叽叽喳喳，长辈会严肃地用吃饭的筷子敲着碗边告诫说：食不言，寝不语。吃饭似乎是一件很严肃的事，关涉对食物的崇敬，关涉家长的权威。小辈没有对食物的建议权、评议权。家长对挑战家长权威孩子，最常用的惩戒就是赶下餐桌、不给饭吃，孩子总是倚着门框而变得可怜巴巴。口腹之饥，可以摧垮人的尊严。

传统的课堂就是一个师生授受知识的场所。"授"与"受"的生态关系，决定了教师主宰的课堂秩序，学生对教师必须保持一种尊敬状态。"食物"（知识）的生产者（其实是拥有者）——教师高高在上，保持师道尊严；"食物"（知识）的消费者——学生被动地成为容器。"食"，成为一种恩赐，甚至有"嗟来"之嫌。教师威严地立在讲台上，严肃告诫学生：不许讲话！学生没有质疑权，没有参与权，甚至没有话语权。对敢于"挑战"的学生，教师经常会有惩戒，其方法与厨房的冷暴力可谓异曲同工——把学生赶出教室，不给"吃饭"（上课），"让他在门外变得可怜巴巴"。课堂表现得专制、沉闷、单调而了无生趣。

伴随社会的现代化变迁，厨房实现了长辈与小孩、生产者与消费者的平等分享。教师也走下"天地君亲师"的神坛，师生关系和课堂氛围趋向民主、平等，师生之间也开启了合作与对话，学生获得了"食"的权利尊重与"吃"的尊严，并获得了快乐的交流、讨论和探究的自由。

- 厨师本位还是食客本位

著名美食专栏作家沈宏菲曾提出：如果粗分的话，这世界只有两种餐饮形态，一种是"厨师本位"的，另一种则是"食客本位"的。简单来说，"厨师本位"就是指大厨相当厉害，相当自我，因为厨师太牛了，他不喜欢别人质疑他。而"食客本位"则是反一反，厨师的所有烹饪，都是从客人的爱好与品位出发的，客人最大，拥有挑剔的舌头的客人同时也拥有绝对的话语权。

现代发育良好的美食市场，已经给了食客足够的用舌尖去感受、用脚尖去投票的权利。"厨师本位"还是"食客本位"似乎已不是问题。以食者尊，应该成为现代厨房和大厨的核心理念。

现代社会人本思想回归，以生为本成为教育教学的核心价值观。当教育变成一种服务，致力于满足服务对象的需求，一切为了学生，为了学生的一切和为了一切学生，就成为现代课堂的应有之义。其实，这种价值追求在中国也是有文化传统和渊源的，孔子在两千多年前就提出了"因材施教"的教育主张，这就是以生为本的古人智慧。

以生为本，教师在课堂上不再"相当自我"，而是要看学生喜欢什么，需要什么，擅长什么。课堂，努力要做的就是最大可能地去适应和满足。课堂不再是教师的独角戏，学生拥有参与、质疑、对话的权利和机会。

- 厨房爱情

"做饭给心爱的人吃是一种幸福,吃心爱的人做的饭也是一种幸福。"当下饮食男女尤其是品性小女人把烟熏火燎、琐碎繁杂的厨房演绎得充满生活情趣与哲理,并矫情地认为:做饭是有态度的。在相爱的人来看,哪怕是最简单的蛋炒饭也是香喷喷的大餐。更有聪慧女人说:要抓住男人的心,先抓住男人的胃。在时光流转之间,厨房的爱情,像菜品一样,日日翻新。

厨房爱情,品味起来充满哲理。态度决定一切。热爱生活的人,才会经营厨房,经营厨房的爱情。做食物的人对享用食物的人的心意、对食物的敬意,决定着烹饪的态度、质量和厨师的自我幸福感。厨房女人说:我的菜就像是我的孩子,每一道都经过漫长的孕育过程。过程固然艰辛,却也表达着爱情和洋溢着幸福。

课堂理趣同此。苏霍姆林斯基曾说:"教育技巧的全部奥秘就在于如何爱护儿童。"习近平总书记指出:"教育是一门'仁而爱人'的事业,爱是教育的灵魂,没有爱就没有教育。"可见,热爱是教育的原则和逻辑起点,也是教育的伦理和重要资源。教师的伦理追求远重于教育的技术达成。敬畏生命成为教师伦理的首要命题。把学生当人,当成平凡课堂生活中需要倾力关照、呵护、挚爱的人,当成教师幸福人生中一起走过、不离不弃的"家人",繁重、日复一日的课堂劳作由此会有崇高和热爱。

奉献三尺讲台,是教师"爱情"价值所在。平凡职业、平常课堂,琐碎的日常工作,成为教师的日常存在。默默无闻的课堂"爱情",就是教师在奉献教育、成就学生的时候,也成全着自己的美丽、幸福人生。

• 厨房的营养美学

厨房毕竟是饮食主题。时代的变迁让"食"的内涵和外延已经有了质的跨越。在生存主导的年代,食与饱食是厨房的唯一追求。在追求生命品质的当下,美食、健康之食成为现代人的生活原则。于是成就了厨房的一种全新功能:生态厨房。绿色、健康的厨房理念,"全面均衡"的营养标准,对身体健康、生活幸福诉求的良好关照,成为生态厨房的重要使命。重要的是,有崇高责任感、高明的厨师,在烹调过程中,通过与食材对话,与食者的对话,传达其价值取向,培育食者对食物敬畏的态度,对食物、对劳动以及对自然尊重的情感,这也构成厨房的一种责任和一份精神营养。

应试教育下的课堂是一种"饱食"取向。"分数"就是唯一指标。灌输和填鸭就成了教师最直接的"烹饪"方法。"挑食"成了学生成功最快的路径。因挑食而致偏食、厌食,营养不良和失衡也就在所难免。

素质教育语境下的课堂,营养与质量成为关注的重点。萨瓦兰在《厨房里的哲学家》中有一句诙谐的饮食格言:"国家的命运取决于人民吃什么样的饭。"其实,课堂何尝不如此呢?学生的命运乃至民族的命运,取决于当下学生在课堂上"吃"什么,"吃"得好不好,吃得开心不开心、满意不满意。

著名健康、养生专家洪昭光先生曾经指出:中国的营养问题出在四个字:偏食、贪食。因此,平衡膳食的第一原则就是食物的多样化。世界上没有一种食物可提供人体的全部需要。食物越杂,种类越多,互补作用就越强越好。

大道至简:当下学校对学生德、智、体、美、劳全面发展的营养平衡的关照,为学生未来的可持续发展和终身幸福奠基。课堂上，教师对教学的三维目标的充分关注与全面贯彻、落实，是让学生获得成长所需的各种"维生素"的根本保证。特别是课堂"美食"的核心和关键有如厨房美食，价值观、情感和态度的培育成为营养均衡的核心和关键。科学处理教材与教学的关系，注重校本课程乃至班本课程的开发，是让学生营养多元化的重要基础。引导学生多读书、多读好书、多读课外书，是实现营养均衡实现的较好方法。

• 家常菜 妈妈的味道

当下城市城市生活，对外婆菜、私房菜趋之若鹜，"土里土气"的"家常菜"大行其道。面对日复一日、餐复一餐的家常菜，我们会好奇地追问：为什么没有对其产生味觉倦怠、疲劳？

吃喝其实是一件没有原则的事情。什么好吃，什么不好吃，都是极其私人化的、情绪化的。在这种食境下，一个厨房、一个家庭经过"煮妇"与家人天长日久的情绪情感、味觉嗜好、用餐习惯的融练、调适和培育，形成了全家人都接受、认可并喜爱的厨房主打特色——家常菜，亦即妈妈菜。

家常菜注重食材新鲜，讲究原汁原味、简单粗放的烹调方法，这保证了其风味独特纯正，让人回味无穷。意大利人用最简单的食材就做出了最令人感动的食物，并且可以让你百吃不厌，这就是意大利菜。过于精致、细腻与讲究的宾馆菜和厨艺秀，使菜品失去了本真与本色，也终究让人生腻厌倦。同时，家常菜吃得也简单、实惠、可口、无拘无束，没有宴请的繁文缛节，没有缭乱的添盘换碟，一切率性、真实。

所以，天长日久，家常菜生发出"妈妈的味道"，成为人们最依恋的精神之食。

真正养人的是家常菜，真正对一线教师实用、使每一个学生受益的还是普普通通的"家常课"。家常课是受学生欢迎的平常课。它司空见惯，自然，简单、朴素，不取巧，不花哨；它真实，有突兀，不一定完美；它实用，让学生"吃得好"，"吃得饱"，"吃得开心"而百吃不厌。

"家常课"也是教师得意的"拿手课"。它娴熟而智慧，平淡而入味。教师像一个巧妇，各种素材，信手拈来；佐料研磨，配方独到；课堂调控，游刃有余。这种课，有教师自己独特的课堂密码和教学气息，让学生陶醉。

"家常课"更是令师生都感到温暖的"妈妈课"。这种课有家的味道，有爱的味道，师生彼此都能感受到和谐与关照，感觉到丰盈与充实。每堂课都被师生视为人生的一次经历和一个生活场景，多年以后，会积淀成为珍贵的人生记忆。

• 众口难调

厨房的最大难题可能就是众口难调。中国主妇是热情好客的，也是善于待客的，有"看客下菜"的厨房智慧（看客下菜，传统思维下是一种势利，转换一个角度，未尝不是一种以客为本的尊重）。她们能够根据客人的地域、职业、习惯等不同，烹调一桌丰盛可口的饭菜，表达一个家庭的热情好客、得体与教养。

素质教育一个重要的要求就是突出个性发展，"众口难调"就成为课堂教学的一大难题。解决这个问题，唯一路径就是因材施教，这与家庭主妇"看客下菜"有异曲同工之妙。为此，有三个命题必须解决：一是变"难调"为"必调"。以生为本的教育教学核心价值观决定我们不能选择和退避,必须面对并担当。曾经有一个浅显的道理却让我们费尽了口舌:选择"适合教育的儿童"还是选择"适合儿童的教育"? 假如问问厨房主妇:"选择适合烹调的客人"还是"选择适合客人的烹调"? 她们会感到迷惑、不解:这是一个问题吗? 二是变"难调"为"可调"。多样化是可调的有效策略。只有多样化,才有可选择,才有可调的空间与路径。因此,教师和学校应该为学生烹制多样、可供学生选择、受学生欢迎的丰盛、多口味的教育教学内容和方式方法以及走班制等多种教学形态。三是变"难调"为"善调"。校本化课程乃至师本课程开发应该成为善调的重要之路。

• 智慧厨房

现代厨房有高科技电子产品不断加入和充实,未来的厨房甚至是全自动的,

烹饪更加便捷和标准化,大幅提升了厨房效率,也大大减轻了家庭主妇的劳动强度。与此同时,厨房的传统精神正在加速流失,甚至在不久的将来,几乎没有人真正地烹饪,曾经给我们口腹和精神滋养的妈妈的味道正在稀释和淡去。

高科技同样在剧烈改变着课堂。电子教案、PPT、电子白板、在线学习、慕课、微课等等快速进入课堂之中,课堂教学的现代化已成大趋势,我们在双手迎接、拥抱的同时,如何处理好人机关系、如何带给学生更回味隽永的妈妈的味道,是值得我们深思和探究的。

厨房,这个日常之地,凡俗之地,却又是生命的安顿之地。细细咀嚼,生活,可以给我们太多的教育启迪。

三、"名师好课堂"品牌解读

(一)品牌解读

"名师好课堂"是杭州市下城区教育研究发展中心与浙江省中小学教师培训中心及浙江省中小学名师名校长工作站共同合作打造的一个以下城为基地、以教师专业化发展为目标、以名师为引领、以课堂为载体、以参与式培训为主要方法、以实现研训教一体化为主要功能的创新品牌。

(二)项目理念

以师为本。教育大计,教师为本。教师的培养与成长,既需要"高大上"名师的专业引领和陪伴,又需要"接地气"的课堂实践的田野观察与研究,两者的有机融合,有助于实现教师又好又快的专业化发展。

课堂为台。通过课堂的展示交流,发动教师全员、全程、深度参与互动,并通过在教学实践中发现问题、研究问题和解决问题,促进教师专业化成长。

研训教一体。以"课"为载体,以"研"为方法,以"训"为途径,以"教"的改善和提升为目的,将教师培训主题化、课程化和学术化。

(三)主要功能

1. 教学研究,学术引领;
2. 名师示范,培养培训;
3. 展示观摩,信息传播;
4. 合作交流,资源汇聚。

(四)操作模式和办法

1. 操作模式

模式一:展示模式。

通过名师好课的教学示范展示,引发大家深度参与互动,引领课堂教学改革方向。

模式二:选秀模式。

在下城区域特色的梯级名师——星级教师的评选中,"好课堂"作为重要指标和环节,通过"好课"来评选名师。

模式三:评课模式。

在教研活动或课堂教学评比活动中,所有教师都可以带上自己的"好课",参与"好课堂"的评比活动。

2. 主要形式和流程

六大环节:展示观摩——专家点评——教师互动——结拜名师——资源共享——交流合作。

(1)展示观摩。以学科为主线,定期组织开展"名师好课堂"活动,通过名师(包括区内、区外)同台开课,教师观摩学习。对积极参与开课的区内外教师,颁发证书,以资鼓励。

(2)专家点评。聘请有关专家在每次开课、观摩结束后进行课堂点评和做契合主题的专题报告。

(3)教师互动。开课的教师、观摩的教师、有关专家等实现多方互动、深入探究。

(4)结拜名师。每学科每期开展活动后,抓住契机,开展名师结对活动,为下城名师成长创造条件。

(5)资源共享。每期活动结束后,"课堂实录"都将纳入下城区教学资源库,为全区教师和相关合作单位积累丰厚、优质的课堂教学和教师培训资源。并以此为契机,建立"名师资源库",为下城和相关合作单位链接、汇聚资源。

(6)交流合作。通过请进来、走出去等办法,开展送课下乡、送课进校、好课共享等活动,促进校际、区域交流和合作,并积极探索组织相关名师开展国际交流。

(五)项目运作模式

"合作主办,基地承办,品牌共建、资源共享。"

1. 合作主办。由杭州市下城区教育研究发展中心与浙江省中小学教师与教育行政干部培训中心、浙江省中小学名师名校长工作站合作主办。主办方主要职责:负责活动的策划与协调,负责每期"名师好课堂"区外名师和有关专家的聘请,负责活动的资金保障,负责为开课的区内外教师颁发盖有主办方公章的证书,负责品牌的建设与推广。为便于开展工作,双方各安排一名工作助理,具体负责本项工作。

2. 基地承办。杭州市下城区为"名师好课堂"的教学基地,"名师好课堂"由下城区教育研究发展中心具体承办。其主要职责:负责每期"名师好课堂"的组织与实施;负责做好资源的整理、共享工作;负责做好交流与合作的有关工作。

3. 品牌共建、资源共享。由下城区教育研究发展中心、浙江省中小学教师与教育行政干部培训中心等,对"名师好课堂"实行品牌共建和资源共享。

目　　录

项目一

小学语文"让经典滋养人生"教学研训活动

📖 活动简介

2013 年 3 月 14 日,首期"名师好课堂"在杭州市朝晖中学江心岛校区举行。此次活动由省中小学名师名校长工作站和区教育研究发展中心主办,长寿桥小学承办,CCTV 中学生频道协办。省中小学名师名校长工作站副站长吴卫东教授,市普通教育研究室主任、省特级教师曹宝龙,下城区教育局党委书记、局长黄伟,副局长丁越,中央电视台中学生频道副总编辑熊俊,中国教育科学院驻下城专家组组长王鑫,上海师范大学教授王荣生,江苏省吴江市盛泽实验小学校长、特级教师薛法根等出席开幕式。下城区教育研究发展中心全体研究员和省内近 700 名小学语文教师参加活动。

江苏省吴江市盛泽实验小学校长薛法根和下城区教育研究发展中心研究员张祖庆两位全国著名特级教师同台联袂,分别执教经典作品《匆匆》和《穷人》,全国知名课程专家王荣生教授对课堂进行了点评与指导。此次活动采用参与式研训方法,开通了新浪实名微博,通过台上和台下、线上和线下的互动使全体与会者全程、全面深入参与。期间,薛法根老师还与长寿桥小学曹爱卫老师结为师徒。王荣生教授做专题讲座《小学语文教学设计的要点——教学内容的选择》,深入探究新课程背景下小学语文教学的规律,深度解读新课标,带领广大教师共同探究现行教材中经典文学性课文的教学实践。

活动安排

	时间	内容
上午	8:20—8:40	开幕式
	8:50—9:50	名师教学展示(一):六年级《匆匆》。主讲:薛法根(江苏省吴江市盛泽实验小学校长,特级教师,全国模范教师)
	10:00—11:00	名师教学展示(二):六年级《穷人》。主讲:张祖庆(杭州市下城区教育研究发展中心教研员,特级教师,浙派名师学科导师)
	11:10—11:40	专家点评、互动交流 王荣生(上海师范大学教授)
下午	1:00—3:30	主题讲座 王荣生(上海师范大学教授)

名师展示

【名师简介】

薛法根,中学高级教师,小学语文特级教师,江苏省苏州市盛泽实验小学校长。从教以来,扎根乡镇教育,潜心语文研究,原创"组块教学",主张"为发展学生的言语智能而教"。他的语文课堂"教得轻松,学得扎实",形成了"清简、厚实、睿智"的教学风格。

【教学设计】

匆　匆

人教版义务教育课程标准实验教材六年级上册 第2课
教学目标:
1.在教师指导下,通过朗读体会文本语言的节律之美。
2.结合生活体验,解读作者对时间的"匆匆"之感。
3.模仿文本写话,领会文本对时间匆匆的形象表达。
课时安排:2课时
流程预设:
板块一:重锤敲击叠词的节律之美
1.指导学生朗读课文,选取典型的叠词,体会节律之美。
2.联系朗读,进一步体会散文诗的语言节律。
板块二:深层追问时间的哲思之美
1.围绕核心问题思考:作者为何对时间有如此匆匆之感?
2.点拨:时间一去不复返;八千多日子的空虚无为。
板块三:生活比照语言的形象之美
1.时间是抽象的,作者是如何把"八千多日子"和"一个日子"写形象的?
2.通过对文本语言的模仿写话,进一步领会形象化表达的方法。

【教学实录】

匆　匆

执教者:江苏省苏州市盛泽实验小学　薛法根
学生:杭州市长寿桥小学六(4)班

师:同学们可能都不认识我,我姓薛。有同学姓这个姓吗?(无人举手)这个姓很少,所以很珍贵。

(生笑)

师:今天我们学习第2课,读题——

生:齐读课题。

师:预习过课文吗？你在预习过程中都预习了什么？

生:我把课文读了三遍。

师:你很自觉,没有要求,你能自觉地读三遍。不错。

生:我先看了预习提示,然后根据预习提示中的问题,去读课文。

师:能够根据预习提示有针对性地预习,很好。

生:我把预习中遇到的问题都想好了。

师:(笑)了不起,答案都想好了,能透露一个给我吗？

(生笑)

生:不能。

师:还保密呢! 你能带着思考进入课堂,收获就要比一般同学多。

生:我借助字典解决了预习中不认识的生字。

师:能借助字典、词典等工具书来解决预习时遇到的问题,这是会学习的同学。

生:我边读边想有什么问题,想了每一段的意思。

师:一边读一边想,这是很好的学习习惯。

师:好像还有很多同学搜集了许多名人名言,是你吧？

生:高尔基曾说了一句有关时间的名言警句。

师:这句话记得吗？能背出来吗？

生:"世界上最快而又最慢、最长而又最短,最平凡而又最珍贵,最容易被人忽视而又最令人后悔的就是时间。"

师:大部分同学都认真读了课文,有的根据预习提示进行有针对性的预习;有的带着问题进入课堂;有的借助工具书解决预习时遇到的问题。这些都是你们在预习时自觉做到的,这是一种很好的学习习惯。坚持这个习惯,你必定受益终生。

师:课文读了三遍的同学请举手。

(生全部举手)

师:读了三遍以上的请举手。

(生无一人举手)

师:(笑)你们都统一要求读三遍啊？

师:读得怎么样？(示意一个学生)你来选择其中一段读,我们看看你读的三遍与其他人读的三遍有什么不同。

师:你来读第一自然段。

(生读)

师:读得不错,很流利。这第二个句子很长,"但是,聪明的,你告诉我,我们的日子为什么一去不复返呢？"读得很流利,不错。谁再来读给我听听,也能像他读得那么流畅吗？

(生读)

师:别急着坐下,你在读这一段的时候想些什么？心情有没有什么变化？

生:(略停一下)这一段中有问句,感情要深厚一些。

师：你注意了这段中有 4 个问句，感情不同。两位同学这一段都读得很好，边读边思考，说明他们读得很专心投入。

师：谁来读读其他的自然段，看看是不是都像他们一样认真？

生读第四自然段（强调"呢"），众师笑。

师：他读得很投入（笑了），因为他读得很沉重，内容可能很沉重，但有些词语可以读得比较轻快。谁再来读一读这一段？

生读（依然强调"呢"）

师：比较轻快，很好！但是，你说说为什么一定要强调"呢"呢？

生：因为作者好像是有问题在问我。

师：谁能不通过强调"呢"来体现这是问句？

（生读得很好。）

师：美吗？像她一样读，会给人一种美的感受，一种全新的感受。

生：我来读最后一小节。

师：为什么？

生：一来是这一节很短，二来是这一节也很重要。

师：我们就请你来读读这最重要的一句话。

（生读）

师：他虽只读了一句话，这却是课文的灵魂，这个问句的答案文中没有。正是因为这个问句，这篇文章才成为千古名篇。

（生读第二自然段）

师：你有点忧伤的语调，不错。

师：你们看第三自然段最长，谁有勇气来读读第三自然段？

（生读）

师：这么长的段落，读得这么流利，看来是真的下了一番功夫。

师：看课题，"匆匆"就是"急急忙忙"的意思，脚步匆匆，吃饭匆匆，洗脸匆匆……课文写的是什么匆匆？

生齐：时间。

师：先别急着告诉我，请你大声朗读全文，文中有一个词告诉我们，是什么匆匆。

（生大声读文）

师：读好的请举手！

师：课文有一个词，写出了什么"匆匆"？

生：课文写的是"日子"匆匆。

师："日子"就是时间，就是时光，意思是一样的。

师：我们每天都在过日子，往往就这最普通的事情，就最容易被忽视。在作者眼中，日子有什么特点？到底是怎样的？请你们再认认真真地读第一自然段，告诉我日子有什么特点？好吗？

（生读文）

生:我觉得第一自然段告诉我们,日子是一去不复返的。

师:这是日子最大的一个特点(板书:一去不复返)

师:你再看一看,这段话中还能看出日子有什么特点?

(生木然)

师:(强调这句话:是有人偷了他们罢:那是谁? 又藏在何处呢? 是他们自己逃走了罢,现在又到了哪里呢?)从这句话中又能看出日子有什么特点?

生:这是作者的想象。

师:日子能偷吗? 能藏吗? 又到哪里去了呢? 不知道,日子无影无踪。(板书:无影无踪)我们齐读这句话。

(生读)

师:听我来读……一起再来读。

(生齐读)

师:作者没有直接写日子一去不复返,而是先写这一句:"燕子去了,有再来的时候;杨柳枯了,有再青的时候;桃花谢了,有再开的时候。"我们一起来读一读。

师:老师这样排列,你能看出什么特点?

燕子去了,有再来的时候;

杨柳枯了,有再青的时候;

桃花谢了,有再开的时候。

生:这是排比句。

师:你注意了句式的特点,除了排比句,在内容上有什么发现?

生:前面都是讲了什么事物去了,后面都讲这个事物又回来了。

师:你讲得很好。无论是燕子、杨柳,还是桃花,它们去了,都能再回来。那叫失而复得。你来读一读。

(生读)

师:你注意到了这三样事物去了可以再来,它们都会在时间上留下痕迹。

师:日子去了也应该是可以回来的啊?

生:不可以!

师:日子与桃花、燕子、杨柳比有什么不同?

生:日子一去不复返。

师:作者为什么还这样写?

生:作者为了突出时间的一去不复返。

师:表达了作者怎样的情感?

生:他很渴望时间回来。

师:是啊,他很留恋。(板书:留恋)

生:他很无奈。

师板书:无奈

师:读书后能知道作者为什么这样写,蕴涵了怎样的感情,这叫会读书。请大家把那种留恋、无奈、怅然若失的感觉读出来。

（生自由练读）

师：我相信，此刻你再来读这一段，感觉就不一样了。你读。

（生读）

师：不错，体会到、感受到的都包含在读书中，拿起书，我们一起来读一读。

（生齐读）

师：课文一开始提出一个问题，也告诉我们时间是一去不复返，无影无踪的。但在作者笔下，日子是匆匆的，是能看得到、摸得着、感觉得到的。日子的影子是怎样的？请你们读读第二自然段，找出日子的样子。

师：日子是有样子的，找到了吗？

生：没有。

师：再读读，找找日子的样子。

师：找不到没有关系，你去读读第三自然段，日子是什么形象？找找。日子的影子在哪里？是什么样的？

（生自由读第三自然段）

师：日子是什么样子的？

（生摇头）

师：找不到没关系，请你接着读第四自然段，（众师笑）读了这一段如果再找不到，那就真的糟糕了。

（生自由读第四自然段）

师：这一段中，你找到的日子的样子是怎样的？

（众生举手）

师：把你找到的句子画下来。

师：请画出来的举手。

（生举手）

师：请你往上看，第二、三自然段中，日子的影子在哪里？请你画下来，一定能找得到。

师：现在都找到的请举手。

（大部分学生举手）

师：请大家读读第三、四自然段，发现在作者笔下，日子、时间、光阴是能看得见的，是形象的。谁来读一读？

生：像针尖上的一滴水。

师：这针尖上的一滴水，滴在大海里，有声音吗？有影子吗？

（生再读）

师：现在你能看到八千多日子的影子吗？

生：就像针尖上的一滴水。

师：有多大？

生：一点点。

师：也就是说，八千多日子就像针尖上的一滴水，你经历了只不过半滴水都不到。你有什么感觉？

（生思考）

师：你们算算，八千多日子相当于多少年？

生：24年！

师：作者写这篇文章时，24岁。你读到这个句子时（板书：八千多日子，像针尖上的一滴水）你能感觉到、能摸得到吗？你读了这个句子，有什么体会？

生：日子太容易被人忽视了。

生：时间太短暂了。

师：时间很珍贵，你一生有几个八千多日子？那仅仅是大海里的一滴水，你有什么感受？

生：时间太珍贵了！

师：因为少，所以珍贵，我们再来读读这句话。

（生齐读）

师：八千多日子像针尖上的一滴水，是有限的，人的一生只有几个八千多日子，就像几滴水一样短暂（板书：短暂），属于你的时间就像一滴水，你现在连一滴水都没过完。人的生命在时光的大海里，可以忽略不计，是那样的渺小，想到这里，所以作者"头涔涔而泪潸潸了"。你明白了吗？

生：一直以来，我们认为时间是用不完的，没想到，我们的生命是短暂的，是有结束的那一天的，所以作者"头涔涔而泪潸潸了"。

师：你还怎么认为？

生：他浪费了一些时间，这20多年里，他没有做什么有成就的事情，所以他"头涔涔而泪潸潸了"。

师：是啊，当他突然发现时间已经过去时，很难受你有过这种感受吗？（生点头）作者蓦然地发现他的八千多日子已经过去了，而对你们来说13年已经过去了，我们齐读这句话。

（生齐读）

师：一滴水滴在大海里有声音吗？听不见。有影子吗？看得见吗？为什么？

生：因为人们忽视了时间。

师：读到这里，你不要急于回答，读第四自然段，你对这个问题会有更深刻的理解。

（生读）

师：八千多日像针尖上的一滴水，那每一个日子也是看得见的，是什么样子的？

（生读第三自然段）

师：它是什么样子的？

生：飞快地！

师：读得好，但是还抓不住，我要让你抓住。

生：太阳有脚……

师：是啊，太阳有脚，像一个人，就是一个人，我们读这句话。

师：你有没有看到它的脚步？

（生读）

师：这都是时间的脚步在那儿移。怎样地挪移？

生读：轻轻地。

师：快吗？慢吗？所以吃饭时——

（生读）

师：时间都是慢慢地悄悄地挪移，我们一起读。

（生齐读）

师：开始是挪移，后来从哪里看到他的脚步匆匆而过？

生：跨过、飞去、闪过、溜走（师板书）

师：时间的脚步是怎样匆匆的呢？

师：你从这些词语感觉到什么？或是有什么发现？

师：所以，日子是有形象的，是看得见、摸得着的，它有脚，我可以让它停下来，可是它与人有什么不同？

生：人的脚步可以快可以慢，可以自由停下来，而时间的脚步一去不复返。

师：它的脚步只能匆匆而过，你想留也留不住，挡也挡不住，读第一句。

（生读）

师：表达作者对时光一种怎样的感受？

生：无奈！

师：你能留住时间吗？那种对日子的无奈表现得非常清楚。（板书：无奈）

师：第四自然段中，你找到日子的形象了吗？

生：轻烟，薄雾。

师：轻烟、薄雾，看得见吗？你看多形象，如轻烟被微风吹散了，如薄雾被朝阳蒸融的样子，你看过吗？作者说八千多日子，为什么把时间比作轻烟、薄雾，而不是比作一滴水？

生：因为被微风吹散的轻烟、被蒸融的薄雾都无影无踪了。

师：说得多好啊！八千多日子就像轻烟薄雾无影无踪，没有痕迹。主要告诉我们八千多日子没有在生命中留下任何痕迹。我们来读——

（生读）

师：你看到过这样的痕迹吗？

生：没有！

师：要急促些，听老师来读。

（师再读）

师：这里的两个问句一样吗？为什么要反问一个问题？

生：强调了没有留下一点点的东西。

师:对,这没有留下一点点痕迹,为什么?往前看,读读第四自然段的第二句话。

(生读)

师:八千多日子……留下两样东西,一是徘徊,一是匆匆,他没有做什么有价值的、有意义的东西。八千多日子就这样过去了,没有留下任何痕迹,所以有怎样的感情在里面?

生:后悔。

生:惭愧,因为没有做过有意义的事情。

师:这个"平"是什么意思?我不能理解。

生:我觉得来的时候、去的时候不能一样平凡,应该做点什么。

师:有点懂了。

生:不能平静地、白白地走这一遭。

师:要留下点什么,哪怕是一丝痕迹,一起读最后一个自然段。

师:它告诉我们,一生要有所作为。人生短暂,生命有限,岁月无情,人来到这个世界上,应该怎样走这一遭呢?怎样有所作为呢?所以作者留下这样一个疑问,齐读最后一个自然段。

师:在作者眼里及笔下,日子匆匆过去,是有形象的,八千多日子……(指着板书总结)我们再来读读这最后一句话。

(生读)

师:为什么提出这个问题,却没有回答?他为什么这样写?

生:给我们留下思考的空间。

师:是啊,这是一个需要用一生思考的问题,人生一去不复返,人生该留下一个怎样的痕迹?今天留一个作业:为这个问题写一个答案,想想我们该怎样走这一遭。

师:把这句名言送给大家,我们共勉:"人最宝贵的是生命,生命属于人只有一次。人的一生应该这样度过:当他回首往事的时候,不会因虚度年华而悔恨,也不因碌碌无为而羞愧;这样,在临死的时候他能够说:'我的整个生命和全部精力都已经献给了世界上最壮丽的事业——为人类的解放而斗争。'"

师:看看现代人是如何看待时间的……

将时间用于工作,那是成功的代价。

将时间用于思考,那是智慧的来源。

将时间用于运动,那是青春的奥秘。

将时间用于阅读,那是知识的源泉。

将时间用于爱人,那是幸福的所在。

将时间用于奉献,那是人生的真谛。

将时间用于空想,那是生命的浪费。

将时间用于微笑,那是减负的良方。

将时间用于计划,那是你能做好上述一切的秘诀。

【名师简介】

张祖庆,中学高级教师,浙江省特级教师,杭州市下城区教育研究发展中心语文教研员。北京大学远程培训特聘讲师、浙派名师首批学科导师。一贯追求简约而丰满的教学风格,长期致力于儿童阅读与写作研究,在作文教学、阅读教学、班级读书会等领域均有独到的思考与探索。

【教学设计】

穷　人

人教版义务教育课程标准实验教材六年级上册 第9课

教学目标:

1. 读准"嗯""熬"等多音字,会写"虑"等12个生字;联系上下文,理解"忐忑不安""汹涌澎湃""熬"等词语的意思。

2. 初步感受作者通过环境描写、心理描写、细节描写将叙事诗改写成小说的高超写作技巧;创生语境,迁移习作,初步尝试运用心理描写表现人物品质的写作方法。

3. 主动钻研文本,多元解读,从字里行间读懂穷人的"穷"与"不穷",充分感受穷人的美好品质。

课时安排: 2课时

流程预设:

第一板块　溯"穷",整体感知

1. 简介作者、译者以及小说的来历——根据作家雨果的叙事诗《可怜的人们》改写的。

2. 课文写了哪几个穷人?他们之间发生了怎样的事?(借助情节图,梳理小说主要内容和行文脉络)

第二板块　扣"穷",研究表达

1. 读完全文,找不到一个"穷"字。那么,作者从哪些方面写出了穷人的"穷"?

(细读圈画——标序整理——小组分享)

2. 交流点拨,研究表达。

预设,学生可能会从如下几个要点梳理作者是如何写出"穷"的:

A. 恶劣的天气环境;

B. 家中的陈设和衣食起居;

C. 桑娜抱回西蒙孩子后的忐忑心情;

D. 渔夫的忧虑;

E. 西蒙死后孩子们入睡的细节。

……

3. 师生一起探究容易被忽略的文字,从看似不经意的话语中,感悟穷人之"穷"。

4. 小结:作者通过"环境描写""心理描写""细节描写",将诗歌改写成小说,通篇没有一个"穷"字,但读来催人泪下。这就是大师的文字,这就是艺术的力量!

第三板块 品"穷",以写促悟

1.这些穷人,真的穷得一无所有吗?细读全文,完形填空:

穷人虽然很穷很穷,但他们拥有(　　　　　　　)。

2.分享与点拨。

预设:学生可能会从如下内容中,感悟穷人的"善良""富于同情心""母爱"等美好品质:

A.恶劣天气环境与室内温暖舒适的对比;

B.桑娜忐忑不安的心情与渔夫的忧虑;

C.西蒙死后的惨状与孩子们熟睡的对比;

……

3.创生语境,迁移写作。

(创生写话语境——摹写人物内心——分享与交流)

4.引读小说中作者对"睡"的细节描写,将情感引向高潮。

第四板块 究"穷" 引发思考

(略)

【教学实录】

穷 人

执教者:浙江省杭州市下城区教育发展中心 张祖庆

学生:杭州市长寿桥小学五(2)班

课前谈话

师:(出示:莫言头像)这个人你们认识吗,他是谁?

生:莫言!

师:说说你对他有什么了解?

生:获得 2012 年诺贝尔文学奖。

师:关于莫言,你还知道什么?

生:我还知道他获得茅盾文学奖。

师:莫言的代表作,你知道些什么?

生:《欢乐》。

生:《红高粱》。

师:莫言是一个文学家,2012 年获得了诺贝尔文学奖。上海有个教研员在五年级的考卷中出了一道题,问这个人是谁。结果有人说他是毛泽东,有人说是赵本山,有的人更绝,说他是人。

(众生大笑)

师:(出示:张艺谋的头像,在莫言头像的下方)这个人是谁?

众生:张艺谋。

师:关于他,你知道什么?

生1:《印象·西湖》是他设计的。

生2:张艺谋是2008年北京奥运会开幕式闭幕式的总导演。

师:你还知道什么?

生:是世界著名的电影导演。

师:张艺谋,电影导演,张艺谋和莫言因为一件什么事情联系到一起呢?

生:因为莫言写了一部作品,张艺谋把这部作品拍成了电影。

师:你知道这部电影的名字吗?

生:《红高粱》。

师:没出名之前,莫言曾写过一部小说《红高粱》。后来,张艺谋把它拍成了电影。无论是小说《红高粱》还是电影《红高粱》,对于我们来说都是精神财富。

师:现在开始上课了。上课!

一、《穷人》溯源

师:同学们,这个人是谁?(出示:法国大文豪维克多·雨果的头像)

生:托尔斯泰。

师:不要以为头发长就是托尔斯泰,这个人才是托尔斯泰。(出示:列夫·托尔斯泰的图片,并在图片右边分别标明维克多·雨果和列夫·托尔斯泰的名字)

师:知道维克多·雨果和他是怎么联系到一起的吗?

生:我觉得可能《穷人》是托尔斯泰改编了雨果的作品。

师:你是猜的还是真的有查过资料?

生:猜的。

师:天才!了不起!

师:老师告诉大家真相,雨果曾经写过一首叙事诗,叫《可怜的人们》,托尔斯泰读到了深受感动,于是,他把它改写成小说《穷人》。同学们,在雨果的诸多叙事诗当中,《可怜的人们》当时并不出名,但是经过托尔斯泰的改编,这个故事马上很多人都知道了。

二、感受穷人的“穷”

师:今天,我们就要走进这篇小说,看看这篇小说到底为什么深深地打动人们。从写法上去研究,好不好?

生:好!

师:文章咱们已经预习过了,是吧!老师让大家在预习的时候做了一件事情:填表格,去研究一个问题。什么问题呢?一起来读一读。

生齐读要求(出示:认真地想一想,哪些地方写出了穷人的“穷”,作者是怎么写出“穷”的?)

师:嗯,同学们已经完成了前两项任务:默读,选择一处感受最深的做批注,并且把它归类整理,作者是从哪些方面写穷人的"穷"的?咱们课外进行了自学,现在呢,我们要进行伙伴分享、课堂交流。先静静地再整理一下自己的表格,想一想哪一点你是最有心得的,然后留意一下课文,一会儿把自己最有心得的这一点和同伴进行交流,交流完了之后,你们再推荐一位同学,你觉得他的发现非常了不起,就让他与大家共享。时间大约3分钟,先个人再小组。开始!(出示:默读批注——归类整理——伙伴分享)

(学生默读并思考)

师:如果你觉得可以交流了,就四个同学围在一起,选择自己感受最深的与伙伴分享。

(生四人小组交流,教师巡视指导)

师:好,同学们交流得非常热烈!每组有没有推荐好的同学,与大家分享。推荐好的同学请举手。好!有四五个小组已经推荐好了。来,这位同学请!

(一女生上台)

师:等一下,张老师有一个考验你的任务在面前,敢不敢接受挑战?

生:敢。(小声)

师:有点勉强!敢不敢接受挑战?

生:敢!(大声)

师:请看大屏幕,咱们要请你当小主持人,上台引导大家讨论。文章围绕着哪些地方写出了穷人的"穷",我们同学可以回应她的问题,可以补充,也可以提出质疑,当然也可以朗读其中的一些句子。你明白你的任务了吗?当大家遇到难题的时候,你再抛出你的想法,穿针引线,你就是小老师。有请小老师上台!(生鼓掌)

小主持人:下面请个同学来说下课文哪些地方写出了穷人的"穷"的?

生:我认为第七自然段描写西蒙家里的环境描写最能体现出西蒙非常的穷,因为西蒙睡的是稻草铺,我们睡的床垫都是棉花做的,而且他们的被子是用旧衣服旧头巾做的,所以这里可以体现出西蒙家里很穷,他们买不起被套和被子。

小主持人:回答得非常好,还有同学举手吗?

师:这里你可以说:就这一段,还有补充吗?

小主持人:就这一段,还有没有同学要补充的?

小主持人:没有了,是不是?那还有没有别的地方?

生:我觉得是文章的第二自然段,就是桑娜在想的那一段。

师:你上来把你的批注给大家展示一下,好不好?(展示学生批注,同时请这个学生上台)

生:这一段写出了桑娜和她丈夫每天从早到晚干活,才能勉强填饱肚子,而且他们的孩子也没有鞋穿,吃的还是黑面包。我从中体会到他们非常的穷,吃的是过期的黑面包。

师:为什么黑面包就一定是过期的呢?

生:因为我们平常吃的面包都是……

师:都是白面包,过期的就是黑面包?这里的面包不是指过期的,而是指最劣等的、最难吃的面包。好,你从对他一家吃的描写中体会到了他们家很穷。

小主持人:有没有同学感受到第一自然段的?

师:小老师的意思是有没有同学对第一自然段有什么感受,这段话中其实也是在写穷人的"穷"?

生:我觉得第一自然段的第一句话"渔夫的妻子桑娜坐在火炉旁补一张破帆"能显示出他们家很穷。因为他们家很穷嘛,没有钱,不能买新的东西,破了的话就只能打上补丁缝一下,就再继续用。

小主持人:好,这里表现出了桑娜一家的穷。我觉得第一自然段有一句话是描写环境的,然后我从中找出了 4 个词。

师:嗯,刚才这个小老师点到了对环境的描写,我觉得这一点非常重要。它表面上不在写"穷",实际上读着读着就会觉得非常非常穷,为什么? 她说让大家找四个字的词语,是不是?

生:4 个四个字的。

师:4 个四个字的词语。好,你先回到位置上,谢谢小老师的主持。(生掌声欢送)请大家找出这段话对屋外环境的 4 个四个字的词语,请用笔把它圈下来。

(学生边默读边划,师巡视并指导。)

师:好,找好的请举手! 你找到了哪些词语?

生:我找到屋外环境描写的词语有"寒风呼啸""汹涌澎湃"和"又黑又冷"。这 3 个词语表现出了屋外的环境是非常的恶劣。

师:好,像这样四个字的词语形容屋外环境的还有没有?

生:还有寒风呼啸、波涛轰鸣、狂风怒吼。

师:很好,很多很多词语,张老师把这些词语放在大屏幕上。来,咱们一起来读一读,想象当时的环境,好好地读好这些词语。

生齐读:寒风呼啸　又黑又冷　狂风怒吼　汹涌澎湃　波涛轰鸣

【课件出示】

寒风呼啸　又黑又冷
狂风怒吼
汹涌澎湃　波涛轰鸣

师:读着这些词语,你脑子里边会浮现出怎样的画面来? 你仿佛看到了怎样的画面?

生:我仿佛看到了外面的天气很恶劣。

师:这位同学,你看到恶劣了吗?

生:我看到了海浪一波一波地拍击到沙滩上。

师:这里是——汹涌澎湃,是吧?

师:好,谁还仿佛看到了什么?

生:我仿佛看到了狂风怒吼,然后路边的小树都折断了。

师:嗯,树都被折断了。还有谁仿佛看到了什么?

生:我仿佛看到了狂风怒吼,把门都吹得吱吱响。

师:是呀,环境如此恶劣,可是,渔夫又为什么要出海打鱼呢?他为什么要在又冷又黑的夜晚出去呢?(师板书:又黑又冷)他难道不害怕汹涌澎湃的海浪吗?同学们,我们一定还有很多问题想问,是不是?谁像张老师一样,用上面的词语问一问渔夫?来,谁来问?

生:渔夫啊渔夫,为什么你要在波涛轰鸣、汹涌澎湃的海浪中出海打鱼呢?

师:嗯,还有谁要问?

生:渔夫啊,在汹涌澎湃的海上,你不怕有去无回吗?这么可怕这么恶劣的环境中出去,难道你不怕被海浪卷走而永远回不了家了吗?

师:难道你不怕你的妻子为你担惊受怕吗?

生:渔夫啊,你为什么非要在这么寒风呼啸、又黑又冷的天气出去打鱼呢?这种天气出海可是很危险的呀。

师:渔夫自己知不知道?

生:知道!

师:可是他有什么办法呢?因为家里穷呀!

师:来,带着这种情感再来读一读这几个词语。

(生再次齐读这些词语)

师:同学们,把这几个词语的理解再放回到这段话中读一读,再读读这段话,你们会有别样的感受。来,一起来读。

生齐读:渔夫的妻子桑娜坐在火炉旁补一张破帆。屋外寒风呼啸,汹涌澎湃的海浪拍击着……又黑又冷。

师打断:而屋里却是另外一番情境——

生接读:丈夫清早驾着小船出海……心惊肉跳。

师:刚才我们通过对词语的理解、包括环境描写理解到了穷人的"穷",对生活的描写,对他们一家人当时境遇的描写,除了这些,文章还有哪些地方也写出了穷人的"穷"?你读出来了吗?

生:我从第九自然段和第十一自然段,桑娜的心理活动感受到了他们家里的穷。

师:好,你稍等一下。

(出示该段:桑娜脸色苍白,神情激动。她忐忑不安……他会说什么呢?这是闹着玩的吗?自己的五个孩子已经够他受的了……是他来啦?……不,还没来!……为什么把他们抱过来啊?……他会揍我的!那也活该,我自作自受……嗯,揍我一顿也好!)

师:我建议同学们先一起读一读。

(生齐读该段)

师:好,请这位同学说一说你为什么觉得这一段描写也写出了家里的"穷"?

生:桑娜觉得丈夫十分辛苦,每天都从早到晚地出海打鱼,就是为了养活自己和五个孩子,压力已经很大了。如今自己又抱来了邻居的孩子,觉得对不起丈夫,肯定会给

15

丈夫增加很多负担。

师：嗯，如果她不去敲门的话，根本就不需要抱养这两个孩子，是不是？

生：是！

师：对于这段话，还有哪些同学有新的理解，你觉得为什么这段话也写出了他们家里的"穷"？

生：我觉得这段话还写出了桑娜的左右为难，因为我觉得她既想舍弃又想收养这两个孩子，但是她又会担心家里的生活会越来越穷。

师：是呀，她就这样矛盾着、担心着、纠结着，所以这段话当中有很多很多的什么号呀？

生：省略号。

师：老师也要来读一下，请同学们注意，老师的朗读跟大家的朗读有什么不一样？

（师范读这段）

师：哪位同学听出来了？老师的朗读和你们的朗读有什么不一样？

生：老师的朗读就是在有省略号的地方停顿了一下。

师：你觉得这样读合不合适？

生：这样读好像更能体现出她的忐忑不安。

师：为什么？

生：因为她心里在纠结。

师：在纠结，仅仅是字面上提到的这些吗？

生：不是。

师：远远不止，她的纠结还有很多很多，这就是——忐忑不安。（师板书：忐忑不安）

三、用心发现穷人"不穷"

师：同学们，刚才我们从环境描写、从心理描写，感受到了穷人的"穷"。但是《穷人》这篇文章是一篇非常经典的小说，仅仅这样去读还远远不够。张老师昨天晚上在读意大利作家卡尔维诺的书的时候，读到了这样的一句话。我觉得值得与你们分享。他说——

（出示：经典就是每次重读都会带来初读时满满的发现。——卡尔维诺）

师：也就是说当你再次去读的话，你会发现很多新的东西。相信吗？我们再去读一读环境描写的这段话，除了写穷，穷的背后，你还读出了什么？

（生再次默读）

师：来，哪位同学来说一说？

生：我读到了桑娜的勤劳，因为屋外的环境很恶劣，但是渔家的小屋里却温暖舒适。

师：我打断一下，这位同学有很好的习惯，刚才她不仅圈出了老师上面的四个字的词语，还圈出了一些别的词语，来，告诉大家，你圈出了什么？

生：我圈出了"温暖舒适""干干净净""闪闪发亮"。

师：嗯，你接着谈你的理解。

生：虽然外面的环境很恶劣，但是渔家的小屋里地被桑娜打扫得干干净净，而且食具在搁板上闪闪发亮,说明桑娜很勤劳。

师:一个勤劳、能干的家庭主妇的形象。刚才这位同学把这一段屋内环境的描写概括成几个四个字的词语,我们一起来看看。(师边出示词语边读词语)

【课件出示】

温暖舒适　干干净净　炉火没熄　闪闪发亮　安静睡着
(生齐读这几个词语)
师:而此时此刻,屋外却是——
生:又黑又冷　波涛轰鸣　狂风怒吼　寒风呼啸　汹涌澎湃

【课件出示】

温暖舒适　又黑又冷　干干净净　波涛轰鸣　炉火没熄
狂风怒吼　闪闪发亮　寒风呼啸　安静睡着　汹涌澎湃
师:屋外的环境是如此恶劣,而屋内却是如此温馨。让我们把这些词语再放回在这段话中,去好好读一读。哪位同学们来读这段屋内环境的描写,读出屋内环境的温馨?
(生举手)
师:好,你来读!其余同学,我们一起来读屋外环境描写的四个字的词语。
(其余学生先齐读屋外环境描写的词语)
一生接读:这间渔家的小屋里却温暖而舒适……安静地睡着。
师:你看这是一幅什么画面,屋外是那样恶劣,那样寒冷,屋内是那样温馨,那样舒适。托尔斯泰是一位写文章的高手,开篇就用了对比的描写既写出了穷人的"穷",又写出了"不穷"。像这样的地方还有没有,既写出了穷人的"穷",又写出了"不穷"?
(生默读思考片刻)
师:好,哪位同学来说一说你觉得这样的地方还有没有?
生:我觉得第二自然段中,孩子们春夏秋冬光着脚走来走去,说明他们很穷,生活很拮据,但是那些孩子又很健康。我就觉得他们真的是既穷又健康。
师:嗯,孩子们都很健康。还有吗?
生:我觉得在第二十四自然段,写渔夫的脸严肃焦虑,因为他觉得要养邻居的孩子,生活上肯定会造成负担,虽然他们在物质上是穷的,但在精神上是不穷的。
师:嗯,生活贫穷,但是富有爱心,让人肃然起敬。说得好!像这样的地方还有没有?
师:我们回到刚才的心理描写的这段话。同学们,这一段话难道你们就只是读到了穷人的"穷"吗?那就太辜负托尔斯泰了,这段话不止是在写穷人的"穷"。你再细看一下,觉得它还在写什么?
生:我觉得这段话也是在写桑娜非常富有同情心。
师:为什么?
生:桑娜宁可挨揍也一定要抱养邻居家的孩子。

师：嗯，还有没有？

生：我觉得她特别爱自己的丈夫，因为她不想让丈夫负这么重的负担，她又想让孩子到自己家里来，所以她心里很矛盾。

师：是呀，如果她一点都不考虑到丈夫的感受的话，她用不着这么矛盾，是不是？读出了对丈夫的爱。（生举手）你说！

生：我觉得就是前面桑娜脸色苍白，说明她很害怕，后来她后来又说揍我一顿也好，说明她既害怕丈夫骂她打她，但是她也铁了心一定要抱养孩子。

师：嗯，宁愿自己受苦受累也不愿意放弃这两个小生命。是不是？你看，托尔斯泰的文章就是这样，值得一读再读，环境的再读，心理描写的再读，让我们读出了穷人的"穷"与"不穷"。

师：有些话，经典的文章，是值得一读再读三读四读的，读着，突然你就会发现新的东西。比如说文章里面有一句话短短的，只有四个字，但是它却如此意味深长。我记得我们班只有一位同学有所发现，我当时就觉得这位同学太了不起了，谁？四个字，一句话。谁发现了？

生：我觉得这句话就是第三自然段的第一句"睡觉还早"。

师：好，睡觉还早。还有谁也发现了？

师：好，你也发现了。你们两个上来！睡——觉——还——早——你们觉得这句话重要吗？你先说。

生1：因为第2小节。

师：第二自然段。

生1：第二自然段中说"古老的钟发哑地敲了十下，十一下"，说明这个时候时间已经不早了，已经11点钟了。但是桑娜……

师：他说了11点钟了吗？

生1：是11点这个意思。

师：你从哪看出来？

生1：前面说钟敲了十下，十一下。这说明时间很晚很晚了，桑娜却觉得睡觉还早，说明桑娜平常都是很晚才睡觉，都在很努力地干活，养活自己的家。

师：你从中体会到了他们的"穷"和"不穷"。还有什么不同的？

生2：还有第一自然段中"挂着白色帐子的床上，五个孩子正在海风呼啸声中安静地睡着"，孩子们已经睡着了，桑娜却觉得睡觉还早，说明桑娜每天都会干活到很晚，拼命地干活。

师：好，两位同学的发现都非常精彩！回到位子上。睡觉其实已经不早了，在我们早已经酣然入睡了，做着好梦时，桑娜却觉得时间还早。所以读经典的文章，我们要一个字一个字地细细地读，不能轻轻地放过，你会发现，很多以前没有留意到的。实际上文章中还有一段长长的关于睡觉的描写，你有没有留意到？哪一段？

（生齐说第七自然段）

师：第七自然段，你曾经细细地读过吗？

生：读过。

师：老师告诉你们，很多老师在读这段的时候，很多同学在读这段的时候，轻轻放过了。实际上这一段是非常非常重要的话，我们把目光聚焦到这一段话，拿起书来，细细地读一读，关注一些你以前没有注意到的，也许你会有新的感触。拿起笔来，把你以前没有留意过的细节划出来。

（生边轻轻地读边划，师边巡视指导边说）

师：第七自然段！这一段话，同样写出了穷人的"穷"，同样写出了穷人的"不穷"。

师：好，哪位同学把自己的发现与我们分享，这一段话你以前没有留意到的细节？

师：这位同学发言很积极！来，你有没有留意到一些细节？

生：我留意到了西蒙的孩子是蜷缩着身子，然后身上披着旧衣服旧头巾，这些衣服是西蒙在临死前包在孩子身上的，说明西蒙非常非常爱自己的孩子，她很希望孩子能够更好地成长，但是她快要死了，所以她把自己的衣服和旧头巾包在孩子的身上。

师：把所能给孩子都给了孩子，多么朴素深沉的爱。你说！

生：我觉得西蒙临死前还是以孩子为重的，她本来已经快死了，她也不先照顾一下自己，而是先照顾自己的孩子，为孩子着想，把旧衣服盖在孩子的身上，说明不想让自己的孩子着凉。

师：她时时刻刻都在为孩子们着想！你觉得呢？

生：我觉得她不仅有母爱，而且还很善良。她很想把孩子托给邻居照顾，但是她又怕拖累邻居。

师：你的发现很独特，大家给他鼓掌！同样发现了她的善良。你看，文中有一句话"一只苍白僵硬的手像要抓住什么似的，从稻草铺上垂下来"，这只手，她想抓住什么呀？

生：想抓住自己的孩子。

师：多么想在临死前再摸一摸孩子们的手。你觉得她还想抓住什么？

生：我觉得她想抓住她的孩子，让自己的孩子抓在身边。

师：嗯，她还想抓住什么？

生：还想抓住希望。

师：嗯！

生：希望有人会救她的孩子。

师：想抓住希望，抓住命运的手。这段话你还有没有注意到"首先投入眼帘的是对着门的一张床"，对着门的一张床，你想到了什么？

生：可能门是开着的，可能西蒙是怕孩子们着凉，所以就把床移到门对面，方便把门关上。

师：把门关上。我想问同学们，你们家的床是正对着门的吗？

生：没有！

师：那为什么西蒙家的床是对着门的？

生：因为西蒙家里比较穷，没有客厅，只有一个房间。

师：她的家里是比较穷吗？

生:是很穷!

师:很穷很穷,极其的穷! 房间里本没有沙发没有客厅没有席梦思,什么都没有,很穷很穷,只能容得下一张床。读书就要从这样一些细小的、不惊人的地方读出意思来。

四、小练笔:西蒙临死前的内心世界

师:这同样是一位了不起的母亲,她同样贫穷,同样善良。作为两个孩子的母亲,西蒙在临死之前,一定愁肠百结,百感交集。请同学们走进西蒙的内心,用一段话来描写出西蒙临死前的一个晚上的心理描写,学着用一用省略号。

师:直接把心理描写在横线上写出来即可,下边是桑娜的心理描写,你可以参照一下。

【课件出示】

西蒙脸色苍白,神情黯然,望望身边躺着的两个孩子,内心充满着不舍、担忧与矛盾。她沉思着:_____

桑娜脸色苍白,神情激动。她忐忑不安地想:"他会说什么呢? 这是闹着玩的吗? 自己的五个孩子已经够他受的了……是他来啦? ……不,还没来! ……为什么把他们抱过来啊? ……他会揍我的! 那也活该,我自作自受……嗯,揍我一顿也好!"

(学生小练笔,教师巡视指导)

(写后,交流)

师:来,同学们,抬起头来,让我们一起试着走进这位寡妇的内心世界。她在沉思着什么?

生1:我要离开了,我是多么想再看看我的孩子啊……我还不想离开我的孩子呢! 希望有个好心人能把我的孩子送走,我不能让孩子着凉,会生病的。我舍不得我的孩子啊……

师:千万个的省略号就是妈妈一滴一滴的心啊! 还会怎么想?

生2:我马上就要离开这个世界了,要不把孩子交给桑娜吧? 可是他们家也不富裕。

师打断评价:他们家也穷啊,非常的穷啊!

生2继续念:哦,我的孩子,本来把你们交给他们,他们也能同意的。但是他们家太穷了,再加上两个孩子,他们该怎么生活啊?

师:声声的叹息表达了深深的无奈。

生3:我的病越来越重了,可是孩子们怎么办呢? 把孩子交给桑娜家吧,不,这样会给他们带来极大的负担。我还是好好照顾好他们,给他们带来温暖。孩子们,这是妈妈最后能为你们做的事了。

师:这是母亲最后唯一能做的事情啊!

生4:孩子们,妈妈就要离开你们了。我走了,你们怎么办? 要不把你们托付给邻居桑娜家? 不行,桑娜已经有五个孩子了,他们家穷得怎能再接受我的孩子呢……

师:怎能忍心再把我的孩子交给他们呢?

生继续念:上帝啊,求求你,可怜可怜我这个孤苦无依的寡妇吧,我实在舍不得我的孩子啊!

师:孤苦无依,好一个孤苦无依!西蒙临死之前那个夜晚,桑娜觉得"睡觉还早"。而西蒙,却永远地睡着了。

五、用心发现财富

师:这篇文章中其实还有很多很多对于睡觉的描写,(师板书:睡觉)这一切一切的描写都让人深深感动着,让我们一起来(淡淡忧伤而温暖的背景音乐响起)再次走进这个温馨而动人的故事。

【课件出示】

海上正起着风暴,外面又黑又冷,这间渔家的小屋里却温暖而舒适……挂着白色帐子的床上,五个孩子正在海风呼啸声中安静地睡着。

就在这死去的母亲旁边,睡着两个很小的孩子,都是卷头发,圆脸蛋,身上盖着旧衣服,蜷缩着身子,两个浅黄头发的小脑袋紧紧地靠在一起。显然,母亲在临死的时候,拿自己的衣服盖在他们身上,还用旧头巾包住他们的小脚。孩子的呼吸均匀而平静,睡得正香甜。

桑娜用头巾裹住睡着的孩子,把他们抱回家里……她把这两个熟睡的孩子放在床上,让他们同自己的孩子睡在一起,又连忙把帐子拉好。

"你瞧,他们在这里啦。"桑娜拉开了帐子。

(在感人的音乐声中,教师用低沉的声音引读,学生有感情地接读,一起配乐朗读文中描写"睡觉"的情景。)

(师板书:环境 心理 细节)

师:还有很多耐人寻味的细节描写,让我们感受到了穷人身上的无比美好的品质。感谢写下了这首诗的维克多·雨果的创作,感谢列夫·托尔斯泰的改编,也要感谢翻译家草婴,是他最先把托尔斯泰的很多文章介绍给我们的。同学们,无论是维克多·雨果的创作,还是列夫·托尔斯泰的改写,草婴的翻译,他们都是在用心创造财富。所以,我们在阅读这些文章的时候,要用心发现财富。经典的文字,就是财富,它们是永远的宝藏,常读常新。让我们一起,用心发现财富!下课!

板书:

<pre>
            穷　人

环境　又黑又冷……

心理　忐忑不安

细节　僵硬的手、睡觉……
</pre>

(杭州市长青小学李慧霞、孟虹霞整理)

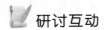

研讨互动

嘉宾互动

参与人员：王荣生、薛法根、张祖庆、高丽君、吕桐君及台下教师、汪燕宏（主持人）

汪（主持人）：今天，很荣幸请到了王荣生教授来与我们谈谈他对这两节课的看法，也感谢台上的高校长、吕校长和薛老师、张老师。今天这两节课带给我们很多思考，下面先请高校长来谈谈她的感受。

高：今天能有机会在这儿和大家共同品味经典、学习经典也是我的一大幸事。俗话说"弱水三千，只取一瓢"，文中有许多值得展开的教学点，但薛老师紧紧抓住叠词之美，只选叠词，只选了两处对比，这就是对经典的解读。今天张老师的课也有很多值得我们学习的地方，比如说对环境描写、心理描写、细节描写等展开了有效的教学，读写迁移，复活了西蒙的心理活动，以他的方式带领孩子学会了对经典的重读。最后我想说，让经典伴随我们语文老师的一生吧！

汪（主持人）：感谢高校长，下面有请桐庐圆通小学的吕校长来说一说他的想法。

吕：由薛老师的课，我联系到了今天活动的主题是"让经典滋养人生"，我的第一感觉是：语言浸润人生，课堂浸润人生，对话浸润人生，也就是心灵浸润人生。第二堂课，张老师和薛老师比，确实有不同之处，如果说薛老师更注重对话，那张老师就更注重学法的指导。感谢这两位我特别崇拜的老师。接下来我想问张老师一个问题：孩子们今天都从文章中找到了"穷"，发现了"穷"，但是现在的孩子内心深处很难真正感受到"穷"，请张老师从设计的角度谈一谈如何抓住语言的突破点来指导孩子理解"穷"的。

张：其实经典就像一位沉睡很久的美女，需要一位年龄适合的年轻小伙子去唤醒她。这个教案曾经给六年级的孩子上过，他们就像是年龄适合的小伙子，感受和理解都达到了预期，而今天五年级的孩子就像年龄太小的小伙子，课堂上师生的互动还不够充分，这与老师对五年级的孩子估计不够充分有一定关系。至于如何体现"穷"，我在《教学内容的选择与生成》中已经有了详细的说明。经典的文章是什么？不是你正在读的，而是你正在重读的。老师要做的就是媒婆，把学生看不到的指点给学生看，而我们老师也是需要被唤醒的，因此我们接下来就把宝贵的时间留给专家。

汪（主持人）：我们都有一个共同的问题就是，薛老师对叠词这一教学内容的选择有何用意？请薛老师谈谈。

薛：经典作品之所以经典，在于它的美。之所以选择叠词，因为这篇文章是散文诗，叠词的韵律美能体现文本的美，叠词之美美在声音、形象、感受。《匆匆》这篇文章不仅要感受文本的情感，还需思考人生为何匆匆。今天的孩子在感受叠词这块时说得还不够充分，这与现在的孩子对词语普遍缺乏敏感性有一定关系。

汪：有没有在座的老师想提问的，话筒传递一下！（等待）既然没有，那我们就把我们宝贵的时间留给我们的专家，请王教授点评。

王：先说一个总体的观感，薛老师每次上课总能给我们带来惊喜，尤其是借字而展开的教学。比如说今天这节课中通过两个"匆"的古体字来悟"匆匆",这个功力真的很厉害！我们在一篇课文中选择哪些词语进行教授,是值得探讨的。

薛老师最值得学的一点,大家可以看看《研习手册》P4,在薛老师的教学目标中,我们可以发现他的三个教学目标就是下面三个教学板块的要点。我建议教学目标写一条就够了,如果一定要分条,建议是每个环节的要点。

那张老师值得我们学习的一点是,请看 P11——两点阅读要点,"选择独具特色的教学内容","开掘易被忽略的文本意蕴",这两点的思考是非常到位的。改善语文课堂的关键,从教学内容上来说,就是让教学内容有意义,使教学具有有效性。这两位老师都有很多地方可以学习。在薛老师的课堂上,学生的质疑很厉害,可能这个学生的质疑就是解开文本的钥匙。我个人感觉薛老师引导孩子对人生哲理的思考过于沉重。张老师可以改善的地方:托尔斯泰和雨果在开头同时介绍,说托尔斯泰看了雨果的诗很感动,那他感动什么呢？如果可以说一说,那效果更好。其实仁慈是天性,这节课在"穷"这个问题上花时太多,从穷中看出善良和仁慈才是关键。渔夫几乎是不假思索的,其实我读到文章结尾时最感动,真正的感动是浸润在日常生活中的点点滴滴。现在我们对"穷"没有感受不是问题,问题是怎样充分感受到穷人的善良和仁慈。

汪(主持人):感谢王教授的精彩点评,让我们理念与践行并驱,深度解读课标,不断探索语文教学的规律。

微博互动

各位亲,这里是"杭州市下城名师好课堂"微博平台。"名师好课堂"是由浙江省名师工作站和杭州市下城区教育研究发展中心联合举办的一个师训项目。首期活动将于 3 月 14 日开展。我们邀请了王荣生教授,特级教师薛法根、张祖庆,围绕"经典滋养人生"这一主题,进行为期一天的活动。欢迎您参与围观！

微博互动,让我们用心走进名师课堂。你准备好了吗？薛法根老师的课,请大家重点关注:(1)如何教出词语的味道;(2)如何带领学生领略时间的哲思之美;(3)如何在阅读的过程中学习语言文字运用。

张祖庆老师的课,请大家重点关注:(1)如何充分发挥学生的主体地位,让学生主动钻研文本,尝试让学生当小老师;(2)《穷人》是一篇很经典的小说,张祖庆老师是如何解读出新意的。(3)同样要关注张老师这节课上,是如何带着孩子们学习语言文字的运用的。

下城名师好课堂 2013:感谢长寿桥小学对本次活动的大力支持！

微博互动开始咯！活动即将开始,本次活动有市内外四五百位老师参加,盛况空前,敬请期待！

浙江省干训中心副主任、教授吴卫东发表了感想:"名师好课堂"为教师搭建了非常好的平台,为老师们搭建了走向名师的桥梁,同时"名师好课堂"为品牌建设提供了可能。祝"名师好课堂"能成为教师的"伊甸园"！

下城区党委书记、局长黄伟为本次活动祝词:"名师好课堂"为下城教育寻求更广阔视野,为课堂教育改革寻求新途径,更为广大教师提供了学习的平台。

紫妫:期待《匆匆》!

薛法根老师正为长寿桥小学六(4)班学生上"匆匆"一课,让我们关注板块教学一:重锤敲击叠词的节奏之美,体会散文诗的语言节律。

京都梅梅:描写八千多日子是快进,描写一天是慢镜头,把时间拉长了。每个人的时光都在寻常小事中悄悄流逝。薛老师引导得真好,学习了!

刀茅巷小学王晓颖:小学高段课文中有不少文辞优美的散文,但在教学时我总觉得很难找到好的突破口,听了薛老师的课,我受到了很多启发,原来文中的叠词也可以细细品味和诵读,听薛老师上课感觉特别有"味儿"。

小尾巴天天:不知不觉一个小时过去了,薛老师带着孩子们深入文本,探究语言,感悟人生,在轻轻松松中完成了学习,课堂时间匆匆,学生收获满满!

山中游云0203:4个滴答,一生就这么没了!薛老师的简单直白一语点破文本,也点破了人生!

明珠——宇妈:享受轻松的课堂,感受名师的幽默。

随处飘摇:薛老师幽默的教学语言让孩子们越来越放松了,期待更多的师生课堂互动!

懒惰的烂糊肉丝:薛老师的课的确让学生学得轻松,学得扎实!

凤舞乾与坤:课堂被薛老师风趣轻松幽默的对话激活了。

现代3258111012:从文本韵律入手,通过读,让学生自然而然感受语言节律。

长寿艾草:薛老师的课堂导入颇具"薛式"风格。板书"匆",让学生观察"匆",探析"匆"的字源,读出单个"匆"的急促,再板书"匆"的另一个写法,读出"匆匆"的绵长,揭示叠词表达的感情,体会叠词具有意蕴的美感。这一步步,把"匆"的音形义紧紧地结合在一起,"匆"蕴含的汉字文化也植入了学生的心田。

dodo0520:滑动的笔尖,起伏的琴键,孩子的反应真快。

长寿艾草:时光看不见,摸不着,怎样让孩子们感受到呢?薛老师引导学生读文章,关注作者是怎样把抽象的时间写形象的。"八千多日子"就像"一滴水",人的一生就"四个滴答",一辈子就完了。绝!无形的时间就这样形象地留在了学生的心里。

全赖有你liu:不愧名师,靠一支粉笔,靠睿智的风采。

欢小仔:薛老师的课淡定潇洒,举重若轻。将事物的去而复返与时间的去而不返做对比,通过时间有限、事业无限的对比,让学生读出作者内心的情感,读出自己对时间的感悟。

炎小焱儿:形散神不散,课堂以"匆匆"为文眼,让学生回归文本,体会匆匆,赞一个!

明珠——宇妈:一篇《匆匆》让在老师和孩子们的对话中不知不觉地流露出了他们的感受!

长寿艾草:薛老师是睿智的,他让孩子们结合自己的生活谈对"时光匆匆"的感悟,孩子们的回答稚趣而又真实。的确,我们每个人的经历、阅历不同,对时光匆匆的感悟自然是不同。"作者写这篇文章的时候,只有24岁,为什么青春年少的时候,他就觉得时光匆匆呢?"薛老师的话题把孩子们的阅读引向文本深处。

在在米桑:发呆的时候不觉时光荏苒,醒了才发现匆匆了。顶薛老师一个。赞!

天水之方:一点一拨一扶一放,孩子们入情入境了!在《匆匆》中,时光荏苒,只是此时、此刻,我们不再"匆匆",读于心、品于心、植于心。

全赖有你 liu:薛老师,长寿的孩子该内敛时内敛该张扬时张扬。

缓缓幸福:学生的问题好!课题是《匆匆》,为什么文字没有匆匆的感觉呢?

小樱桃 918:老师引领着孩子们进入了理性的思考!

全赖有你 liu:孩子们渐入佳境!加油!

东园听语:慢慢读,感受语言文字之美。学习!

为什么作者朱自清对时间有如此匆匆之感?薛老师深层追问学生时间的哲思之美,引发学生思考。

凤舞乾与坤:4 个滴答,一生就没了!恍然大悟!

咪咪小苔花:去而再来,枯而再青,谢而再开,主要为衬托日子去而不返。

老师们都关注到板块三:生活比照语言的形象之美。作者是如何把"八千多日子"和"一个日子"写形象的?看薛老师巧妙的引导吧!

ni-crystal:八千多日子是快进,一个日子是慢镜头回放。把生活的琐事放大,就这么一个日子,朱自清先生多么想挽留!

长青 zq:读书的时候,时间从书本、文字、翻页过去,到从翻动的书页过去,语言的魅力尽在其中,所以后面的孩子说得更好了。向薛老师学习,让学生大胆说,慢一点,让优美的语言走进学生的内心,驻扎在那里。

安吉路爱上语文:对比,是语文学习的好方法。单个字与叠词的比较体会,"八千多日子"的无形无声与"一日"的可见可感的对照,学生的生活与人们的寻常生活的比较体会……朱自清的语言就这样深入孩子们的内心,薛老师的课也就这样深入我们心底。

新一代年轻名师曹爱卫老师有幸拜省特级教师薛法根老师为师,这给了我们在场所有老师更大的鼓舞,让我们不断学习,共同探讨语文教学。

全赖有你 liu:祝贺曹校长!加油!

眉弯 3307368523:曹校拜名师,羡慕哦!

ni-crystal:薛老师太可爱了,下次收我为徒儿吧。

全赖有你 liu:令人羡慕的师徒。

有请特级教师张祖庆老师和长寿桥小学五(2)班学生上场,共同演绎精彩课堂《穷人》!

长寿艾草:张老师让学生上台当主持人,其他同学可以回应,可以补充,可以质疑,可以通过朗读来表现……课堂真正体现了以生为本的理念。赞的!

东园听语:注重学法指导。学习!

欢小仔:张老师的课总是那么精致、和谐、大气、开放。

长青 zq:孩子们一定从心底里喜欢上了张老师,教师的噱头很足啊!

天水一滴水:风趣的开场白,有思考!

张祖庆:亲,来点掌声吧!

在张老师的引导下，孩子对雨果，对托尔斯泰都留下了深刻的印象。究竟这个由《可怜的人们》改编而成的作品《穷人》又会让孩子们有些什么感悟呢？敬请期待吧！

雨果和托尔斯泰同时出示，让孩子印象深刻！

找遍全文没有一个"穷"字，但是各个四字词语都引人联想。张老师引发孩子思考，追问渔夫为什么要出去打鱼，让孩子们对"穷"有了更真切的体会！

安吉路爱上语文：张特解读文本的功力让人佩服。教学内容如何选择和优化？张老师给了我们引领——独具特色的，易被忽略的，有语言运用价值等的内容值得研究。教师的潜心解读提高了课堂的实效。赞！

炎小焱儿：经典的文章值得一读再读。张老师对穷人的穷，一品再品，从不同的角度读出了穷人不穷！

长青 zq：张老师的朗读，像播音员一样，学生还关注到了停顿和情感。向孩子们学习！也看得出孩子们在张老师的带领下，真正走进了文本。生活中很少有这样的"穷"的体验，但我们可以从阅读中感受。张老师的课，收获总是很多。

全赖有你 liu：孩子朗读很棒啊！

感谢雨果的创作，感谢托尔斯泰的改写，感谢草婴的翻译，更感谢张老师精彩的课堂，让孩子们感受到《穷人》语言的魅力，让老师们感受到大师的风采！

时光匆匆，内心充实。接下来欢迎上海师范大学王荣生教授为我们做精彩的点评，也欢迎老师通过微博及时互动！

安吉路爱上语文：教授就是教授！一个现场备课，就激活了老师们的思维，活跃了现场气氛。这样的开场对我们自身的教学也有启发噢！

王教授用《黄山奇石》一课为例子，谈如何选择教学内容，台下老师与王教授互动中……一位王老师的男粉丝说，要抓住"奇"展开，尤其要抓语言的节奏感展开教学。

台下两位老师积极互动："凡是有拟人，拟人都要讲；凡是有四字词语，四字词语都要讲；凡是有长短句结合的，长短句都要讲；凡是有比喻，比喻多要讲……"王教授的讲解，令人深思。我们，好像一直都是这样过来的……那么，是不是我们以前一直教错了？到底选择教学内容的标准是什么呢？我们期待王教授分享他的观点……

文龙巷 2013：一篇文章教什么，对与错是有界限的，好与坏也是有界限的。合适的教学内容，取决于教师的文本解读。文本的教学解读，要依据体式，根据学情紧密联系哦！

关于《黄山奇松》一文，王教授的观点如下：一、这是一篇介绍黄山的奇松的文章；二、是向未去过或想去黄山的人介绍的；三、以比较形象的方式介绍黄山的奇松；四、目的是让人留下朦胧的印象，产生联想。亲，你怎么看这个解读？

长寿艾草：一篇课文，教什么应该有专业的选择，而不是当作散乱的语料，东抠一点，西抠一点，肢解课文，这个观点我完全赞同，教师应有整体意识和文体意识。但有一点疑惑，小学生是"学习阅读"，"学习"说明他们不具备阅读的能力，对字词解码都存在困难，如果没有基础的语言学习，学生凭借什么去理解这个"整篇"呢？有一个问题要和王教授探讨：如果每一节课教的内容都很确定，教师个性化的解读，是否不需要了？那么,是否编教材的人,认真研制教学内容体系,教师拿来就可以用了?这样,教语文岂非很无趣?语文教学内容的开发,我想不是这么简单的吧?不同年龄、不同地域、不同层次的学生,需求是不同的。

易水寒大人:倒是期盼专家们能让每个学段的教学目标落实到相应的教材、教学内容时,能更具有可操作性,加上老师的个性化的教学,会让教学更有实效。

青蓝人评论:王教授的讲话目的目前还是很朦胧,四个解读也很朦胧,应该不是王教授的真正目的,下面应该会有更精彩的讲话,有兴趣的猜一猜?

王教授选择教学内容的核心观点:一、学生的学情;二、文章的体裁。要充分关注文体的样式。教师在备课时,要多思考:这篇文章写给谁看?是怎么写的?要达到什么目的?

刀茅:找出文章核心,结合学生实际,确定教学内容,进行教学设计。

紫妩:想问一下王教授,外国文学翻译的课文该怎么教,如何落实语言文字训练点?如一些西方的神话故事。

风静月常明 2013:从整体上把握主题,统摄各类教学手法。

老师们往往习惯于在高年级教学的第一课时,让学生归纳主要内容,王教授认为这是没有必要的,不符合阅读常态。现场有几位老师有这样的疑惑:2011 版课标,对第三学段的阅读,提出了"阅读叙事性作品,了解事件梗概"的要求,请问王教授,这个该怎么理解?

感谢王教授的引领,让我们明白,教学要从学生出发,教学要关注文体。感谢您的参与! 下期"名师好课堂"再见!

 **前沿报告**

小学语文教学设计的要点
—— 教学内容的选择
主讲人:上海师范大学 王荣生教授
主持人:下城区教育研究发展中心教师成长部主任、特级教师　柳　琏

柳(主持人):各位领导、各位专家、各位老师,大家下午好。今天上午,我们聆听了两位老师的经典课堂和专家的点评。下午我们请上海师范大学王荣生教授为我们做专题讲座。王教授是我们小学语文界第一位博士生,出版了许多课程教材方面的著作,我们以热烈掌声欢迎王教授的到来。

在体验中感受

王:各位老师大家好,拿到一篇课文教什么,什么样的内容适合教,怎么教,今天下午我就来谈谈这个。我们一起来做个现场的简单备课(PPT 出示《黄山奇松》),这篇课文是浙教版五年级的,题目是"黄山奇松",一共分三段,课文不长(王读全文)。对我们来说,这篇课文教什么,可以把你想到的写在本子上,我给大家 5 分钟时间。

师1：王教授，你好！我觉得文中讲到了三种松，最重要的学习点可以放在最后一段省略号。

师2：粗粗一看，《黄山奇松》中的"奇"肯定是学习的重点，我刚刚粗粗一读，还有最后一段，很有感觉，"或……或……或"，"有的……有的……有的……"

师3：这篇文章在详略上很有特点，我觉得应该根据文章的详略安排来教学。

师4：这篇文章首先要对内容感知，特别要研究语言，让学生感受语言上的形式特点，比如比喻、拟人……具体地说，感受对迎客松、陪客松、送客松的描写中把松当作人写的语言特点。

师5：老师，你好！看过你的《语文科课程论基础》，您在语文课上不喜欢用"我认为"这样的词汇，但我今天得用"我认为"这样的词汇了。我认为"奇"是这篇文章的重点，第一个点，"奇松、怪石、云海、温泉"；第二个点：让孩子体会语言表达的规律，包括四字词语的连用、长句与短句结合等，这些地方读起来朗朗上口；第三个点：词与字的组合，作者在这些地方都用了富有节奏感的字，深深地表达了他对祖国大好河山的喜爱。

在聆听中感悟

王：刚才很多老师谈了自己的想法，可以教这个、教这个、教这个……那我们来讨论一下。比如说节奏感、长句短句、描写的句子、总分、详略是可以教的。最后一段这儿的句子、结构以及修辞，还有省略号也是可以教的。我曾经听一位老师上课，老师出示一幅画，看看这个文字是不是描绘这幅画。还有一位老师让学生去整理我们学过的写松树和松树精神的诗文……很多很多，我这儿的老师有骨干教师、研修班老师，大大小小加起来有一百来个老师，这个老师觉得这方面重要，那个老师觉得那方面重要。在我看来，这些都不太合适。

（从题目开讲）

从题目看，毫无疑问，肯定是"奇"。大部分的课后思考题都差不多，第一题写几个字，第二题组几个词，第三题……第四题肯定是问：黄山松奇在哪儿？其实这里包含了两种问法——"黄山的松奇在哪儿"，"黄山的奇松奇在哪儿"。你会选哪个？这篇文章到底要写的是黄山的奇松，还是黄山松的奇？（大家讨论中）我的选择是：黄山的奇松。

（根据文本逐段分析讲解）

关于《黄山奇松》一文，我的观点如下：一、这是一篇介绍黄山的奇松的文章；二、是向未去过或想去黄山的人介绍的；三、以比较形象的方式介绍黄山的奇松；四、目的是让人对黄山奇松留下朦胧的印象，产生联想。

现在语文教学把文本分解了教的现象很普遍，小学特别严重，不是把语文当作整篇文章来教，而是当作语言材料拼凑起来教，这篇文章是总分、分总、句式……假如你不是语文老师，就以读者的角度来看它，你会不会意识到总分的概念？

有些东西是为教而教。要是这样教的话，那小学语文能力的培养就难了。

我们的问题是这样的：同一篇课文，不同的人获得了什么？不同的课文不同的人，你怎么教，让他们获得想要的东西，你听了四年级老师和五年级老师教同一篇课文，他们教得一模一样，五年级老师和六年级老师教得又一样。同一篇课文不同的人教法不

一样。(举例说明)

我们选择教学内容,是要放在全文的背景下去选择的。早上两节名师的课,薛老师的《匆匆》,老师也讲了是朱自清20来岁写的,就《匆匆》这篇精悍短小的文章,让学生去探讨那么沉重的话题,有必要吗? 当时是很多人看不起白话文,所以朱自清写白话文也不受待见,他只是抒发了一时的感受而已。这是篇散文,是闲暇而作。所以这么一篇文章不可能有这么深的意义。

语文老师也可以教出个性,不同的老师也可以教出不同的个性来。但是语文老师的个性应该体现在教学过程中,而不是体现在教学内容中,我想教什么就教什么的思想肯定是不对的。语文中的对错、好坏是有界限的,这是我们向语文老师传达的一个信息。上公开课、比赛课、考试课,尤其是年轻老师,把这样的课定位为展示自我的机会,所以公开课会有个"潜规则"——上出新意来。有些老师关注亮点,第一点,教学内容,偏和别人教得不一样;第二个,教学方法,偏要那样教,教得很奇怪。

一篇课文拿到,教什么,我们应该用带有专业性的眼光,而不是即兴的,我们应该把它当成完整的篇章,而不是散乱的。老师们可以去看看,我们平时都在教些什么? 比喻、虚实相间、总分啊,这些有什么用? 教文章究竟有什么用? 是帮助学生更好地理解,更好地阅读。我觉得小学和中学本质上没差别,就是要教会学生如何进行良好的阅读。

我们小学老师强调"基础",基础是为了更好的理解。我特地查了《黄山奇松》中的"盘曲",有些老师要求会写,没这个必要。打个比方,哪怕看张报纸,你每个字都认识吗? 报纸是面向大众的媒体,阅读从来没要求每个字都要会读会写,阅读是理解作者的意思。

薛老师讲的是散文,散文要表达的情感是和语言相结合的。

小说是用情节表达的,小说可以翻译、修改,但在《穷人》这篇文章中,把环境描写中的句子变成四字词语,这个对吗? 原文挺好,硬生生地剥成四字词语,这个不对。

我给大家看一个材料,"亲爱的:你放在冰箱里的两颗葡萄,我把它吃了"。

这句话你要做的就一件事——获取信息。请注意,这是一个便条,你要用便条的意义去理解它的情感。现在我把它改了:"亲爱的/你/放在冰箱里的/两颗葡萄 我/把它吃了。"(笑)这是一首小情诗了,连冰箱里究竟有没有葡萄都没有关系。所以,无论是什么性质的文章都要选择合适的方式去读,去教。

读报纸、文章可以概括,读小说和散文要不要概括? 把自己当成普通人来想,回家用一句话概括,你会做这样的事吗? 这么做是阅读能力比较高的人,阅读能力比较高的人教学生,就有问题了。在看报纸时,你会朗读吗?

香港公车会有"不设企位","企"就是站着,为了你的安全考虑,不设站位。对教学内容需要通过审议,如果我们讨论下来,是可以形成共识的。我们还需要思考:第一个问题:所谓能力,是不是重复不断的训练。第二个问题:我还是觉得文本的体裁很重要。

下面的时间看看老师有什么问题,当然有不同的看法观点也可以,没有关系。

在互动中探讨

柳(主持人):听的过程中我们很多老师有问题,机会难得,我们提出来和王教授交流一下。

师1:我们到底应该怎样进行字词教学?

王:(PPT出示《童年的馒头》)刚才的提问老师可以看看这个片段,一般我们讲课就讲这些画线的地方。先问老师:"那时候"是什么时候?"挣工分"知道吗?我建议老师在向学生提问的时候不要抽象化。

柳(主持人):还有没有老师有问题了?

师2:2011版课标,对第三学段的阅读,提出了"阅读叙事性作品,了解事件梗概"的要求,请问王教授,这个该怎么理解?

王:理解就是要理解课文内容,包括作者表达的思想情感,要读到"家"里去。应先理解,再归纳。在这个过程中,体会、感悟、发现、探究、分享……但了解梗概并不一定要求学生概括主要内容,我们大部分的教学还是为了考试,因为考试要考主要内容概括的。

柳(主持人):由于时间的关系,我们以热烈掌声谢谢王教授。刚才有个微博:教授就是教授,现场备课就激活了老师的思维,活跃了现场的气氛。王教授的讲座,打破了纯理论的教授,以《黄山奇松》引入,来探讨如何确立教学内容,深入浅出地谈了两个问题,既要从语文角度选择教学内容,还要关注文体。非常感谢王教授。回去后大家可以细细回味,相信受益匪浅,要努力到实践中践行。今天下午名师好课堂活动到此结束。

 师徒结对

参加者:薛法根(江苏省吴江市盛泽实验小学校长、特级教师)

曹爱卫(杭州市长寿桥小学副校长、浙江省教坛新秀)

汪燕宏(杭州市下城区教育研究发展中心教学研究中心副主任)

(曹爱卫上台献花)

汪(主持人):现在,我们的老师给薛老师送上了鲜花,除了欢迎和感谢薛老师来下城上课和指导,还有一层特别的意义。好,请薛老师和曹老师到舞台中间来。请允许我介绍,这位是杭州市长寿桥小学副校长、省教坛新秀曹爱卫老师,曹老师,您上来献花还有什么特别的意思吗?

曹:我一直崇拜薛老师,常常观看薛老师的课堂教学视频资料,阅读薛老师撰写的教学论文,吸取营养,我想有更多的机会向薛老师学习。

汪(主持人):原来,今天,我们的曹老师是拜师来了。刚刚从曹老师的表白中,我们看到大家追随名师、学习名师的迫切要求。那么,薛老师,您乐意收我们这位曹老师为徒吗?

薛:其实你们浙江杭州大有名师在,我倒是觉得很不好意思!曹校长已经很优秀了。不过,我也是很佩服她那么要求上进、好学。

汪(主持人):我看,薛老师是答应收曹爱卫老师这个女徒弟了。谢谢薛老师!薛老师,您看,您的爱徒为您精心准备的礼物,来,看看是什么?

曹:这是我制作的一本关于师傅的画册,里面收集了近年来师傅的精彩课堂瞬间。

希望师傅能喜欢。

汪（主持人）：哇，好漂亮的一本册子，那么厚，一定花了不少时间收集和制作的。

汪（主持人）：师傅也有礼物准备啊。

薛：这是我最近写的两本书，刚出版的。

汪（主持人）：看着曹老师幸福的笑脸，我们知道她今天最满足、最幸福。让我们以热烈的掌声祝贺曹老师拜师成功，拥有新的平台！也谢谢薛老师，一回生二回熟，三回就是老朋友了，希望薛老师能多多来下城讲学和指导。

 **反响与关注**

探索教师专业成长新路径
——杭州市下城区开展"名师好课堂"活动侧记
本报见习记者　胡梦甜　记者　张　莺　通讯员　刘粉莉

"风趣的开场白，妙！""张老师解读文本的功力真让人佩服。""张老师对穷人的'穷'一品再品，从不同的角度读出了穷人不穷，太赞了！"……教室大屏幕上不断滚动播放着专家、听课教师之间的互动微博。此时此刻，就在这间教室，杭州市下城区教育研究发展中心研究员、省语文特级教师张祖庆正在执教经典作品《穷人》。参加活动的每一位教师都可以第一时间对课堂的某个环节加以评论，即时生成，产生思维的碰撞。

这是杭州市下城区日前举行的小学语文"让经典滋养人生"教学研训活动现场，这一活动也标志着下城区教育局精心打造的"名师好课堂"正式拉开帷幕，该区"双十百千"智慧教师梯度培养计划也于同期实施。

让教师"动"起来

怎样的课堂能称为"好课堂"？反观当下名师的公开课，教师普遍将视线落在课堂的表现形式上，反而忽视了教学的主体——学生。张祖庆在课堂上循循善诱，带领学生走进文本，让学生上台当教师、教师以助教和学生身份参与的妙想和践行，给了在场专家和教师很多启发和感悟。张祖庆对"好课堂"的标准有自己独到的见解："好的课堂应该是一场发现之旅，师生共同参与学习，碰撞智慧，享受学习的快乐之旅，同时教师还要善于追求课堂上适当的安静，给学生思考、沉淀的时间。"

作为下城区提高课堂教学实效、探索名师培养模式的新举措，"名师好课堂"为下城区名师成长创造了条件。活动以学科为主线，定期举行，区内区外名师同台开课，台上台下、线上线下全程全员实时互动，还有知名专家在现场点评指导。张祖庆对这样的活动形式感触颇深："通过这样的互动、碰撞，我对课程有了更深的理解，尤其是专家的点拨更是令我受益匪浅。与其说我是在展示一堂课，不如说是将这堂课当作一只麻雀来解剖，让现场的专家、教师共同来诊断，最终受益的是大家。"

"做好名师的培养，再由名师资源带动全体教师的培养，通过所有教师的成长反哺课堂，提高课堂教学质量，最终服务学生，这是推出'名师好课堂'活动的初衷。"下城区教育研发中心主任唐西胜作为这次活动的主要组织者，一语道出了名师与好课堂的关联。他说，"名师好课堂"分为三种操作模式：展示模式——通过名师"好课"的教学示范展示引发教师深度参与和互动；选秀模式——将"好课"作为重要指标来评选名师；评课模式——所有教师都可以带上自己的"好课"参与"好课堂"的评比活动。

唐西胜告诉记者："这次活动的组织、策划、实施由下城区的小学语文骨干教师组成团队全权运作。我们力图把活动的每一个环节都当作培训教师的抓手，从而让教师真正参与到培训中来。"下城区教育局局长黄伟对此表示了充分的肯定："'名师好课堂'体现的是一种参与式研训，每一个环节都注重培养教师的积极性、主动性和创造性。我们正在试图构建一个'在实践中培训，培养教师实践能力和水平'的研训教一体化培养模式。"

让好资源历久弥新

传统的公开课在经历了现场的喧嚣后很快便趋于平静，真正能留在教师记忆深处并运用到实际教学中去的东西少之又少，那这次活动的结束是否也意味着交流的终止？针对记者的疑虑，张祖庆作了补充："除了现场的微博互动，我们会在课后把'课堂实录'通过长微博的方式呈现在网上，教师可以在课后自行下载学习，将互动交流一直延续下去。"

据悉，每期"名师好课堂"活动结束后，其"课堂实录"都将纳入下城区教学资源库，为该区教师和相关合作单位积累丰厚、优质的课堂教学和教师培训资源。"以往的教学公开课即便再精彩，也是稍纵即逝的，但这次我们会将所有的'好课'都收入教学资源库，建立面向全体教师的开放型资源共享平台，为教师提供数字化、在线型、菜单式的专业发展服务。我们还鼓励教师在实践中发现问题、研究问题、解决问题，不断丰富、完善教学资源库。"在唐西胜看来，教学资源库的建立与完善是这个活动的一大特色。

另外，下城区教育局将以"名师好课堂"活动为契机，建立以服务领导决策、服务教师成长为主要目标，以知名专家为主要资源的下城区"教育智库"，做好专家与培养对象的多层次、多形式的对接，打造名师成长共同体。

让培训更有针对性

在当日的活动现场，江苏省吴江市盛泽实验小学校长、全国模范教师薛法根和下城区长寿桥小学曹爱卫的师徒结对，让许多教师羡慕不已。"下城区有1500多名梯级名师，其中不乏像曹爱卫这样的中青年优秀教师，他们本身已经是省、市教坛新秀，如何给这样的教师更高的发展平台，这就需要国家级的顶尖教师来指引他们。"黄伟不无感慨地对记者说："省外优秀教师的教育智慧将为下城区的教师发展输入新的血液，探索下城区名师成长的新途径。"

记者了解到，这次师徒结对以三年为一个周期，结对期间，师傅要帮助徒弟规划专业发展方向，并对徒弟的课堂教学进行指导；徒弟可以参与师傅主持的课题研究，并由师傅带领或者推荐参加省级以上教学研讨活动。

"薛老师一般不在外地收徒，而我是他在浙江收的第一个徒弟，真的非常荣幸。"曹爱卫的喜悦之情溢于言表。谈到师徒结对与其他培训方式最大的不同时,曹爱卫说:"'师徒结对'是师傅对徒弟从教学理念到课堂实践、从专业发展规划到实际专业成长的个性化指导,因其针对性强,徒弟的业务能力提升自然也会更快。"身为师傅的薛法根也已经对徒弟未来的专业发展有了初步的规划:"她的未来总体发展方向,要向专家型教师努力,逐步构建自己的学术思想。我会通过各种途径给予必要的专业指导,邀请她参与我们学校教师团队的一些活动,为她提供合适的平台,让她在专业舞台上有更多磨炼和展示的机会。"

"未来的教师培训模式会更加注重培训的针对性,实施分层、分类培训,做到'因材施培'。"黄伟说。下城区将建立"名师智慧空间站",根据相关条件和程序,选拔十名培养对象组建一支名师团队。每个"空间站"配备区内与区外、理论和实践"双导师",开展小班化培训、个性化指导和跟踪式培养。

《浙江教育报》2013 年 3 月 22 日专题报道

下城区引进省外教育智慧 培育本土名师成长

日前,下城区举行小学语文"让经典滋养人生"教学研训活动,这标志着该区精心打造的"名师好课堂"正式开幕。第一期活动邀请了两位省特级教师——江苏省吴江市盛泽实验小学校长薛法根和下城区教育研究发展中心研究员张祖庆,分别执教经典作品《匆匆》和《穷人》。

据了解,作为下城区提高课堂教学实效、探索名师培养模式的新举措,"名师好课堂"为下城名师成长创造了条件,每次活动都将开展名师结对活动。活动现场,薛法根老师和长寿桥小学的曹爱卫老师结对。结对以三年为一个周期,结对期间,师傅要帮助徒弟规划专业发展方向,并对徒弟的课堂教学进行指导。徒弟可以参与师傅主持的课题研究,并由师傅带领或者推荐参加省级以上教学研讨活动。省外优秀教师的教育智慧将为下城区的教师发展输入新的血液,开创下城区名师成长的新途径。

《杭州日报》2013 年 3 月 15 日报道

区内外名师同台展示 微博全程实时互动
——下城区"名师好课堂"开锣

3 月 14 日,我区"名师好课堂"在朝晖中学江心岛校区拉开帷幕。此次活动由省中小学名师名校长工作站和区教育研究发展中心主办,长寿桥小学承办,CCTV 中学生频道协办。省中小学名师名校长工作站副站长吴卫东教授,市普通教育研究室主任、省特级教师曹宝龙,下城区教育局党委书记、局长黄伟,副局长丁越,中央电视台中学生频道副总编辑熊俊,中国教科院驻下城专家组组长王鑫,江苏省吴江市盛泽实验小学校长、省特级教师薛法根,上海师范大学教授王荣生等出席开幕式。区教育研究发展中心全体研究员和省内近 700 名小学语文教师参加活动。

开幕式上，吴卫东教授讲话。她表示，"名师好课堂"为教师成长搭建了非常好的平台，为教师成长为名师架起了桥梁，希望"名师好课堂"成为广大教师的"伊甸园"。黄伟局长的致辞指出，"名师好课堂"通过"名师课堂、专家点评、师徒结对、教师互动"等操作模式，为下城教育拓展了更广的视野，为课堂教学提供了更新的途径，为广大教师搭建了更好的平台。

开幕式后，"名师好课堂"第一期——小学语文"让经典滋养人生"教学研训活动随即展开。两位全国著名特级教师——江苏省吴江市盛泽实验小学校长薛法根和我区教育研究发展中心研究员张祖庆同台联袂，分别执教经典作品《匆匆》和《穷人》，全国知名课程专家王荣生教授对课堂进行了点评与指导。此次"名师好课堂"采用参与式研训方法，开通了新浪实名微博，现场的老师可以第一时间通过微博加以评论，评论即时生成并在大屏幕上现场滚动播出，通过台上和台下、线上和线下的互动使全体与会者全程、全面深入参与。期间，薛法根老师还与长寿桥小学曹爱卫老师结为师徒，3年为一个周期。王荣生教授做专题讲座《小学语文教学设计的要点——教学内容的选择》，深入探究新课程背景下小学语文教学的规律，深度解读新课标，共同探究现行教材中经典文学性课文的教学实践。

"名师好课堂"是以下城区为基地，以教师专业化发展为目标、以名师作引领、以课堂为载体、以实现研训教一体化为主要功能的创新品牌。该活动将定期举行，由区内外名师同台开课，组织教师现场观摩学习。每次活动结束后，"课堂实录"将纳入下城区教学资源库，为我区教师和相关合作单位积累丰厚、优质的课堂教学和教师培训资源，并建立"名师资源库"，鼓励引导教师在实践中发现问题、研究问题和解决问题。

杭州教研网 2013 年 3 月 19 日发布

浙江教研网 2013 年 3 月 21 日发布

下城教育信息网 2013 年 3 月 25 日发布

项目二

小学数学"点燃思维，开启智慧"教学研训活动

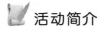 活动简介

"名师好课堂"第二期小学数学教学研训活动于 2013 年 4 月 8 日在杭州市长寿桥小学（余官巷 3 号）举行，来自杭州市各区县的 250 余位教师参加了本次活动。

活动安排

	时间	内容
上午	8:15—8:55	名师教学展示 1：四下《三角形的认识》 丁杭缨（杭州市长青小学校长，浙江省著名特级教师）
	9:05—9:45	名师教学展示 2：三下《认识面积》 牛献礼（杭州市安吉路实验学校教育研究发展中心研究员，浙江省著名特级教师）
	10:00—10:40	名师教学展示 3：五上《可能性》 朱国荣（嘉兴市教育研究院小学数学教研员，浙江省著名特级教师）
	10:50—11:30	专家引领、互动交流 引领：吴卫东、丁杭缨、牛献礼、朱国荣
下午	1:00—3:30	观点报告 《教学的坚守与突围》 特级教师朱国荣

 名师展示

【名师简介】

朱国荣，浙江省特级教师，浙江省中小学名师名校长工作站小学数学名师工作室导师，嘉兴教育学院义务教学研究处副处长，嘉兴市小学数学研究会副会长，小学数学教研员。以小学数学课堂教学设计为研究方向，应邀在全国各省市做教学示范课、学术报告一百余节（次）。先后在《小学数学教育》《小学数学教师》等刊物公开发表论文六十余篇。被国家课程教材研究所聘为教材培训团专家，多次赴新疆、福建、河北、海南、贵州、云南、江苏、安徽等地开展教材推广与使用培训工作，做专题讲座近一百课时。多次为

省小数骨干教师培训班上课、做讲座,被浙江省教育学院教师教育研究所聘为兼职研究员。

【教学设计】

"可能性的大小"教学预案

教学内容:人教版五年级上册　P99

教学目标:

1.通过对实验结果的推断和实验数据的分析,使学生初步理解"可能性相等"的含义。

2.能用分数表示某一随机事件发生的可能性的大小,初步理解思考的过程。

3.能列举某一随机事件发生的所有可能性,培养学生有序思考的能力。

教学重点:

通过对实验结果的推断和实验数据的分析,使学生初步理解"可能性相等"的含义。

教学难点:

能用分数表示某一随机事件发生的可能性的大小,初步理解思考的过程。

教学过程:

一、导入

1.在一个不透明的袋子里有 2 个黄球、3 个白球,这 5 个球除颜色以外完全相同。老师任意摸一次,结果会怎样?

2.如果袋子里只有 1 个黄球、1 个白球,老师任意摸一次,结果会怎样? 如果要用一个数表示摸到黄球的可能性,你认为可以用哪一个数?

3.4 张扑克牌(黑桃 A、红桃 A、梅花 A、方块 A)反扣在桌子上,任意翻开一张,结果会怎样?

二、展开

1.生活中,像摸球、翻牌这样的可能性相等的事情还有吗? 你能不能举一个例子?

(1)同桌交流;

(2)反馈。

2.抛 1 枚 1 分硬币,正面朝上和反面朝上的可能性都是 1/2。

(1)如果抛 100 次,正面朝上(　　　)次;

(2)英国数学家摩根抛了 4092 次,正面朝上(　　　)次;

(3)美国数学家费勒抛了 10000 次,正面朝上(　　　)次;

(4)看统计图,交流。

3.如果袋子里有 2 个黄球、3 个白球。

(1)任意摸一次,摸到黄球的可能性是几分之几? 摸到白球的可能性是几分之几?

(2)摸到黄球的可能性是 2/5,你是怎么想的?

(3)数学家的想法。

4.(1)如果袋子里减少 1 个黄球,增加 1 个白球,现在摸到黄球和摸到白球的可能性各是多少？你是怎么想的？

(2)1个黄球、9个白球呢？

1个黄球、99个白球呢？

1个黄球、999个白球呢？

5.袋子里有1个黄球、999个白球时,还可能摸到黄球吗？什么情况下不可能摸到黄球？

三、应用

1.2枚硬币一起掷,2个正面全部朝上的可能性是几分之几？

2.(机动)3枚硬币一起掷,3个正面全部朝上的可能性是几分之几？

【教学实录】

可能性

执教:朱国荣　特级教师

整理:青蓝小学　包金华

师:今天朱老师和大家一起来学可能性的大小,这一内容我们在三年级的时候已经初步学习。下面我们先来看一个简单的问题(看屏幕),朱老师在一个不透明的袋子里放一些乒乓球,这些乒乓球除颜色不一样外,大小、形状完全相同。如果朱老师放 2 个黄球,3 个白球,闭上眼睛任意摸一个,结果怎么样？

生 1:摸到白球的可能性会大一点。

生 2:摸到黄球的可能性小一点。

师:对了。我们已经知道了可能性有大有小。如果袋子里只放两个球,一个白球一个黄球,朱老师闭上眼睛,任意摸一个,结果怎么样？

生:摸到白球、黄球的可能性是一样大的。

师:同意吗？

生:同意。

师:我们还知道,如果两种颜色的球相同,摸到白色和黄色的球的可能性就相等。如果要用一个数来表示摸到黄球的可能性,你会用哪一个数？

生:50％。

师:她用了 50％,同意吗？(同意)。那么,摸到白球的可能性呢？能不能用一个不同的数来表示？

生:5/10。

师:可以,他想到的是一个分数,还有不一样的吗？

生:我想到是 1/2。

师:1/2 可以吗？(可以)。也是一个分数,不过,他这个分数的分子和分母比他们的更加(小),更加简洁。摸到白球的可能性也可以用 1/2 来表示。这个小游戏做完了,我们来做第二个,行吗？

项目二　小学数学『点燃思维,开启智慧』教学研训活动生：行。

师：桌子上反放着四张扑克牌，分别是黑桃 A、红桃 A、方块 A、梅花 A，我随便翻一张，翻到黑桃 A 的可能性是多少？

生：翻到黑桃 A 的可能性是 1/4。

师：有不同吗？

生：我认为翻到黑桃 A 的可能性也可以用 25％表示。

师：都一样吗？

生：一样。

师：对。那摸到红桃 A、方块 A、梅花 A 的可能性呢？

生：都一样。都是 1/4。

师：都是 1/4，我们说，摸到每种牌的可能性都是 1/4。

师：像这样，摸球、翻牌，可能相等的事情在生活中还有吗？你能不能举一个例子。先把你的例子和同桌交流一下（同桌交流）。

师：好，我们来交流一下，谁能把你举的生活中的例子说清楚，让我们知道你举的例子的可能性确实是相等的。

生：我可以用摸铅笔的方法来证明，4 支铅笔，摸到每种铅笔的可能性都是 1/4。

师：有没有不同意的，或质疑的？

生：如果 4 支铅笔的形状不一样的话，一摸就知道。

师：这位同学在说的时候，你还知道什么？

生：形状一样。

师：也就是除颜色外，其他的都要一样。

师：谁能举第二个例子？

生：我举的例子是找人游戏。4 个人，被找到的可能性是相同的。

师：谁有反对？

生 1：世界上不可能有长得一模一样的 4 个人。

师：谁还有质疑的？

生 2：四个人如果男女不一样，找到的概率就不一样了。

师：朱老师来假设一下，我都不认识你们大家叫什么名字，教室只留下 4 个人，你们的贺老师要朱老师到你们教室找一个人，他什么信息都没有告诉我，我随便点一个人，点到谁，谁的可能性都是 1/4，对不对？如果要我找一个男同学，教室里留下的是 3 女 1 男，找到男同学的可能性是多少？

生：100％。

师：在讲可能性的时候，要把前提条件讲清楚，对吧？刚才两个同学举的例子都能找到漏洞，谁能举一个没有漏洞的例子呢？

生：比如我们在抽签的时候，有 4 张牌，除了颜色其他都一样，随便抽 1 张，可能性都是 1/4。

师：铅笔被你换成了扑克牌，对吧，行。谁还能举例呢？

生：我觉得抛骰子的可能性也是一样的。

师：我把它画一下，骰子有几个面？

生：6个面。

师：6个面分别是1,2,3,4,5,6,如果这个骰子是均匀的,抛到1的可能性是多少？

生：是1/6。

师：分别抛到2,3,4,5,6的可能性都是多少？

生：1/6。

师：如果往地上抛一枚硬币,有几种可能？

生：两种可能,一种是正面朝上,一种是反面朝上。

师：我把它写下来,正面朝上,反面朝上,有不同意见都可以说的。

生：我觉得还有另一种可能,虽然可能性不大,我觉得还是有可能的,那就是立着。

师：你们觉得有可能吗？

生：有。

师：我跟我女儿在抛硬币游戏的时候,抛了20次,因为硬币有一定的厚度,真的有一次立起来了。如果硬币很薄很薄,地面很平整,还能立得起来吗？

生：我觉得还是能立起来的,虽然可能性很小很小,还是有可能的。

师：哦,不怕一万,就怕万一。如果我们排除立起来的这种可能性,只考虑正面朝上,反面朝上。请问正面朝上的可能性是(1/2),反面朝上的可能性是(1/2)。

师：仔细思考,朱老师不是抛一次,而是抛100次,正面朝上几次？

生：我觉得是50次(3人都说是50次),反面朝上(也是50次)。

师：都是50次,我把它写下来。

生1：有可能是多于50次,也有可能不到50次。

生2：因为1/2是50%,有可能50次,也有可能不到50次,我觉得大约是50次。

师：如果要你猜一个数,是多少？

生：大约是50次。

师：同学们说,这个地方不应该写50,应该写(大约50次)。

师：如果猜正面朝上100次,有没有可能。

生：有。

师：猜99次、98次、0次呢,有没有可能？

生：有。

师：猜1次、2次呢？有没有可能？(有)。中间还有50,29,9……也都有可能。那1/2是什么意思？

生：1/2是一次抛硬币的可能性是多少。

师：如果有1～100的100个数,让你选一个数,为了选中的可能性大,你会选哪一个数？

生：50。

师：还有吗？

生：49,51。

师：你会猜到 1,2,3 或 100,99,98 吗？

生：不会,我会猜 40～60 之间的一个数。

师：因为猜中间数的可能性会大些。100 次,你们抛过吗?(没有)。法国有位数学家抛了 4092 次。为什么他要抛那么多次呢?

生：他想证明物体的可能性,做一个实验。

师：他想证明硬币正面朝上的概率是 1/2,反面朝上的概率 1/2,对吧?那为什么要抛那么多次?

生：是想让结论更加正确。

师：我抛两三次,四、五次,够不够?(不够)。猜一猜,这位数学家的最终结果你估计一下会是几次?

生：2040 次,2041 次,2045 次,2046 次。

师：如果要写一个数,写哪个数比较合适?

生：2046 次。

师：想不想知道这位数学家最终结果是多少次?(想)。是 2048 次,是不是正好 2046 次?(不是)。是不是很接近 2046 次?(是)。美国有位数学家更厉害,抛了 10000 次,你猜正面朝上的可能是多少次?

生：5000 次。

师：是 4979 次,也很接近 5000 次。抛硬币的数学家还有很多位,你们回去查一下。还有一位数学家不仅抛了硬币,还把抛硬币的次数画了统计图(出示"抛硬币正面朝上统计图")。从这个图上你看懂了什么?

生：都在 0.5 左右。

师：谁能看得更仔细些?

生：都在 0.5 的上部和下部。

师：你都看到后面去了,有没有不同的?

生：前面的起伏比较大,后面就平了。

师：为什么呢?你们看出原因了吗?

生1：抛的次数多了,他自己也熟练了。

生2：我反对,抛的次数多了,熟练了,并不代表可能性会增大一点。

生3：后面的数据大了,不能全部写下来,略写了,就成了一条直线。

师：你们都已经观察到了,当抛的次数越少时,起伏就越大;当抛的次数越多时,起伏就越小。我们先回到摸球上,2 个黄球 3 个白球,摸到黄球的可能性是(2/5),你是怎么想的?

生：因为有 2 个黄球 3 个白球,一共有 5 个,所以摸到黄球的可能性是 2/5。

师：数学家不是这么想的。袋子里共有 5 个球,任意摸一个,一共有几种可能?

生：两种。一种黄球,一种白球。

师：如果把球放入袋子里后,还知道什么颜色吗?(不知道)。那我给球编上号,1

号、2号……任意摸一次，一共有几种可能？

生：5种可能。

师：摸到1号球的可能性是(1/5)，那么摸到2号、3号……(都是1/5)，摸到每个球的可能性都是1/5，在数学上把它叫作等可能。摸到黄球和摸到白球是不是等可能？(不是)。那么，摸到黄球的可能是多少？(2种。)所以摸到黄球的可能性是2/5。谁能解释一下，5表示什么？2表示什么？

生：5表示5种可能性，2表示摸到黄球的可能性是2种。

师：如果是1个黄球，4个白球，摸到黄球的可能性是(1/5)，摸到白球的可能性是(4/5)。谁能像数学家一样解释一下4/5的含义？

生：(同桌互相说)。

师：如果袋子里有1黄9白，1黄99白，1黄999白，摸到黄球的可能性分别是多少？

生：1/10，1/100，1/1000。

师：1黄999白，任意摸一次，摸到黄球的可能性是1/1000。老师闭上眼睛任意摸一次，摸到黄球的可能性还有吗？

生：有。

师：真的有？怎么放就没有了？

生：拿掉黄球。

师：这时摸到黄球的可能性是多少？

生：0/1000。

师：简单点？

生：0。

师：摸到白球的可能性？

生：1000/1000，1/1……

师：简单点！

生：1。

师：我们如果用一条线段表示事物发生的可能性，左端为0，右端为1，0表示？1表示？

生：0表示不可能，1表示绝对可能，一定。

师：中间部分表示？

生：有可能。

师：越靠近0表示？(可能性越小)。越靠近1表示？(可能性越大)。有的同学现在成绩不好，是不是代表以后成绩就一定不好？有的同学现在成绩很好，是不是代表以后成绩就一定很好？(不一定)。一切皆有可能。

师：今天我们学习了什么？(可能性)。我们知道可能性有大有小。刚才我们做了摸球、抛硬币的游戏，现在有两个硬币，硬币很薄很薄，立不起来。请看题目："拿两个五分的硬币往下抛，两个正面都朝上的可能性是多少？"

生：1/2,1/3,1/4。

师：谁能说理由？

生1：一共有3种可能，一种是两个正面朝上，一种是两个反面朝上，一种是一个正面朝上另一个反面朝上。所以两个正面朝上的可能性是1/3。

师：一共有几种可能，老师把它写下来。反对的请举手。

生2：一共有4种可能，一种是两个正面朝上，一种是两个反面朝上，一种是一个正面朝上另一个反面朝上，还有一种是一个反面朝上一个正面朝上。

师：一个正面朝上一个反面朝上，与一个反面朝上一个正面朝上，算一种还是两种？

（学生有争议）

生：给硬币编号吧。

师：（老师编号列出情况）有几种情况？

生：一个正面朝上一个反面朝上，与一个反面朝上一个正面朝上，算两种，共有4种。

生：如果不编号不就一种情况了吗？

师：不论编不编号，硬币还是两枚，情况还是4种，没想明白的同学没关系，答案确实就是1/4。说1/3的同学犯了一个和数学家同样的错误，这是一个大数学家答错的小学数学题。传说中有一位法国数学家由于没有仔细思考，答错了一道小小的数学题，题目就是这一道。有人问他这个问题的时候，他不加思索地回答是1/3：一个正面一个反面，两个正面，两个反面。现在你们知道他错在哪里了吗？他忘记给硬币编号了。

如果是5个硬币呢？出示："拿五个五分的硬币往下抛，三个正面都朝上的可能性是多少？"

生：情况就很多很多了。

师：请同学回家思考吧。

【名师简介】

丁杭缨，现任杭州市长青小学校长，大学本科学历。浙江省特级教师，享受杭州市政府特殊津贴。先后受聘于浙江教育学院教育管理分院教师教育研究所兼职研究员，浙江省中小学教师培训中心名师名校长工作站导师，浙江省教育学会小学数学专业委员会副主任、学术委员，杭州市教育学会小学数学专业委员会副会长，杭州师范大学初等教育学院兼职教授等。

20多年来，丁杭缨同志一直潜心小学数学教学研究，以课堂教学为突破口，以发挥学生的主体作用为宗旨，以"轻负高质"为目标，逐渐形成了其特有的"扎实、自然、灵动、智慧"的课堂教学风格。在不断的创新和实践中，丁杭缨相继推出了"有余数的除法""1000以内数的认识""笔算乘法""三角形三边关系""分数的初步认识"等经典数学课；同时还开展了"对优质课堂教学的解读""知识求多更要求联""对计算教学中'算用结合'的思考""让学生在体验中学习数学概念""为思维而教""怎样听数学课"等一系列专题讲座，得到了全国及省内外一线教师和教育专家的充分肯定。作为一名科研型的新生代教师,她十分注重思考和积累,《小学数学概念教学的设计策略与实践》《感悟课堂》《思想可以多样但要有主心骨》《数学课堂教学中的"蒙太奇"手法》《建构—解构—重构》等代表作广受教师欢迎。近几年,她还承担了多项浙江省规划立项课题、杭州市教育科研课题等研究项目。

丁杭缨同志曾先后获得杭州市优秀青年教师、杭州市教坛新秀、杭州市"中萃"优秀青年教师等荣誉称号,同时被确立为杭州市新世纪"131"青年人才第二层次培养人选、杭州市第一层次学科带头人、浙江省首届中小学名师培养对象、杭州市中小学名校长培养对象。

"教育的目的不是让儿童知识化,而是让儿童智慧化"是丁杭缨老师的治教格言,她一直用自己的教育智慧阐述着小学数学教育工作的美丽!

【教学设计】

"三角形的认识"教学预案

教学内容:人教版四下　P80—81

教学目标:

学生掌握三角形的概念、稳定性,理解三角形的高,掌握画高的技巧;在与平行四边形的比较中理解三角形的稳定性、认识三角形的高,在分析各种三角形高的基础上突破学习难点,通过点子图、数形结合,在比较联系中建立三角形的空间观念。

教学重点:三角形概念及画高

教学难点:高的理解及三角形高的空间观念的建立

教学准备:教师:三角板、作业纸、平行四边形教具

　　　　　　学生:7根小棒、三角板

教学过程:

一、课前谈话

1.课题:三角形的认识。你对三角形已经有哪些认识?

2.建议:复习平行四边形的知识要点(四上P72,复习到哪些相关知识)

3.从平行四边形中找三角形。

4.想象:连接平行四边形两条对角线,发现什么? 这两个三角形比较怎样?

二、新课展开

1.定义:用自己的语言描述一下什么是三角形。出示定义,解释。

2.三角形与平行四边形的不同点

(1)点、边、角;简便表达。

(2)特性:想一想,摆一摆,四条边相等的平行四边形与三条边相等的三角形的形状各有多少种(媒体)

(3)结论:三条边长度确定,三角形的形状只有一种(例1)——三角形具有稳定性;四条边长度确定,四边形的形状却是千变万化——四边形容易变形。

3.三角形与平行四边形的相同点

（1）（图）平行四边形的底与高,猜想三角形的高与底？相关概念及复诵。

（2）判断：（如图所示）

$ABCD$ 和 ABC 同底等高。

$ABCD$ 底边上的高有无数条,ABC 底边上的高也有无数条。

4.深入学习三角形的底与高

（1）点子图：A、B 两点之间的距离是 6,AB 外有一点 C,C 点到 AB 的距离是 4,猜想 C 点在哪里？验证：C 到 AB 的距离是 4。

（2）假设 AB 是三角形的底,CD 是 AB 边上的高,想象三角形是什么样？

（3）讨论：满足条件的三角形还有吗？（媒体）和刚才的三角形比什么改变？这个三角形的高在哪里？凭什么说是 AB 边上的高？

（4）比较这些三角形与 AB 边上的高你有什么发现？

（5）结论：有的高在三角形里面,有的高和三角形的一条边正好重合,有的高在三角形的外面；同底等高的三角形形状各异。

5.如何画三角形的高

（1）黑板上画三角形,师生共同画高（三个顶点三条高）。

（2）小结：画高小诀窍。

（3）作业：画出三角形底边上的高,校对。

三、课堂总结：

（1）通过这节课的学习,增加了哪些知识？

（2）还有什么疑问？质疑：三角形有三条高,三条高是否都相交于一点？

【教学实录】

三角形的认识

执教：丁杭缨　特级教师　长江实验小学校长
整理：长寿桥小学　吴金晶

师：同学们,智慧的学习就是和已经学过的知识建立起联系,所以老师建议你今天在学习三角形认识的时候,先把三角形和已经学过的平行四边形的知识建立联系。（课件演示）

师：仔细看,你想告诉我什么？或者说你已回忆起了什么知识？

生：平行四边形很容易变形。

师：她告诉我们平行四边形有一个特征——易变形。你回忆起来了吗？还有吗？

生：平行四边形如果从这边分开会成为两个同样的三角形（学生指）。

师：他看到平行四边形,想到了三角形。而且他看到的两个三角形是完全一样的。我们也可以说这两个三角形完全相同、相等。还看到了什么？（课件演示）你从书上面还复习到什么？

生1：我还复习到长方形是特殊的平行四边形。

生 2:平行四边形的两组对边分别平行。

师:这是平行四边形的特征。其实平行四边形中还有非常重要的知识(指课件)。

生齐读:从平行四边形一条边上的一点出发到对边引一条垂线,这点和垂足之间的线段叫作平行四边形的高。垂足所在的边叫作平行四边形的底。

(课件出示 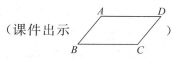)

师:从平行四边形一条边上的一点出发,这个点可以在哪儿?可以在 AD 上?从 A 点出发,它的对边是哪儿?

生: BC。

师:对。我们可以到对边 BC 作一条垂线,这点和垂足之间的线段就叫作平行四边形的高。(课件演示)谁能再说得精确一些? 平行四边形什么的高?

生:一条边的高。

师:我们可以说得更精确一些,是平行四边形底边上的高。BC 这条底边上可以画多少条高?

生:无数条。

师:为什么可以画无数条高?

生:因为可以从平行四边形边上的任何一个点出发画高。

师:对,所以我们可以画无数条高。接下来我们进入下面的学习。(课件演示连接 AD)刚才有同学说,只要把平行四边形怎么样,它就会变成两个三角形?

生:可以把平行四边形对角切一刀。

师:也别切了,你的意思就是把它的对角怎么样?

生:画一下。

师:对,就是连接它的对角线。平行四边形有几条对角线?

生:2 条。

师:现在我们看到平行四边形分成了两个三角形,接下来我们就一起来研究三角形。老师先把这个三角形从平行四边形里面移出来。(课件演示移出三角形 ABC)仔细看,告诉老师三角形和平行四边形有什么不一样的地方?

生:三角形不易变形。

师:还有呢?

生:它有三个角。

师:噢! 三角形有角,那平行四边形呢?

生:四个角。

师:他是从角的多少来看三角形和平行四边形的区别,还有别的区别吗?

生:三角形有三条边,而平行四边形有四条边。

师:边的条数也能说明它们两者的区别。还有吗?

生:平行四边形有无数条高,但是三角形只有三条高。因为它只可以画出三条垂线。

师：他已经看到那么多了，还有吗？其实我们在做几何观察的时候可以从点、线、面去观察。现在我们来看最简单的点，马上就可以看到……

生：三个。

师：对，三角形有三个顶点，平行四边形有四个顶点。还有线，刚才已经观察到了。还有面，还有同学观察到平行四边形易变形以及三角形的不易变形。我们都可以看到三角形和平行四边形真的不一样。那如果老师请你用一句来描述一下什么样的图形是三角形，你会描述吗？

生1：三角形有三个顶点，三条边。

生2：由三个顶点，三条边围成的图形。

师：书上的描述是……（课件演示）

生齐读：由三条线段围成的图形叫作三角形。

师：这里有红色的字——围成，是什么意思？

生：封闭图形。

师：封闭是什么意思？

生：没有空隙。

师：没有空隙是什么意思？

生：是首尾相接的。

师：什么叫首尾相接？

生：就是三条线段都是连接在一起的。

师：刚才说的封闭、没有空隙、首尾相接，这就是围成。很好！"围成"书上也有解释（课件出示），这个解释就是……

生齐读：每相邻两条线段的端点相连。

师：以这个三角形为例，请说明什么叫每相邻两条线段的端点相连？

生：AB和BC是连接在一起的，中间没有空隙。

师：它们的端点在哪里？

生：B。

师：对，AB和BC的端点就是B，这样的每相邻的两条线段的端点相连。现在你知道什么是三角形了吗？

生：知道了。

师：刚才同学们说的三角形有三个顶点，三条边，三只角，这是三角形的特点，我们可以用△ABC来表示，平行四边形可以写成▱ABCD。

师：我们通过比较三角形和平行四边形不同的地方知道了三角形的定义，刚才还有同学说平行四边形易变形，三角形不易变形具有稳定性，我们一起来做做实验，看看易变形和稳定性体现在什么地方。桌上有7根小棒，用4根搭成平行四边形，用3根搭成三角形。搭之前请想一想，34位同学搭出来的三角形是什么样子的？34位同学搭出来的平行四边形又是什么样子的？想好了吗？请动手。

（学生搭）

师：搭完的同学请同桌相互看一看，你们搭出来的这两个图形形状一样吗？

师：搭出来的什么是一样的？

生：我们搭出来的三角形是一模一样的，平行四边形是不一样的。

师：都同意吗？每个组相互看一看。

（课件演示用四根小棒搭出来的平行四边形）

师：四条边的长度是一样的，但是搭出来的形状是千变万化的。我们再来看一下三角形，你们搭出来的三角形是这样的吗？就只有这么一种形状？

生：是的。

师：真的就只有这么一种形状吗？

生：因为我们小棒的长度一样，所以我们能搭出来的也只有等边三角形这么一种形状。

（演示课件）

师：它不是变了吗？

生：它只是方向变了。

师：什么叫方向变了？

生：意思就是这个三角形只是在转圈而已，形状并没有改变。

师：是的，形状没有改变，只它的位置发生了变化。三角形具有稳定性，就是指这三根小棒的长度固定时，它的形状只有唯一的一种，但是平行四边形可不是这样，它的形状会有很多种，所以平行四边形易变形，三角形具有稳定性。

师：刚才通过对比，我们对三角形已有了较多的认识，接下来我们继续来进行学习。

（演示课件 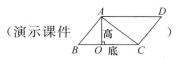 ）

师：老师请三角形回到刚才那个平行四边形中去，你又发现了什么？平行四边形和三角形有联系，你看到了什么？

生1：它们的高是一样的。

生2：三角形和平行四边形其中的一条高是一样的。

生3：三角形的底和平行四边形的底是一样的，还有三角形是这个平行四边形的一半。

师：噢！他们看到了它们的底是一样的，底边上有一条高是一样的。由此可以推断出，平行四边形有高，三角形也有……

生：高。

师：三角形到底有没有底边上的高呢？一定有吗？

生：一定有。

（课件演示）

师：一起看一下，什么叫三角形的高？什么叫三角形的底？

生齐读：从三角形的一个顶点到它的对边作一条垂线，顶点和垂足之间的线段叫作三角形的高，这条对边叫作三角形的底。

师再读：从三角形的一个顶点到它的对边作一条垂线，顶点和垂足之间的线段叫作三角形的高，这条对边叫作三角形的底。老师想提醒你，当我们说三角形的高时，一定要注意三角形的底和底所对应的高，它们是有对应关系的。明白了吗？看了这个之后，你还有什么想说的？

生：三角形总共有三条高。

师：为什么？

生：因为它有三个顶点和三条边。

师：看到这一段文字时，她不仅看到了表面，她还看到三角形有三个顶点，三条对边，那么也许它可以作三条高。同意吗？

（课件演示）

师：接下去，老师这里有一些判断题，请你来判断一下。第一道，△ABC 和 □ABCD 同底等高。同意吗？

生：同意。

师：它们的底在哪里？

生：都是 BC。

师：它们的高呢？

生：AO。

师：ABCD 底边 BC 上的高有无数条，△ABC 底边 BC 上的高只有一条。

生：同意。

师：对于底边 BC 来说，平行四边形可以画出无数条高，三角形只能画出一条高。为什么？

生：因为三角形中 BC 对应的顶点只有 A，所以只能画一条高。

师：嗯……是的，一个顶点对一条底边。说得真好！现在我们对三角形的高有认识了吗？在所有四年孩子学习三角形的过程中，他们最容易出错的就是三角形的底和底所对应的高。所以，接下去我们就要在三角形的底和底所对应的高上花一点功夫，能行吗？

生：能！

（课件出示点子图  ）

师：点子图是我们数学学习中非常有用的工具，你能说说点子图有什么优势吗？

生：它好画图形。

师：怎样好画？

生：它们都可以连起来。

师:除了连起来呢?

生1:它们还可以作为图形的顶点。

生2:因为三个点可以成一个直角,画长方形和正方形比较方便。

师:噢! 我们来看,(指课件)这些点所在的直线和这些点所在的直线互相垂直。(指课件)而这些点所在的直线和这些点所在的直线互相平行。所以就很方便。

(课件展示)

师:现在点子图上有两点,这两点之间的距离是6。连接这两点,这两点 AB 之间的距离就是6。已知直线外还有一个点 C,C 点在哪里我不知道,但是 C 点到 AB 的距离是4。C 点大概在哪里?

(学生指)

师:C 点可能在这里?

生:也可能在下面。

师:下面几格?

生:4 格。

师:就这一点吗?

生:没有,还有!

师:这一点所在的直线都行,对吗?(指上面)这一点所在的直线也都行。

(课件演示 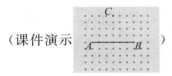)

师:我们先把 C 点画在中间,从 C 点向 AB 作一条垂线,垂足就是 O。现在老师命令 AB 是三角形的一条底边,又命令 CO 是三角形的高。没有三角形只有底和高,请告诉我,这个三角形长什么模样?

(课件演示 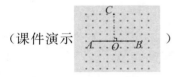)

(学生指)

生:把 B 点和 C 点连起来,把 A 点和 C 点也连起来。

(课件演示 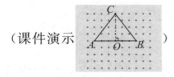)

师:她的意思是这样的,同意吗?

生:同意。

师:刚才我们说 C 点可以在这儿,还可以在哪儿?

生:这一排都可以。

师:那满足底是 6,高是 4 的三角形只有这么一种形状吗?

生:不是。有很多。

(课件演示)

师:我们把这个点称作 C_1,这个三角形可以想象吗?

生:可以。

师:请问这个三角形底边 AB 上的高在哪里? 你能用三角板上来演示一下吗?

(课件演示 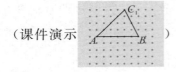)

(学生指)

师:请你看,高在哪里? (课件演示)你凭什么说它是高?

生:C_1O_1 是垂线,垂线就是高。

师:和谁垂直?

生:和 AB 垂直。

师:还有谁想说?

生:高要有一个顶点和一条底边,这里只有 C_1 一个顶点,所以只能作一条垂线。

师:是的,所以这就是它的高。(课件出示)

生齐读:从 $\triangle ABC_1$ 的顶点 C_1 到它的对边 AB 作一条垂线,C_1O_1 是底边 AB 上的高。

师:现在你知道怎么样来确认它是高了吗? 现在我们把 C 点再往右移……

(课件演示 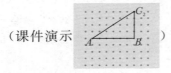)

师:现在这个 $\triangle ABC_2$ 的高在哪里?

生:它的高就在 C_2B,因为它已经是一个直角了。

师:请来验证一下。

(学生验证)生:这是一个直角。

师:是的,C_2B 就是这个三角形的高,别忘了标上直角符号。凭什么说它是高呢?

生:我是从直角梯形的直角边就是它的高知道三角形也是一样的。

师:同意吗?

生齐答:同意。

师:是的,最终还是因为它们互相垂直。(课件出示 $C_2B \perp AB$)接下去我们再来看,C_2 点在这里,还可以在哪里? 有人说只能在这儿不能再往右了。

生:可以的。

师:让我们一起来假设一下,假设 C 点在这儿。(课件演示)有三角形吗? 把三个顶点连起来就可以了? 好,让我们把它们连起来。(课件演示)这是三角形吗?

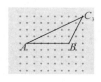

师:这个三角形 AB 底边上的高在哪里?

(三位学生指)

生 3:我认为应该把 AB 延长,然后再画高。

师:你们比较同意哪一位同学的意见?为什么?

生(指):因为顶点在上面,边在下面,不延长的话不能画出垂线。

师:是的。高必须从顶点出发,到它的对边作一条垂线。(摆三角板)像前一位同学这样摆,上面有顶点吗?

生:没有。

师(移动三角板与 C_3 重合):这样摆的话就能找到它的顶点,然后再找到它的对边 AB,这样就可以作出高。你能指出来高在哪里吗?

(学生指)

(课件演示)

师:就像第三位同学说的,延长 AB,再从 C_3 点出发把高画下来。你们看高的位置,刚才高在……

生:里面。

师:是的,在三角形的里面。随着三角形的变化,高的位置也发生了变化,但高始终是多少?

生:始终是 4。

师:是的。高的长度始终没有变化。(课件演示 C 点往右平移)刚才 C 点在这里,那在这里可以吗?高还能在……

生:延长线上。

(课件演示 C 点往左平移)

师:C 点在这里可以吗?想一想高在哪里?(演示)

(课件继续演示 C 点往左平移)

师:高在哪里?

生:就是 AC。

(课件继续演示 C 点往左平移)

师:请你仔细看,高在哪里?

生:延长线上。

师:请你仔细观察,现在看到这幅图,你有什么想告诉我的?或者说你发现它们有什么共同的地方?

生:高的长度是一样的。

师:嗯……高都是 4。除了高的长度都一样,还发现了什么?

生:它们底边的长度也是一样的。

师:嗯……它们的底边没有变,始终都是 AB,高始终都是 4。同意吗?

生:同意。

师:你发现底是 6,高是 4 的这个三角形的形状……

生:有变化。

师:对! 像这样的三角形,我们把它们叫作同底等高的三角形。或者说有的三角形不一样,但它们可能会同底等高。接下来我们一起来画画高,看看你通过刚才的学习会不会画高?

师:现在我在黑板上任意画一个三角形,谁愿意上来画高?

(学生画高)

师:请告诉我,你画的是什么?

生 1:三角形的高。

生 2:三角形底边上的高。

师:那么底边在哪里?

(学生指)

师:是的,在我们画高的时候千万不能拿来就画,要先确定底边。他说他画的就是底边上的高,谁来验证一下?

生(验证):从顶点出发画的这条线段和底边互相垂直。

师:是的,我们可以充分利用三角板的直角。让三角板的直角边和底边重合,使另一条直角边和顶点重合,然后连接,最后画上直角符号。那如果现在另一条边是三角形的底,你能上来画高吗?

(学生画高)

师:你同意吗?

生:我发现他在画的时候,三角板有些倾斜,所以并没有垂直。

师:是的,我们发现他画得不够精确,这提醒我们画的时候要注意什么?

生 1:一定要让直角边和底边重合。

生 2:顶点一定要和另一条直角边对齐。

师:让我们一起来画一画高,看看画高有什么小诀窍。请你在练习纸上选一个对你最有挑战三角形,画出它的一条高。

(学生画高,集体反馈)

师:你找到画高的小诀窍了吗?

出示:

(1)找到底边和底边对应的顶点。

(2)灵活运用三角板(一条直角边与底边重合,顶点在另一条直角边上)。

(3)画垂线,标上直角符号。

(学生默读)

师:这节课我们已经上完了。请你回忆一下,上课之前到这节课结束,你对三角形有哪些更深的认识？

生 1：以前我不知道同底等高三角形。

师：噢！是的。同底等高三角形的形状是各种各样的，还有别的想说的吗？

生 2：以前我不知道三角形有几条高，现在我知道它有三条高。

师：嗯……是的，三角形有三条底和三条底所对应的高。我们发现刚才我们在黑板上画的三角形的这两条高相交于一点，那画出第三条高，它还跟它们相交在这一点吗？

生：是的。

师：关于这个问题，就留给大家课后去思考吧！

【名师简介】

牛献礼，中学高级教师，小学数学特级教师，现任教于浙江省杭州市安吉路实验学校。1999 年获全国小学数学第四届评优课一等奖，多节录像课由中央电教馆、河南省电教馆、北京市电教馆等单位发行，应邀赴全国二十多个省、市、自治区上观摩课、做专题讲座，在省级以上教育刊物上发表教学论文、案例等 120 多篇，40 余篇论文获省、市级以上奖励，参与编著《小学数学名师优秀教学设计》《名师如何观察课堂》《名师课堂DNA 解码》（小学数学卷）、《可以这样教数学》（数学名师的教学智慧）等多本教育书籍，主持的 3 项教育科研成果获省级一、二等奖。

【教学设计】

"认识面积"教学设计与思考

教学内容：人教版课标实验教材三年级下册"认识面积"

教学思考：

"面积"一课主要是帮助学生初步建立面积的概念。到底什么是面积呢？教材是这样定义的："物体的表面或封闭图形的大小就是它们的面积。"可见，面积有两层含义：一是指物体表面的大小；二是指封闭图形的大小。这里的"大小"不是有的大、有的小"相差"的意思，而是每个面各有确定的大小的意思。面的大小需要通过测量得到，测量是将一个待测的量和一个公认的标准量进行比较的过程，这个标准量就是"面积单位"。

从调研情况看，学生最突出的问题是将"周长"和"面积"混淆：一是认为图形的大小指的就是图形的周长；二是认为两个图形的周长相等，它们的面积也必定相等。根据以往的教学经验，即使学生认识了面积，学习了面积的计算，在解决问题时仍然会出现面积和周长不分的现象。究其原因，是长度概念中的"长短"在学生头脑中先入为主，加上学生对抽象的面积概念缺乏认识的感性支持。因此，从长度到面积是学生空间形式认识发展上的一次飞跃，学生形成面积概念的过程不仅要有大量丰富的材料作为认识的感性支持，而且要有面积概念形成过程的活动（特别是面积与周长的辨析、比较类的活动）作为概念认识的实践支持。

首先，在教学中要给学生充分的时间去感知"面"。不能仅仅比出"黑板表面比课本封面大、课本封面比黑板表面小"，更要让学生体会到"面是有边界的"，有了边界才使

"面有了确定的大小",每个面的大小是这个面的面积,从而形成初步的面积概念。

其次,要比较"周长"与"面积"。通过比较,体会围成图形的线的变化会引起图形周长的变化,也会引起面积的变化。但周长增加,面积可能增加,也可能会减少;周长不变,面积却可能会变化。体会"周长"与"面积"有联系,但也有区别,从而深化对面积意义的理解。

最后,要帮助学生体会面的大小是可以测量的,发展学生的量感。通过比较面的大小的活动,体会可以通过观察、重叠或测量等比出大小;同时,体会每个面的大小可以用更小的"面"测量得到,"面"的大小应该统一标准,这样也对后续"面积单位"的学习有积极的影响。

教学目标:

1. 在观察、操作等活动的基础上,建立初步的面积概念。

2. 在与周长的比较、辨析中,进一步理解面积概念的内在涵义。

3. 经历比较两个图形面积大小的过程,体会每个面的大小可以用更小的"面"测量得到。

教学过程:

一、在观察、操作活动中初步认识面积

1. 认识物体表面的面积

学生举例说明什么是面积。

归纳:物体表面的大小叫作它的面积。

2. 认识封闭图形的面积

归纳:物体表面或者封闭图形的大小叫作它的面积。

(出示)比一比哪个图形的面积大?

二、在与周长的比较、辨析中进一步理解面积的内在涵义

活动1:哪个图形的面积大? 图形的面积大小可能与什么有关系?

活动2:如果两个图形的周长一样,面积会一样大吗?

活动3:如果图形的周长变了,面积会怎样变?

活动4:如果图形的周长不变,面积会变化吗?

归纳:略。

三、在比较图形的面积大小过程中深化理解面积概念

1. 讨论:用什么方法能比较出这两个图形的面积大小?

2. 练习:下面两个图形的面积一样大吗? 周长呢?

学生在练习纸上独立观察、比较,全班交流。

归纳:略。

四、课堂总结(略)

认识面积

执教：牛献礼　特级教师　安吉路实验学校教师

整理：长寿桥小学　邵亦冰

师：今天这节课我们学什么？（板书：认识面积）

生：认识面积。

师：你听说过面积吗？谁举个例子说说看，你在哪儿听说过面积？

生1：房子的面积。

师：就是你们家房子的面积，你知道是什么意思吗？

生1：多少平方。

师：多少平方就是有多大，好极了。

生2：我们国家的面积。

师：我们国家的面积有多大？有知道的吗？

生3：960万平方千米。

师：说得真好，这个知识你怎么知道的？谁告诉你的？

生3：查百科全书的。

师：这个孩子特别爱学习，课外的时候了解了很多课堂上没有学过的知识。准确地说，中国的陆地面积是960万平方千米，这说的是我们国家的陆地有这么大，当然还有海洋面积。

师：我们再举例说说，比如这是黑板，谁来说说看，这个黑板面的面积指的是哪儿？谁上来指指看。

生：（学生指黑板一周的边）黑板的面积就是这一条。

师：到底是这一条还是这一块？

生：这里面的一大块。

师：哪里的一大块？

生：这条边里面的一大块。

师：哦，这些边里面都是它的面积，你们同意吗？（同意）说得还不错，这里面这么多面积我们怎么说呢？我们可以说这个边框里边的面的大小，就是它的面积。比如说你的课桌，课桌面的面积谁来指指看在哪儿？

生：课桌面的面积就是它的外……（用手沿桌面的边画一个长方形后说）边框里面的部分。

师：就是说这个边框里面的这个面的大小就是它的面积。请摸一摸你的课桌面的面积，摸的时候要摸全了，是不是这个边框里面的所有部分？（是）

师：你觉得黑板面的面积和课桌面的面积比起来，谁的面积比较大？

生：黑板面的面积比较大。

师:那我们就可以说,黑板面的面积比课桌面的面积大。你能像这样也举个例子说一说,谁的面积比谁的面积大或者谁的面积比谁的面积小吗?

生1:大屏幕的面积比黑板的面积大。

生2:书本面的面积比课桌面的面积小。

师:我们一起来看看。书本有好多面,封面是哪个面呀? 她指的是书本的外面一圈,这一圈里面,应该怎么摸比较合适呢? 谁来帮帮她?

生3:(把书本封面的边框描了一遍)这个边框里面就是它的面积。

师:摸的时候应该摸边框还是摸里面? 摸里面怎么摸呢?

生4:用手摸书的封面。

师:哦,用手摸这本书的整个封面的大小,对不对啊,拿起你的数学书,我们一起来摸摸这本数学书的封面。

(学生动手摸书的封面。)

师:她说了数学书的封面的面积比课桌面的面积小,还能举例子吗?

生:教室的面积比大屏幕的面积大。

师:教室的哪个地方的面积?

生:教室天花板的面积比大屏幕的面积大。

师:同学们举的这些例子说明什么? 说明物体都有自己的表面,表面的大小其实就是它的面积。(板书:物体表面的大小就是它的面积。)大家一起读一遍。

师:既然物体表面的大小就是它的面积,那如果是图形呢?(课件出示一个长方形)这是一个什么图形? 这个长方形的面积指的是哪儿呢?

生1:长方形边框里面的就是它的面积。

师:你上来摸一摸,让我们看看她指得对不对。

生1:(上台摸长方形的面积。)

师:边框里面的整个的一块大小就是它的面积。(课件边框变红)我们把边框描出来,(里面变成蓝色)这里面的大小就是它的面积。(课件出示:边线围成的图形大小是它的面积。)那你说这个边线的长度是什么?(周长)(课件出示:图形一周边线的长度是它的周长。)

师:这里有好些图形,比一比,哪个图形的面积大?

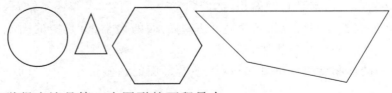

生1:我觉得应该是第3个图形的面积最大。

生2:我认为是第4个。

师:同意第3个的举手,同意第4个的举手。为什么你认为第3个的面积比第4个的还大呢? 看起来第4个确实大多了。

生 1:因为第 4 个图形下面还没画完,没有封闭。

师:为什么必须得封闭呢? 不封闭就已经这么大了。

生 2:因为不封闭就根本不知道它的面积了。

师:不封闭怎么就不知道面积了呢?

生 3:不封闭的话,有可能最后一条边是斜上去的,斜上去的话就比第 3 个图形小了。

生 4:因为不封闭就没有固定的面积。

师:谁听懂这个话了? 为什么不封闭就没有固定的面积? 没人听懂,你自己再解释解释。

生 4:因为它不封闭,往外面大多少都可以。

师:其实我们说,面积是什么,面积就是指面的大小,正是因为有了边界,才有了确定的大小,也就是他说的有固定的大小,如果连边界都没有,我知道你大到哪儿去呀? 所以是不是所有的平面图形都有面积呢? 必须得是什么图形?

生:封闭图形。

师:那么这个 4 号图形不是一个封闭图形,所以这里谁的面积最大呀? 这样我们就清楚了,必须得是封闭图形的大小才是它的面积。这样的话,关于面积我们就可以这样去理解了,一个是指物体的表面大小,还有一个是指封闭图形的大小,就是它们的面积。我们把这个话完整地读一遍(读板书):物体表面或封闭图形的大小就是它的面积。我们知道了什么是面积,下面我们再研究一下,面积的大小到底跟什么有关系? 看大屏幕,有两个图形,一个蓝色的,一个紫色的,被一张纸遮住了,猜一猜,哪个的面积会比较大? 要说明理由。

生:我觉得说不定,也许紫色的就只有看到的那一点点,蓝色的后面还有很多一大半。

师:这是他的意思,他说不一定,有没有不同的看法? 认为不一定的举手。他的意思你能听懂吗? 你上去比画一下,怎么叫紫色的只有一点,蓝色的还有一大半?

生:(学生上台指)紫色的图形只有我们看到的这一点点,蓝色的图形还有很大一块被遮住了。

师:你们也是这样想的,是吗? 我们看一看,到底跟你们想的一样不一样。

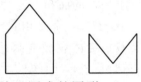

师：你们都猜对了,看来确实是蓝色的面积比紫色的大,但是刚才我们看的时候,是不是紫色的这条边要比蓝色的这条边长? 看来要确定图形面积的大小,只看一条边的长度,行不行? 那你觉得看什么?

生：要看整个图形的周长。周长长面积就大,周长小面积就小,周长相等面积就相等。

师：你们也这样想吗? 周长长面积就大,周长短面积就小,周长相等面积就相等?真的吗?

生：不一定。

师：我们来研究研究,好不好? 来看看周长和面积到底有怎样的关系。看大屏幕,用同样长的两根铁丝分别围成下面两个图形,它们的周长相等吗? 你怎么知道?

生：因为他说两根同样长的铁丝围成的图形。

师：面积呢? 哪个大? (左边的)一眼就看出来了。那说明什么啊? 说明周长相等,面积不一定相等。看大屏幕,这是一个长方形,注意观察,当这个图形发生变化了,它的周长和面积情况又是怎样的呢?

生1：周长变长了。

生2：面积变大了。

师：这个图形的变化就是周长变长,面积也变大了,(板书:图形的周长增加,面积增加。)再来看,还是这个长方形,这个周长怎么变的? 面积怎么变的?

生1：周长往里面凹进去了,周长增加了。

生2：不同意。

生1：因为宽原来是直的,变成了弯的,弯的线比直的线长,说明周长增加了,但面积减少了。

师：(板书:周长增加,面积减少。)刚才我们发现的是周长增加,面积增加,现在周长增加,面积却减少了。如果周长不变,面积会变吗?(有的说会,有的说不会)会不会,眼见为实,老师带了一样东西,这是什么形状?(长方形),请同学来指一指这个长方形的周长和面积。

生:周长是这个边框的长度,面积是这个边框围成的大小。

师:请看好,我拉动这个长方形的边框,形状变了吗? 周长呢? 形状变了周长为什么没有变?

生:因为这是同样的四条边,不管怎么移动,周长都不会变。

师:(继续拉动图形)周长变了吗? 面积呢? 怎么变的? 面积在变小,而周长没有变。我如果往里推,周长变了吗? 面积呢? 谁说说看,通过观察,现在你得出了什么结论?

生:周长不变,面积会变,会增加或减少。

师:(板书:图形的周长不变,面积可能会减少,也可能会增加。)通过以上的学习,你觉得面积跟周长有什么样的关系? 用自己的话说说看。很多同学刚才认为周长长的面积一定大,你现在还坚持这个说法吗? 周长长的面积可能会怎样? 可能大也可能小。周长变长面积可能会怎样? 可能会变小也可能会变大。周长和面积有关系,但不见得周长长的面积一定就大。

师:让我们看一看,这是两个长方形,一个是红色的,一个是蓝色的,你能一眼看出来谁的面积大一些吗? 你有没有办法比较它们的大小呢? 想一想,跟你的同桌交流交流。

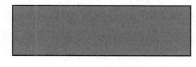

生1:先要用尺子量一下两个图形的周长,哪个周长长,就是哪个面积大。

师:同意这位同学的说法吗?

生2:不同意,因为长方形比正方形要扁一点,我觉得蓝色图形的面积大一点。

师:刚才那个小姑娘说周长长的面积就大,你同意吗? 请说理由。

生3:不同意。

师:我们在前面看了那么多图形是不是已经能够证明,周长长的图形面积可不一定大,而且周长变长了,面积可能会变小。这个问题其实刚才我们已经讨论过了。这个办法不行,你还有别的办法吗?

生3:把这两个图形都分成同样大小的小正方形,哪个图形的小正方形多,哪个图形的面积就大。

生4:用尺子量长度,量边长,然后计算面积。

师:这个孩子超前学习了,他知道可以量出边长算面积,这是个好办法。但是我们大多数同学不知道这个方法,你能不能用一种大家都知道的方法。

项目二 小学数学「点燃思维,开启智慧」教学研训活动

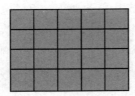 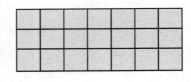

生5：把红色图形平均分成四个部分，蓝色图形平均分成四个部分，比一比这4份中的1份谁大。

师：你到前面来比划比划。对折再对折，想办法把这两个图形都缩小了，对折后这一张纸平均分成了几份？折好后可以比了吗？他把这两个图形重叠在一起，红的这边多了，蓝的那边多了，怎么办？

生：可以把多余的部分剪下来。

师：他提供了一个办法，先折，折了之后发现还是不一样大，为了方便比较，先把它们展开，重叠后把多余的剪下来，之后怎么办？再比较，再怎么比较？多次重叠后剪。老师把刚才重叠后剪的动作做成了一个动画，我不断地把这两个图形重叠剪掉重叠剪掉，最后比出来了没有？这是一个好办法。有点麻烦，你觉得刚才同学们说的这么多方法中，哪种方法最简单？画小正方形的方法最简单，怎么画呢，我们来看看。

师：这个红的长方形就是20个小正方形的大小，这个蓝的长方形是21个小正方形的大小。谁的面积大？

生：蓝色图形的面积大，大1个小正方形。

师：（板书：蓝色图形大）所以我们说面积大小可以用更小的"面"测量得到，这不但能比较大小，还能比较出大多少。除了可以用正方形摆，还可以这样摆，（用圆形摆）红色图形包含20个圆片，蓝色图形包含21个圆片，是不是也能看出大小。你觉得用正方形摆好还是用圆片摆好？为什么？

生：用正方形摆好，因为用圆片摆中间有缝隙。

师：如果有缝隙，你能说红色图形的面积就是20个圆片的面积吗？蓝色图形的面积能说它就是21个圆片的面积吗？（不能）而用小正方形摆就可以这样说，因为它没有缝隙。所以我们在用更小的面测量更大的面的面积时，选择的工具要简单，不留缝隙。

学生完成练习纸。

数一数，下面两个图形的面积一样大吗？周长呢？（每个小方格的边长是1厘米）

 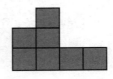

面积是（7）平方厘米　　　面积是（7）平方厘米
周长是（12）厘米　　　　周长是（14）厘米

师：我们已经知道了用数小方格的方法来算面积，下面我们来做个小游戏。这里有两个图形（图略），左边的长方形有8个小方格，右边的图形被遮住了，但是我告诉你，右边的图形有 4 个小方格,你说哪边的图形大?一定吗?8 个比 4 个多呀?

生:不对,右边的正方形可能是大的,是 4 个大的正方形。

师:那说明在比较图形面积大小的时候,用到的正方形应该是怎样的?要有统一的标准,要用完全一样的正方形,下节课我们将会继续学习,它叫作面积单位。用统一的面积单位去测量,才能够知道准确的面积大小。

师:一起来回顾一下这节课学了什么?你觉得这节课给你印象最深的是什么?

生 1:周长相同,面积可能不一样。

生 2:周长不变,面积可能增加也可能减少。

生 3:周长是封闭图形一周的长度,面积是物体表面或封闭图形的大小。

师:周长和面积是一对好朋友,而且是一对经常被人们搞混的好朋友。给你留个作业,作业纸上的两个图形都是 7 个小正方形拼起来的,你能画出也是 7 个小正方形大小的,但是周长和形状都不一样的图形吗?

研讨互动

本次"名师好课堂"的互动研讨更吸引眼球,老师们将自己课堂观摩中的感悟、教学实践中的困惑积极地与专家进行交流,并以活动简报及微博的形式加以呈现。

1. 简报内容

"求联"点燃思维　"追问"开启智慧

——听特级教师丁杭缨《三角形的认识》有感

4 月 8 日上午,有幸听了特级老师丁杭缨在下城区名"师好课堂"暨小学数学"点燃思维,开启智慧"教学研讨活动上的《三角形的认识》一课,听后受益匪浅。从丁老师对每一个教学环节的精心设计,对每一个课堂生成的巧妙处理,我们深深地感受到了丁老师深厚的数学素养和深刻的数学思想。

丁老师立足"三角形"与"平行四边形"的联系,运用对比不断拓展思维广度,点燃学生的思维火花。教学伊始,丁老师引领学生"从平行四边形找三角形",初步感受三角形与平行四边形的联系;接着启发学生在"三角形与平行四边形有什么不同点"的思考中,"用自己的语言描述三角形是一个怎样的图形",从而初步建立三角形的概念;然后,"用 7 根小棒围成一个平行四边形和一个三角形",让学生在实际的操作对比活动中以及课件动态演示平行四边形的易变性中,感受并得出"三角形具有稳定性"的特质;最后,将三角形动态演示回到平行四边形中,再次运用两者之间的联系,引领学生猜想三角形的高与底……在一系列的直观对比和深入思考中,学生的思维被点燃了,三角形概念的建构被主动纳入学生原有的知识结构中。

在学习三角形的高这一难点时,丁老师运用一系列的追问,不断挖掘思维深度,开启学生的智慧大门。"线段 AB 长为 6,AB 外有一点 C,C 到 AB 的距离是 4,C 可能在哪里?""如果 C 点在这里,那么三角形 ABC 会是什么样的?""C 点只能在这里吗?""若

C 点在这里,和刚才的三角形相比有什么改变?""这时三角形的高在哪里?"

"凭什么说这是 AB 边上的高?""C 点还可以再往右边吗?"……在丁老师精心设计的层层递进的追问、补问、反问下,学生不断产生思维冲突和碰撞,从而不仅准确理解了三角形的底与高之间的对应关系,深入理解了"同底等高"的丰富含义,更使学生的数学智慧得到提升。

"太棒了! 数学课原来可以这样上!"在与平行四边形的比较联系中突破难点,建立三角形的空间观念,丁老师演绎了闪亮的一课!

（下城区教育研究发展中心小学数学组　杭州市青蓝小学数学组）

"陷阱",思维和智慧的土壤!

——听特级教师牛献礼《认识面积》有感

俗话说:"平凡最见功力,朴实最能隽永。"牛献礼老师的课堂就给了我们这样的感受。整节课,牛老师循序渐进、不急不躁地引导学生认识"面积",和"面积"亲密接触,他没有让学生刻板地去记忆概念,而是一步步如行云流水般地引导学生去勾画、去完善、去建构自己对面积的理解。

首先,在观察、操作活动中初步认识面积。他给学生充分的时间去感知"面",让学生体会到面是有边界的,有了边界才能使"面有了确定的大小",每个面的大小就是这个面的面积,从而形成初步的面积概念。

接着,在与周长的比较、辨析中进一步理解面积的内在涵义。图形的面积可能与什么有关? 学生大胆猜测"周长越长,面积也就越大"。真的是这样吗? 在牛老师精心设计的"陷阱"里,在丰富数学材料的呈现下,学生积极地思考与争论,在层层递进的辨析中,对之前的猜测有了新的认识,长方形教具的动态演示也为概念的理解画上了鲜亮的一笔。

最后,在比较图形的面积大小过程中深化理解面积概念。在牛老师的引导下,学生提出了通过观察、重叠、测量等多种方式来比较出面的大小,在生生交流、思维碰撞下,学生之间互相启发,悟到要比较两个图形的面积大小,可以用更小的"面"测量得到,但统一标准是前提,为后续"面积单位"的学习做好准备。

牛老师的课堂是丰满而有活力的,学生形成面积概念的过程不仅有大量丰富的材料作为认识的感性支撑,更有面积概念形成过程（与周长辨析比较）的活动作为概念认识的实践支撑。

这堂课是学生充分地经历、体验、感悟学习数学的过程。学生、执教者、观课者在愉悦的氛围下共同经历、享受了探索发现的旅程。

（下城区教育研究发展中心小学数学组　杭州市青蓝小学数学组）

学数学，犹如鱼与网

——听特级教师朱国荣老师《可能性》有感

学数学，就犹如鱼与网。朱老师的课点燃学生的思维，开启学生的智慧，不仅使学生捕捉到了鱼，更让学生拥有了一张捕鱼的网。

4月8日上午，我们有幸聆听了特级教师朱国荣老师执教的《可能性》一课。在课堂上，朱老师摒弃以往老师们常用的课堂实验，借助对实验结果的推断和对实验数据的分析，让学生在思维的基础上初步理解"可能性相等"的含义。朱老师通过改变黄球为2个和白球为3个，用分数表示摸到黄球或白球的可能性的大小，使学生感知可能性发生的大小与事件一共有多少种可能的结果及该事件实际发生的结果有关。通过不断增加白球的个数，减少黄球个数，朱老师进一步让学生感受到可能性的大小与每种球的个数有关，切身体会到摸到黄球的可能性越来越小，摸到白球的可能性越来越大。

40分钟的课堂，我们同孩子们一样，思维被朱老师牵动着一步步延伸、提升。朱老师以简单的素材为载体，不断改变数据，不断追问，不断调动学生思维的积极性，通过对知识的深层挖掘，使学生对可能性的认识有了一个质的飞跃。朱老师那扎实、朴素、灵活、有效的教学风格，没有丝毫雕琢、做作的痕迹，给在座所有的听课老师留下了深刻的印象，充分展现了一位特级教师丰富的教学经验、高超的教学技能和精湛的教学艺术。

（下城区教育研究发展中心小学数学组　杭州市青蓝小学数学组）

教学的坚守与突围

4月8日下午，朱国荣老师就多年来亲历教育教学的实践研究，结合大量的教学案例，以《教学的坚守与突围》为题阐述了自己对"教什么？怎么教？坚守什么？怎样突围？"的深层思考。

朱国荣老师借他山之石，《小马过河》《两个铁球同时落地》两篇语文课文向大家阐述了"谁是好老师"的思考，要"先思后试"，还是"先试后教"？好老师深知学科教学的价值，教学目标把握清晰；好老师深知学习的本质是学生对知识的自我感悟与建构，教学准备集中指向于选择好材料和设计好问题；好老师深知学生学习的障碍，总是能在关键处引领思维。

朱国荣老师通过介绍嘉兴市在教学评价改革上的探索，阐述了"不但要教结果，更要教过程"的教学思想。结合"指向于活动经验的评价与检测"的研究，引发了老师们对"数学结果的形成过程和数学思想方法"的关注。朱老师说"不仅要教教学结果，也包括教学结果的形成过程和思想方法"；"熟能生巧，熟能生厌，熟能生笨"，教学有时会制约孩子的思维。

关于坚守，朱老师提出在把握四基的同时，要特别关注数学基本思想的领悟和基本活动经验的积累，培养发现问题能力和提出问题能力。怎样突围？朱老师提出要基于学生进行教学设计。好的学习不是来自教师找到一种好的教学方法，而是来自给学生更好的机会去建构,教师只有把学生学习任务中的已有知识和观念作为新教学的起点,并给学生多一点学习和建构的机会,才能帮助学生的学习。

数学基本思想的领悟和基本活动经验的积累是未来课堂教师们应更为关注的,"慢下你的脚步,让你的灵魂跟上来"将激发与会教师对课堂、对自身更多的思考!

(下城区教育研究发展中心小学数学组　杭州市青蓝小学数学组)

2. 微博内容

◆丁老师《三角形的认识》的课开始了,让我们积极探讨吧!

青蓝小学汪雪瑾:"求联"点燃思维,"追问"开启智慧!

Jie1987yu:注重数学知识本质的学习。

神奇的 siri:简单干练,知识包容大!

朱花花的地盘:名师果然是名师,受益匪浅。

东部有一村:把学生原有知识作为起点,在寻找新旧知识的联系与区别中,认识三角形特点,很自然地突破难点。丁老师扎实、自然、灵动、智慧的教学风格,是我们学习的榜样。

柠檬水 Sue:寻找起点～激活旧知～转化迁移～对比辨析～扎实深入～浓浓数学味的课堂～干练大气的风格～非常值得学习!

依依 3297001231:润物细无声!

上班 ing 的章劳斯:多问几个为什么,让难点不难,扎实,值得学习!

百合清香 0753 新华洪瑜:丁老师的课有地道的数学味儿,材料运用得恰到好处,特别是难点——三角形的底和高一一对应的关系阐述得非常到位,同底等高的三角形的自然呈现,平行、垂直符号的引入,数学概念的落实到位,好课就应该是这种模样!

充电器 LQX:刚才课上让学生用 7 根相等的小棒搭平行四边形和三角形,搭之前先思考,34 个人搭出一样的吗? 搭完后再辨析小结,真正帮助学生理解易变形性和稳定性,令人耳目皆新。

Jie1987yu:通过知识间的联系,利用知识的迁移和转化,降低学生学习新知识的难度,学生学得轻松又快乐。

天上云 000:喜欢丁老师的课!

新华钱菱芳:把三角形的知识和平行四边形紧密联系,通过变换图形的直观演示,建立同底等高的概念,让孩子们对三角形有了更深层次的认识。

colus23:强调顶点、对边、高,渗透等积变形,深入浅出,化难点于无形!

恬恬是个小妞:关于三角形的"高"的教学充分、充实,让孩子们的认识和想象不断深化。如果平时的每节课堂都能像丁老师这样,下城的轻负高质之路将越走越好!

飞飞 xuyi320:变化不同的底让孩子们来画高,充分让孩子认识三角形高的相对性!

伟伟老婆西西妈:处处都留下让孩子思考的空间啊,这个三角形三条边都是斜的,跟我们平时看到的有变化,比有一条边水平的有难度!

爱哭的鱼 5200:丁特的课数学味浓厚,带着孩子研究数学知识形成的轨迹,真正内化为自己的知识,这样的学习才是高效的。

飞飞xuyi320:C点位置的寻找给孩子们提供了极大的想象空间,充分讨论,不断丰富对高的认识!

伟伟老婆西西妈:就喜欢这种风格,就像丁特喜欢的宝姿的衣服风格,简洁干练!

青蓝小学李琴:喜欢丁老师上课的风格!

飞飞xuyi320:丁特的课干脆利落,个人风格很强啊!

赞赞0927:长寿桥小学的孩子们太棒了!

伟伟老婆西西妈:定义的教学就应该这样,直接出示,让学生根据文字和图形来品味。

飞飞xuyi320:由旧知识转化为新知识,的确更容易让学生接受,学习起来更感兴趣! 转化思想无处不在啊!

◆牛特登台了,欢迎大家一如既往地参与讨论!

手机用户3251778830:以前都是看牛献礼老师的光盘,今天终于可以一睹为快啦!

百合清香0753新华洪瑜:个人非常喜欢牛老师的课,教书育人,润物细无声大概就是这样的吧! 我坐在台下听甚至忘了记笔记,生怕漏过了。那一个个学习材料的组建,那一个个提出的问题,无一不体现了老师在课前的精心准备,整节课一气呵成,尽显大家风范。

新华钱菱芳:一环紧扣一环,学生讨论兴趣浓厚,让学生真正成为课堂的主人。

飞飞xuyi320:牛特的课让我们意犹未尽,思绪良多啊!

飞飞xuyi320:从生活中引入面积的概念,让学生来摸来比较,学生学习的积极性充分激发!

施丹桂:轻松活跃的课堂,层层深入的学习,是一场视觉的盛宴,思维的提升!

开心苹果幸福:牛特的课生动活泼,看孩子们学得多开心,多主动!

伟伟老婆西西妈:陷阱,思维和智慧的土壤啊!

Diandian7821qiqi:牛特通过让学生观察比较多种活动,让学生对周长和面积进行辨析,从而体会周长和面积的联系和区别,关注点新颖。

施丹桂:在学生形成面积概念的过程中,牛特不仅有大量丰富的材料,更有许多有效的活动,特别是周长与面积的辨析,让学生对概念认识有充分的实践支撑!

csqcjj:猜一猜非常的巧妙,能让学生体会到影响面积大小的因素有很多。

上班ing的章劳斯:关于面积和周长,牛老师精心设计的"陷阱",让孩子们学劲十足!

朱花花的地盘:周长和面积的关系确实是一个难点,三年级不理清,后患无穷!

施丹桂:从感知"面"引入,让学生体会"面"有界,从而形成初步的面积概念! 紧扣目标,紧抓学情,非常值得学习!

飞飞xuyi320:牛特的课亲近孩子课堂,温馨而富有数学味!

项目二 小学数学「点燃思维,开启智慧」教学研训活动

◆经过了两节精彩的课堂演绎，下面让我们来一起领略朱国荣老师《可能性的大小》吧！

colus23：可能性看似简单，实则不然，期待朱老师的演绎！

超凡静悟：每个班都有几个"执着"的孩子……保护他们的意见就是保护未来的"大材"！

飞飞xuyi320：本以为这又是一堂摸球的操作课，没想到是那么的特别，不停地猜想，不停地想象，是一场让孩子穷尽思维的体操！朱特的设计思路让人耳目一新！

青蓝小学－陈海燕：可能性与分数教学区别在哪里？

飞飞xuyi320：朱特从孩子贴切的生活中引入，激发孩子求知欲望，后续学习得到很大发展！

专家点评

三位特级教师分别阐述自己对课堂的思考，浙江教育学院吴卫东教授以欣赏的眼光，诚恳点评了三位特级教师的课堂。

丁特以"为知识寻找一个经得起怀疑的可靠基础"为教学设计的哲学起点。老师们的困惑聚焦于"三角形认识的画高如何教学"。丁特指出，画高是技术层面，学生的错误缘于高的空间观念薄弱，空间观念的培养是支撑技术的基础。丁特试图通过三角形与平行四边形的联系，帮助学生更好地建构三角形底边对应其高的概念，从而突破教学难点。

"用联系的眼光搭建一个新的知识"是牛特课堂的亮点。牛特为了让学生完整建立面积概念，在前期调研学生的错误基础上，设计了该环节。在不断的对比追问中，使学生不断明晰面积的概念。听课老师们纷纷感慨"牛老师精心设计的陷阱，让孩子们学劲十足"！

"以间接经验做支撑"，朱特演绎了《可能性》教学的另一种方式。朱老师指出，在课堂进行可能性的实验是可笑的，并尝试以大量生活中的间接经验做支撑展开教学。有教师困惑可能性的教学与分数教学的区别。朱特用生动的课堂诠释，做出了最好的回答。

吴教授以学者的高度剖析了三节课，谈了自己的思考，朴实却发人深思。吴教授建议：第一，教学研究应基于学生，教学起点应是学生知识的固着点；第二，概念建立一定是在比较中进行，这样有利于更好地认识事物本质；第三，教师们教学应更多关注学生的学习错误，关注学生存在的"迷失概念"。

前沿报告

《教学的坚守与突围》讲座实录

主讲：朱国荣　　　整理：青蓝小学　沈梁　王超

朱：今天与老师们交流这个"教学的坚守与突围"的话题，我们先来看几个问题。

问题一:谁是好老师?

朱:小学低年级语文有一篇课文《小马过河》。小马要过河时,在河边遇见了两位老师,一位是老牛,一位是松鼠,老师们都记得,老牛说,水很浅,能蹚过去,松鼠却说,水很深,我的一个小伙伴就淹死在这儿。小马不知所措,回家问妈妈,妈妈告诉他,要开动脑筋,自己去试试,结果既不像松鼠说的那样深,也不像老牛说的那样浅。

朱:各位老师,小马就像是我们的学生,老牛、松鼠和老马就是我们学生在学习中碰到困难时的三位引领者,三位老师,那么谁是好老师呢?我想,老师们都会认为小马妈妈是位好老师,理由是什么呢?你能用一句关键的话或者概括的话来说一说吗?

朱:主持人徐老师,你认同妈妈的说法吗?

师:我觉得妈妈是好老师,因为她没有剥夺孩子一个体验的过程,不像老牛和松鼠直接把经验给了孩子。

朱:对,徐老师讲得非常简练,表达了老牛和松鼠是直接告诉孩子,而他们都是站在自己认识的角度来解答的。老马没有这么做,他是让孩子去试一试。你有没有感觉到,新课程来了之后,我们的老师应该是像老马,更多的时候,你是提供材料和机会,去让孩子做一件事,那就是让孩子"试试才知道"。在新课标十年之后再回顾,我们很认同这个观点。

朱:我们下城区在评星级教师吧,最高是五星,那么你们觉得老马能评几星级?我揣摩一下,老马的水平,也就是一星级差不多。那各位老师,你想要成为更高星级的老师,你能不能比老马做得更好一些?如果你是老马,会怎么做?我想每个老师心里肯定有答案。再来看一篇语文课文《两个铁球》,当时的伽利略在比萨斜塔上做了一个实验,想证明一个道理。在当时,大家都认同亚里士多德的话,重的物质下降速度快。比如,有 A、B 两个物体,A 重一些,根据当时观点,A 下落速度快。推论 1:如果 AB 绑在一起,成为新物体 C,那 C 的下落速度应比 A 快。但根据生活常理又可以推论 2:一个速度快的物体绑上一个速度慢的物体,这个合成物体的速度应比快的慢一些,比慢的又快一些,所以 C 应比 A 慢。这样就产生了矛盾,伽利略想到,只有一种情况不会产生这样的矛盾,就是物体下落速度和它的质量无关。老师们想,在伽利略走上斜塔之前,他是想摸索一下,还是已经想明白了?我们从书本上可以读到,他已经预测到实验的结果,只需要在真实的实验中验证自己思考的结果。

朱:回到《小马过河》故事中,如果你是比老马更优秀的老师,可以怎么做?

师 1:我想,老马可以让孩子先想想,为什么松鼠和老牛会有这么不同的回答。

师 2:我会自己先去试一试,再回来问孩子为什么松鼠和老牛会有不同回答。

朱:刚才后面这位老师补充的自己先去试试,在教学中,其实就是自己在研究教材,我们平常都说,让孩子做的,老师自己要先做一遍。而且他们有一个共同点,一个更好的表达不是简单地直接去试,而是让小马先思考,老牛为什么这样说,松鼠为什么那样说。所以我们概括一下,一个两星或者三星的老师,不止知道让孩子去试试,更多的是要让孩子自己去思考。我很期待我们的课堂教学当中,有孩子间的交流,老师的话,可以慢一点,少一点,评价可以迟一点,更多地引导孩子去思考。今天有节课一个环节我印象很深刻,有一个孩子发言的时候,另一个孩子要说自己的观点,这时老师说,我们先把前面同学的事情说说清楚好吧。其实这里蕴含了一个观点,不是说简单用老师的眼光评判这个还是说的好坏,教学的过程是引导孩子关注孩子群体所表达的意见。所以我在读《小马过河》这篇课文时,开始一直觉得老牛和松鼠是老师这个角色,但是读着读着,我发生了变化。我发现,其实小马、松鼠、老牛是一个共同体,我们可以看作是学习中的三类孩子,而老马我们可以把他当成我们的老师。一个好老师我觉得首先一定要做的事情是给孩子一个任务,这个任务是有障碍,有难度的。像小马他们,过不去了,他们要讨论,有的孩子认为很容易,有的认为很难。这个时候你作为老马,不能简单说你去试试,老师要引导他们思考,这个孩子为什么这么说,对不对,那个孩子为什么又那样说。

朱:我看了下我们这个培训的安排,后面有许多的磨课活动,不同年段不同课题,老师们你们选过吗?你觉得哪节课会容易些?哪节课又最难上?这几节课,我们试过,其中有一节课,很多人都选了,但是真的上下来后,很多老师觉得却是最难上的是《两位数乘两位数的笔算》。这节课如果你做老牛,很简单,一步步告诉孩子怎么算,让孩子跟着你算。但我们不会这样,我们一定会创设一个有直观支撑的情境,然后让孩子列出算式。接下去就是做老马了,要让孩子去试试。试了之后,教室里就会出现老牛、松鼠、小马。这个时候,作为教师的老马是很难做的,我们都有体会。

朱:谁是好老师,我的观点是:(1)好老师深知学科教学价值,对教学目标的把握清晰到位。作为老师,你必须要知道"河水"有多深。(2)好老师深知学习的本质是学生对知识的自我感悟和建构,教学准备集中指向于选择好材料和设计好问题。(3)好老师深知学生学习的障碍和困难,总是能在关键处引领孩子的思维。

问题二:教什么?

朱:为什么谈这个话题?我们嘉兴这两年一直在做一件事"指向于活动经验的评价与检测"。

有这样一题:$1/2 \times 1/3 =$?我想绝大多数学生都是没问题的,但是如果我们改个问法,照样子,画图解释算式的意思,这个老师们都清楚,把一个长方形平均分成 2 份,取1 份,再把这 1 份平均分成 3 份,取其中 1 份;再给一个算式 $2/3 \times 4/5$,如果照样子画,老师们想学生会怎么画呢?我们可以看到,有的学生长方形还是随意画的,有时会用尺子设计一下,长画 5 厘米,宽 3 厘米,老师们估计一下,这两题正确率多少?再回想一下,你们小时候学这个分数乘法,老师怎么样教你的?我估计就是老牛、松鼠了,分子乘分子,分母乘分母,这样只是教了算法,但像我刚才这样去考察,考的是算理和分数的意义。画图的时候,学生首先要理解每个因数及算式的意义,我们的教学指向发生了变化,我罗列了三个关键词:算法——意义——算理。原来我们只讲算法,现在是意义和算理。这里有两种意义,第一是分数的意义,第二是分数乘法的意义,从算理上讲,3×5表示把单位 1 平均分成 15 份,2×4 表示取其中的 8 份。

第 2 个题:除以 1 个不等于 0 的数,等于乘这个数的倒数

例如:$2/3 \div 4/5 = 2/3 \times 5/4$

除了这样计算,你还能想出别的计算方法吗?

朱:请各位老师试一试。

师:①2/3÷0.8。

师:②2/3÷4×5。

师:③使分母相同,10/15÷12/15,也就是10÷12,因为计数单位都是1/15。

师:④分母分子分别相除。

师:⑤商不变性质,两个因数同时乘一个数进行化简。

朱:这个题做下来,不太理想,有的孩子一看见这个题,脑子里只有一种方法,再也想不出其他了。这个就说明有的时候我们的教学有时候会不知不觉产生一种副作用,如果老师不是那么强调除以一个数就是乘以它的倒数,特别是在一开始就强调这种整齐划一的办法,我们的孩子就会觉得没有必要再有别的想法。在我刚开始教书的前几年,我曾经看到过华东师范大学的一个教授在数学报上连续写的三篇文章:第一篇《熟能生巧》,第二篇《熟能生厌》,第三篇《熟能生笨》,老师们,有的时候教学的副作用会制约孩子的思维,就看你怎么教。回到刚才的题上来,我们希望通过这样一个评价,期望我们的老师在教学时,不要太早去教孩子计算的方法,而是要延长孩子探索这个方法的过程。而且这个方法不是指就这一个,而是有各种各样的方法。有些老师会担心了,假如这么多方法,这个方法会不会被"冲淡"了呢。你放一百个心,到最后这个方法谁都不会忘记。

第3个题:圆周率π是个固定的数,请你回忆一下,在数学课上,你们是怎么得出圆周率的,把探究过程简要地写下来。老师们你会怎么写,在座的哪位老师是教一年级的,好,请这位老师。

朱:好,我们来看一个得到三颗五角星的作品:

生1:我们找来许多圆形物体,然后拿出一根没有弹性的绳子,在圆形物体的周围围了一圈,在绳子上记下标记后再展开,放在直尺上测出圆的周长。然后测出它的直径,用周长除以直径,除出来的数总是大约是3。最后我们知道这是一个固定的数。因为测量不准,所以有些偏差,这就是圆周率。

朱:我又翻了另外的几百份试卷,这样的孩子不多,我也看到,有些孩子的回答,批卷老师没有打3颗星,但在我看来,他们更应该被打3颗星,我们来看一个:

生2:a我们先测量一个物体的直径和周长;b. 然后求它们的比值;

c. 进行多次测量,然后比较;d. 最后老师给我们讲π的知识。

朱:数学老师你喜欢生1还是生2的表达呢?老师们,这是表达非常好的孩子,你们也估计一下,549个孩子,表达得像这样好的有多少,这题的得分率又有多少?我们统计到最后的结果是40.6%,还有剩下的59.4%,我们也来看一下他们的回答。

生3:(多处涂改,卷面不整)老师说π是一个无限不循环的数,它约等于3.14。

生4:因为圆周率老师只让我们背3个数字(3.14),只要多做几道圆周率的题目,不由自主就记住了,有时还能多背后面几位的数字。

生5:(描述了老师上课过程)1.有没有知道圆周率是几的人;2.学生回答后老师讲

解;3.书上的文字,π=3.1415926……约等于3.14。

朱:我们在阅卷时发现一个奇怪的现象,这个20分的题一分不得的人中,3.1415926一个不差的有很多。老师们想想看,到最后学生对于π记住的是什么?对,只是它的值,不是它的概念和来源。

生6:是一个数学家在一天晚上发现了圆周率,发现了等于3.1415926……数据太多,保留了两位小数约等于3.14。

朱:我们回到教材,这个教材我们可以把它分两部分。上面是一个分析测量的过程,下面是圆周率知识的介绍和圆周长的计算方法。各位老师,请做一个选择,你觉得对这堂课来说,哪一部分是重点?对于圆的周长第一课时,我问过很多老师,意见惊人的一致,都认为要重视过程,上面这个部分是重点。但是问我们孩子的时候,他对哪个部分留下了较深的印象呢,那就是下面的部分,为什么?所以我有个想法,新课程告诉我们要强调过程,各级各类教研活动也是要体现强调过程,实际你到课堂上去看,过程依然是淡的,落实在孩子身上的结果往往更深刻,所以现在我们就干脆在评价的时候考过程。我们调研过这个问题,老师们觉得是在考孩子还是在考老师?对,是考老师,就看你这节课给孩子留下的是方法过程还是结果。我说,我们要下猛药来改革我们的评价,通过评价来推动我们的课堂。我们这次在调研的时候,12个班里有2个班做得特别好,孩子写的那几句话,长短、格式也差不多,我们就有怀疑了,就去调研了。这几个老师告诉我说,朱老师你在教研的时候给我们出过一个样题,关于圆的面积,然后我们就照着样题,把圆周长求解这个过程训练了一下。所以我才发现,这个得分率还是有水分的,特别是还有不少的孩子居然写的是面积的推导过程,这还是样题惹的祸,这就又不好了,对吧! 还是要真实地落实到课堂上。

朱:我们嘉兴上个学期期末考试还出过类似这样的题,我们认为这是考过程,内容四年级上册P57"你知道"里有的:请用"铺地锦"的方法计算:26×73 487×34

朱:我觉得这是考察孩子的数学能力的题,他能不能从中发现规律,他的数学阅读能力怎么样。我不具体解释了。

朱:我们去年五年级还考了这样的题:课本上我们采用两个同样的三角形拼成一个平行四边形的方法,得出三角形的面积计算公式。你还能用其他方法得出三角形的面积计算公式吗?(请你用画示意图,写文字等方法加以说明)我们希望孩子怎么答呢,方法也很多吧。我们出这个题是想引导老师们在教学三角形面积这样的课时,改变一种教法。就是一上课,给每个孩子准备同样的锐角三角形、钝角三角形、直角三角形各两个,然后直接让孩子们拼起来。孩子都没搞懂为什么要拼起来,所以我们希望给孩子更多独立思考的机会,然后让孩子有不同的方法来解决这个问题。那么这个题我是有很深的感触的,我女儿在小学的时候,曾经在学了长方形面积的时候,让她去做平行四边形的面积。她很快剪下来拼上去。然后再给她做三角形的面积,我只给她一个三角形,她就束手无策。那时我是怎么做的呢,我建议各位,如果你的孩子遇上了这样的问题,你千万不要直接告诉他怎么怎么画,让他再想几天。我们的课堂教学,有的时候总想在10分钟、20分钟、40分钟内解决问题,时间维度太短,三角形面积这样的,一节课教不下来是正常的,我们希望这样的课应该是作为一个小课题研究,给学生更多的过程。

朱:去年六年级,考了3个这样的题。

1.0有没有倒数?为什么?

2.有人说"百分数就是分母100的分数",你同意吗?为什么?

3.车轮为什么都是圆的?

朱:(小结)其实课标中已经明白地告诉我们该教什么。课标指出,数学课程的内容不仅包括数学的结果,也包括数学结果的形成过程和数学的思想方法。作为评价来说,以前我们更多指向数学的结果,有的时候我们还会重视能力的考察。但我觉得我们嘉兴现在在做的事挺有意义,也就是要考知识的形成过程和思想方法。现在老师看到我用一个椭圆标记圈出了结果这个词吧,哪位老师能想办法求出这个椭圆的周长?拿根线,圈一圈,画下来,这是三年级学生的思维水平,那么六年级的孩子呢。

师:可能把椭圆长轴短轴求和后除以2,近似看作圆的直径,再求周长。

朱:你能这样去猜,就很有水平,我们在教孩子的时候,首先是培养孩子的这种意识,他要有这种想法,刚才这个老师给我们做了一个好的示范,你们认为他的方法可不可行?如果现在这个方法不肯定的话,该做些什么事情呢?怎么验证?不完全归纳?多找几个比比看?我很想告诉大家,椭圆的面积可以借鉴这样的方法,那周长呢?有兴趣的老师可以去试试看。

朱:刚才我的关键词是"教什么"。"教什么",我们就从"考什么"开始,关键词是过程与方法。怎么样把过程与方法落实到我们的课堂教学过程当中,我觉得考什么很重要。我在听课的时候体会到,我们老师的教学是有过程的,但是过程不彻底。我们来看一个例子:嘉兴有一位老师上《圆的认识》,这是一个将近四十岁的女教师,富有经验,课堂调控能力非常好。这节课我给她计时,她用了22分钟时间让每一个孩子动手操作,经历了圆面积的推导过程,这个过程做得很清晰。22分钟之后,这个老师认为学生已经理解这个公式了,开始做练习,我们来看看她的练习过程:

师:$S=\pi r\times r$,也可以写成πr^2。

师(小结并追问):要求圆的面积,必须要知道什么?

生:必须要知道圆的半径!

习题:已知圆形花坛的直径是10分米,这个花坛的面积是多少?

生:$3.14\times10=31.4$分米。

师(开始质疑):你是求面积吗?

生(不回答,继续):$31.4\div2=15.7$分米。

师(忍无可忍,面向其他学生):他是在求什么?(生齐:周长!)

师:坐下!

朱:下课之后去看,我发现这个孩子上课上到后面的15分钟,头一直是低着的。老师让他坐下,他很没面子。其实这个孩子他本子上还有一步没说完。$15.7\times5=78.5$(平方分米)。这个孩子错了吗?没有,这个孩子是这么想的,他用的公式是$S=\pi r\times r$。后来我每次听这节课的时候,去关注这个点,这个老师把$\pi r\times r$写成πr^2要用多长时间,我统计过了,最多 10 秒。一般老师是 3 秒到 5 秒,学生还没有抬头,老师就变魔术一样变到 πr^2 了。而且,这节课 25 分钟之后,老师就要求学生按 $S=\pi r^2$ 这个方法做。刚才那个男孩子用 $S=\pi r \times r$ 的时候就是坐下。我们思考一下,$S=\pi r^2$ 这个方法的好处是什么?算得快;$S=\pi r \times r$ 这个方法的好处是什么?它有过程。作为圆面积推导的第一节课,到底是算得快重要,还是过程重要?

朱:你一定会说过程重要,但是在你的课堂上,这个箭头一般也是五秒之内,你相信吗?不相信,你可以试试看。我试过了,绝大多数优秀的老师,在三秒钟内,或者五秒钟内,所以我就要这样考虑。这案例是我去年教研给学生的样题:圆的面积为什么可以用 "πr^2" 来计算?请你用写文字、画图,举例等方法说明其中的道理。这个我觉得就是一个推导过程。他写得好不好,我们评分的要求可以低一点,但是这个过程要有,不能一点都写不出来,一点都画不出来。这个是我们关于活动评价的检测,是我们的一种做法。

朱:有些老师说了"朱老师,你这样一考,如果下城区万一这么一考,会把我们学生考烂了"。我相信不会的。下城区的老师这么教,这样考也是没有问题的。但是我也在想,除了做加法之外,还有没有可能做减法。那么这个学期,我们在尝试做一件事。我今天也正好乘这个机会争取一下,各位老师的意见。你们觉得怎么样?我们在考虑什么事情呢?我说一下,这个材料我也带来了,在圆面积、圆周长教完以后,今天六年级下册老师们在教学圆柱和圆锥。教圆柱和圆锥体积的老师都有种感慨,就是算起来都特别慢。这个学期我们在做一个尝试,小学里面有没有可能 π 不取 3.14,就是可以直接用。我们下城区的老师是取 3.14,还是直接用的?(答:取 3.14。)现我们嘉兴讨论下来,有两种意见。一种意见老师认为,取 3 好;另一种意见认为干脆和中学衔接起来。为什么呢?中学它如果没有特别说明,这个 π 不能取 3.14,也不能取 3,只能用 π。那么从中小学这个角度来说,π 不参加运算,直接用含有 π 的式子来表示这个结果。我在嘉兴大致选了四所学校,做了这项研究。现在研究出来的结果,80% 的老师是赞同的,但也有 20% 教龄将近 20 年的老师,他觉得比较麻烦。为什么呢?会碰到两个问题,一个问题是,有些孩子用含有 π 的式子来表示,他不习惯;第二个,有的题目是解决问题,他要你保留多少或者是与什么来比较,这个时候你要把它算出来,老师觉得烦,一会儿要算,一会儿不算。明年这个时候嘉兴可能会出个意见,圆柱和圆锥的 π 是可以直接用的。那么算圆面积、圆周长的时候是直接用还是 3.14 好,这个问题我现在还没有完全想明白。但是我自己的想法是,就是学生太苦了,老师太苦了,有个题目我现在还背得出来,如人教版的教材上的一道题:是求一个油桶,它的高是 87cm,它的底面直径是 56cm,求它的容积。大家想想这个题目怎么算?$3.14 \times (56 \div 2)^2 \times 87$。那么也是就是说 $3.14 \times 28^2 \times 87$,我们是不是可以考虑把计算要求降下来,把思维的这个要求提上去?不然思维要求提上去了,计算要求不下来,这个学生确实会越来越笨。

问题三:怎么教?

这就要聊到今天这个坚守和突围。我还是从一个课例开始说起,我对今天上午由牛献礼老师上的《面积》这节课很感兴趣。他把平行四边形的框架拿出来,我觉得挺好。

而且告诉我们,跟孩子活动之后,让孩子体会到,这样一拉,它的面积发生了变化。由此想到了,我们五年级的时候教学《平行四边形的面积》,这节课大家都很熟悉,特别会被很多老师拿来上公开课,我记得牛老师上过,丁杭缨老师好像也上过,我也上过。那么研究这节课的时候,我当时看这个教材的时候,看着看着我很多地方很纳闷,觉得这个里面水很深。人教版的教材它是这么编的:这是一个长方形的花坛,这是一个平行四边形的花坛。然后这个女孩子说我只会算长方形,怎么知道平行四边形的面积呢?小精灵说了,可以用数方格的方法试试。我看这个教材的时候,我就有点不明白。这两个花台如果要把它放到格子里面去的话,可能有点困难。所以这个情景,作为一个教师你应该体会到,教材编写者不是那么聪明,而逻辑有点混乱,你怎么能把那个花坛再放到那个方格里面去?第二要求在方格子上数一数,后面还有个要求,一个方格代表一平方,不满一格的都按半格计算。对这句话,我在看教材的时候,很有想法,不到一格的都按半格计算,这样对不对,其实肯定是对的,为什么对呢?因为对平行四边形来说,这边有个小的,那边肯定有个大的,但是这句话,你再推一推;如果把一个三角形放一个格子图里面去,然后再说这话,不满一格的按半格计算,你觉得对不对,不一定对了。所以三角形如果放在方格里,它这句话就不行了。所以我感觉这样讲给学生听学生会混乱的,如果我是学生打死我也不信。这么小的一个也算半格,那么大也算半格。然后我又看了这个主题图,我越看越觉得这个女孩有问题,这个女孩是戴着红领巾,长着学生脸的教师或者教材编写者。为什么呀,你看这个女孩子看到平行四边形的时候,她拿起剪刀来,咔嚓咔嚓剪下来拼过去。然后你去看,我发现这两个孩子说得好听点是下手,说得不好听点是傀儡。但实际上,在我们现在的课堂上,学生很多时候都是在做操作工,老师下一个指令,学生操作,老师下一个指令,学生操作;而学生没有想清楚,自己为什么要做这件事。我在思考,学生有没有把一个平行四边形拼成长方形的活动经验呢?有老师告诉我"朱老师我是这么做的",这是我做教研员后听的第一堂课,这堂到现在正好十年,我是 2002 年到教研室的,2003 年我听的这堂课。这位老师是这么来的:这个学校新搬了一个校园,然后他创设了一个情境。一个绿化指示牌是这样的,这是五(1)班的绿化指示牌,然后问学生,我要求这个指示牌的面积怎样求?学生看了下马上说,噢,老师,剪下来拼过去,老师拿起剪刀,剪下来拼过去。然后再来一个五(2)班的绿化指示牌,这样的,怎么做?剪下来拼过去,老师再来一次。你们猜猜看,第三个干嘛?就拿起一个五(3)班的绿化指示牌,平行四边形的,我现在依然还记得当时的课堂,在老师说五(3)班的绿化指示牌是这样的,几乎所有的学生都在做同一个动作——拿起平行四边形的纸片,剪下来拼过去。这就是我们曾经认为高效的课堂,我们要把学生往一个胡同赶,我们认为这样的教学是高效的,但是我们现在更注重的是学生的想法,学生到底是怎么想的。

朱:我们好多老师现在不这么上,包括我们嘉兴的团队在研究这节课的时候。我们更多是这上的:我们往往会把任务不做过多的铺垫,而直接呈现在学生面前。我觉得这是我们现在设计课很重要的一个概念,不要给学生搭太多的台阶,这个台阶往往有时候是教师给学生搭的。那么这节课我们怎么上的呢?给学生一个平行四边形,这个平行四边形印在纸上没有数据,也没有高,然后我们要让学生自己去测量有关的数据,算出这个平行四边形的面积。我想在座的老师都是有经验的,你们估计,我这个地方的数据告诉大家,底是7厘米,另一条底是5厘米,我们也可以把它叫作这条底的邻边,高是3厘米。老师们想一想,学生典型的会有几种做法呢?

方法一:(7+5)×2。

方法二:7×5。

方法三:7×3。

正常情况,3种都是典型的做法。方法一是求周长很好理解。方法二老师们也认可的,他看到平行四边形的时候想到的是长方形,学生往往有种类推,发现长方形这么算(长方形面积=长×宽),平行四边形也这么算(平行四边形面积=底×邻边)。这个是学生的一种思维过程。我们采访过不少的孩子,问他你为什么这样算,他的解释无一例外是这样的。方法三是正确的方法。各位老师,大家思考一下:面对课堂生成的讨论,这3种方法是典型的,还有不典型的方法,你不用过多地考虑。那么这三种方法出来了之后,大家认为哪种方法最好处理?方法一:(7+5)×2,这个学生很快就把它剔除掉。现在的问题是7×5、7×3。我们现在要有种判断,你觉得一个班里面是7×5的多,还是7×3的多?老师们有不同声音是非常正常的,我这个问题是没有一个标准答案的。我可以这样问,长寿桥小学今年的五(1)班,你觉得是7×5的多还是7×3的多,可能是7×3的多。但是如果相对来时,一个偏远的学校,那7×5的是不是会多?前两天我们嘉兴又有一位老师,他上个月底到重庆去上了一节《平行四边形面积》,上完之后回来就跟我诉苦了:朱老师啊,我到重庆去上课,几乎所有的孩子都是7×5。而且讲完之后再问他,所有的孩子都认为7×5是对的。其实很正常,这节课我觉得不怕学生出错,我们反而担心的是什么的呢?我有一次去贵州上课,一上课我就问,同学们,我们是哪个班的?这边告诉我,五(1)班的,那边告诉我,五(3)班的。我发现不对了,我问你们到底是哪个班的?后来了解了,这10个人是五1班的,这10个人是五(2)班的,这10个人是五(3)班的,这10个人是五(4)班的。一个学校五年级有4个班,校长为了学生表现好一点,每个班挑了10个最好的。而且,那个老师还跟学生说啦,明天有一个浙江的朱老师上《平行四边形的面积》,同学们回去自学一下。那你想在这种情况下,哪怕在贵州,7×5的多还是7×3的多,那一定是7×3的多。这节课理想的状态是,7×5和7×3都有,然后互相来交锋,就是小马、老牛和松鼠,不要全是老牛,也不要全是松鼠。我们的课堂上,差异是最好的资源。

朱:我们猜想一下,我在研究这节课的时候,除了这样想之外,我还在找。如果不做铺垫,不布置预习的话,学生正常的思维,是想到长方形拉的多呢?还是剪拼的多?我先去研究教材,我发现在三年级上册,学生第一次学平行四边形的时候,学生已经拉了一次,我把它叫作拉1;然后在学平行四边形和梯形的时候,教材上还专门安排了一个活动,用一个硬纸条拉成一个长方形,然后给它这样子拉,我把它叫作拉2;到这个三角形的时候,今天丁杭缨老师,有没有拿一个三角形和平行四边形去拉来讲稳定性?没有。我想一般的老师,在上三角形稳定性的时候,也会拿平行四边形来做比较。那我就把它称为拉3；那么有没有剪1，剪2，剪3呢？我把人教版的教材，从3年级开始，我一页一页翻过去，我发现学生在把平行四边形剪拼成长方形这件事上，他们一次也没经历过。教材上面我是一个地方也没找到，在座的老师你可以回去仔细地翻一翻，如果有你可以告诉我。所以我有一个建议：在平面图形认识教学中，开展"把一个平面图形剪、拼为另外一个平面图形"的活动，帮助学生积累数学活动经验。我后来往后翻的时候，翻到四年级下册，有一个内容是剪拼的，但是这个地方是拼的，它没有剪。就是用2个三角形或者几个三角形，来拼成不同的四边形。我了解了一下，这节课在嘉兴至少有三分之一的老师这样的课一晃而过，他没有把它当成一节课来上。其实老师们想，这样的课，对图形的认识、空间观念的培养，以后对它三角形面积的计算，都很有好处。我翻了人教版的教材之后，我又去翻了北师大教材，我发现北师大教材真的不一样了。北师大教材也是放在五年级上册，它在上《平行四边形面积》的时候，它前面有3节准备课。第一节准备课，叫比较图形的大小，就有那种剪下来拼过去的活动，反复多次。第二节叫地毯上的图形面积，数方格，这个过程中也会拼来拼去的。第三节课是最可恶的，它专门做了一个叫动手做的活动，一块平行四边形的木板，要把它剪拼成最大的长方形该怎么做呢？这三节准备课做完，北师大教材开始出平行四边形面积了。老师们，你们想，如果是用北师大教材的学生，在他的经验当中，是拉强烈还是剪拼强烈？我们老师你来比较一下两套教材，你觉得你欣赏的是哪套教材？这两套教材在我看来，我都不喜欢，人教版教材教没有渗透，北师大教材太功利。我理想中的教材要怎么做呢？在三年级、四年级的时候，你不但要让孩子去拉，你还要安排这样的活动，让学生去剪拼。就像最早的时候，我们张天孝老师编的小学数学教材。它冷不丁地在三年级或四年级的时候，它会出一个题，这个题是前不着村，后不着店的。这个是给我的启示，我觉得老师们要有一种渗透的意识，而不是到用了才给他。

朱：这个案例承载了我的一些想法。第一，我们在研究教材的时候，你要带一个批判的眼光，你要学会取舍。第二，我们在研究教材的时候，我们要站在学生的角度，来重新设计。我觉得，我这样设计的出发点是，不要让学生做操作工，做跟屁虫，我们要让学生做独立的思考者。第三，我们在教学过程当中，老师的水平体现在怎样引导孩子进行交流、对话、争论。第四，我们在研究一节课的时候，光看一套教材是不够的。特别是一些优秀的老师在上公开课的时候，你要看看不同版本的教材的想法；你要看看不同的老师，可以是名家，可以是普通老师，他们是怎么想的。

下一个话题：怎么会这样？

课堂上往往不是你老师怎么想，学生就怎么来的。往往会出你意想不到的，或者你不太能理得清的事。我们来看看，这是上午吴卫东老师谈过的，这个我印象很深刻，比较下面两个图形的面积。这是嘉兴的一位特级教师在没有评上特级教师之前上《面积》一堂课设计的练习，这个练习当时被专家批评过，我们当时反对的理由是什么，因为学生已经知道了，屏幕比黑板大，黑板比桌面大，你让学生做这两个题，学生会有问题吗？我们那位老师，没有听专家的，他说："你让我试试，你们再下结论。"一个老师，你要坚持自己的想法。哪一天，汪老师来听你的课，我估计汪老师不会这么做。我有时候会这么做,这个题目在我看来不好你拿掉。有的老师很老实的,马上就换了。我觉得你要有这种想法,他讲的不一定对。所以,我们当时的那个老师就是这么来说的。一上课我发现很奇怪,竟然有些孩子是不正常的,不正常的还不少。很简单的,正常的孩子都认为1的面积比2的要大。1的面积和2的面积,我们拉过来比较一下,哪个面积大,哪个面积小,一目了然。但是有的孩子不正常,不正常的我都能想得明白。有的孩子说:老师,2的面积大。然后你让他一说,你就明白了,他其实是在指他的周长。今天我在听课的时候,有的老师就强调,周长比它长,面积不一定比它大。还有第三种意见,竟然还有不少的孩子说,这2个图形的面积是一样大的。当时听课的时候,我确实很惊讶。因为我没教过这节课,我真想不明白,为什么孩子会认为这2个图形面积一样大呢?学生当时的表达是这样:老师,我把中间这条往上推一下,是不是就一样大啦。我想不明白,学生怎么会有这样的错误呢?第二个学期,我去听周长,我发现大量的练习中,课堂教学过程当中,经常出这样的题目:两个图形的比较(33:16)。然后,怎么样来说明这两个图形的周长一样长呢?是不是要做这样的事情,把这两条边移过去,周长就一样了?大家想一想,这样一移,学生脑子当中留下的是什么啦?是长方形啊。这还是好的,后来我们嘉兴有一个七八年教龄的女老师,她给我刺激很大,那天上课学生说是这样移,这个老师说:"老师告诉你们一个办法,我这个想法更简单,我只要拎牢这个角一翻,大家想象一下翻成了什么。"学生异口同声地说是长方形啊。然后老师说,你看,这两个是不是一样啦。那么你想想,这个时候会说这个图形的周长一样,面积不一样,为什么?因为面积没有学。

朱:各位老师,显然这位老师的方法是不好的。那么,这样往外移,学生也会出问题的,比如说到上一个图形他也会这样去想的。你想一想,有没有更好的办法来解决这个问题?我当时灵机一动,想到了一个方法,但是没有实践过。如果我不是往外移,而是引导学生往已有的边上移,会不会干扰会小一点。我们习惯都是往外移,学生脑中留下的就是一个长方形,那么是不是可以往里移呢?往里移有两个好处,一是不会在学生脑中产生一个长方形的概念;二是我一移以后就有一个比较,两条相加就是一条。这个问题我上个学期去听课又给我一个新的刺激,这位老师出了这样一个题目。题目的本意是这样的,三个图形要让学生比大小,你能不能画一画,让我们一眼就看明白,哪个大哪个小,其实他的本意是分割,但是那天上课我在想学生到底是怎么想到的,然后我走了一圈,至少10个孩子都是在把边移过去画的,然后他的答案是什么呢?答案都是一样大,他的过程对不对?不对,我觉得我们周长的教学会影响孩子对面积的认识,这就是其中的一个案例。我想到的办法是能不能改一个方向,往里移是不是可行的。

朱:讲个小故事,有一个数学家的女儿从幼儿园放学回家,父亲问她学了什么,女儿高兴地回答:"我们今天学了集合。"数学家想,对于高度抽象的概念来说,女儿的年龄实在太小了,便问:"你懂了吗?"女儿说:"懂了,一点也不难。"数学家还是放心不下,便责问你们老师是怎么教的,老师先让班上所有的男生站起来,说这是男孩子的集合,再让所有的女生站起来,说这是女孩子的集合,接下来是所有白孩子的集合,所有黑孩子的集合,问我们懂了吗,我们都说懂了,就这么简单!看来这些教学都没什么问题,作为检验,于是这个数学家就问了下面一个问题,那天可能正好在吃饭,那么我们能否将这个土豆看成一个集合,那个小女孩看了一眼这盘土豆,不能,除非它们都能站起来。这个小故事使我理解了,有的时候我们老师的想法和学生的感受之间是不一样的。就像我们那位老师,他在讲把这个角拉一下一样的时候,他就种下那颗思维的种子。今天上午吴老师也说到我们要去研究孩子的错误。其实更重要的是研究孩子错误背后的成因和他的思维过程。

朱:我们再来看一个案例,这节课是我当时在保俶塔小学评特级教师的时候上的,当时抽中的内容就是三角形三边关系。在上这节课的时候,老师经常会做这件事情:老师给学生提供了一些长短不同的小棒,鼓励学生用它们拼三角形。对于两边之和大于(或小于)第三边的情形,学生毫无疑义认为能(或不能)拼成三角形。但是问题是相等的时候,比如说:6,9,15学生却产生了分歧,确实有一部分学生用小棒拼成了三角形,教过的老师可能有些体会,你老师给学生提供三根小棒,你把他卡得很准的6,9,15正好拼不起来的,但是你发现几乎有一半或者更多的孩子,他们认为能的,为什么呢?这是一个问题,当较短两边的和等于第三边是能围成三角形吗?能或者不能的原因是什么?学生为什么会出错?然后我们想到三种办法:一种办法是操作,另一种办法是用课件演示,还有一种办法是引导学生想象。各位老师你做一个选择,觉得三角形三边关系,要解决两边之和等于第三边时学生要把它围成三角形这个问题,你觉得操作好还是演示好?还是想象好?我现在研究的结论是,谁操作,你就要掉到坑里。两边之和等于第三边你一定不能让学生去操作。然后,课件去演示呢,这个课件的水平要做得很高才行。我有一个同学,他做了一个课件,然后上这节课,这个课件就不给大家看了,上到最后出现了一个情况,底下这根是15厘米,这根是9厘米,这根是6厘米,这个课件压下来出现了一个什么情况呢?还没有压到底,快要压到的时候。老师还没有说停,教室就有很多孩子喊起来,老师不用压下去了。想象一下什么情况,在这个过程中学生认为,中间有个阶段,就是快要压到还没有压到的时候,就已经是三角形了,不信你可以去试一下,除非你这个课件水平做得很高。什么原因,学生为什么会出错,是因为材料。因为不管你是操作还是演示。你给学生看到的都是什么?都是物体,或者是一个面,而不是一条线段。数学上的线段只有长度,没有粗细。来评特级教师之前,正好听了几个教师的课,所以我体会到了,原来这节课关键的地方在这。不能让学生去操作,也不用课件,那么做什么事情呢?其实要做一个最简单的事情。有的时候课堂上越简单越好,做什么事情呢?在黑板画一条15cm,在竖起来画一条9cm,画一条6cm的,然后你让学生想象一下,把边上的这两条往下压,最后结果会怎么样。我发现你不操作又不去演示,几乎所有学生都会得出一个结论。压下去之后就重叠了,就和底下的这条叠在一起了,拱不起来了等等。你看简单吧,迎刃而解。那么关键点在哪里呢?这就是学生的研究和数学的研究。我们不要把操作太当一回事,今天上午我讲了那个关于抛硬币要不要抛的问题。其实我是这么想的,抛硬币如果抛了之后,学生依然不认同,那还不如不抛;但是学生如果抛了之后,他也能认同,我觉得抛硬币也是可以的。如果不抛硬币,学生也能认可。那我觉得这件事情让我来选择的话是可以不抛的,但是今天这堂课相对地说，放在四年级上起点有点高了，有些问题包括我自己，包括在座的各位老师，可能本身也是有困惑的。

朱：好，最后我们也来做一个小结，关于怎么教，我们就来回答。坚守什么？怎样突围？我们第一个问题：该坚守什么？其实作为一个观点报告到最后小结的时候，没什么好讲的，坚守什么我认为老师们只要细细地去思考2011年版课标当中的课程总目标就可以了，我们的数学教学要让学生获得适应社会生活和进一步发展所必需的数学基础知识、基本技能、基本思想、基本活动经验。这就是我们在座各位老师非常熟悉的从三基到四基。接下来我们要转方向，特别关注：数学基本思想的领悟和基本活动经验的积累，就像我们今天所谈到的圆的周长要讲的是学生在这个过程中所要探究积累的经验，而不仅仅是指圆周率是多少，我们还要特别关注学生发现问题、提出问题的能力。所以在课堂上，要经常引导孩子们去质疑，去交流，去思辨。我有一种理想，我们的课堂，老师的话能不能少一些，再少一些？我们的频率不要走得太快，印第安人有句话：慢下你的脚步，让你的灵魂跟上来。我觉得非常有道理，我觉得我们现在的小学数学教学，一个很大的弊端是什么，我们煮的是快餐。在下去听课的时候，我和去过香港的张老师交流，我当时也看过一个香港老师上课的录像，以及他们的一些案例，我觉得有个很大的不同，就是人家在重要的环节，走得要比我们慢一些，我们能不能也慢下来？很熟悉的一个案例叫烧开水，烧开水的过程一般是：在水壶里放水，点燃燃气灶，再把水壶放到燃气灶上。一般过程是这样，然后如果有一天，你面前放着水壶，水壶里已经装了水，那么又应该怎么做呢？物理学家说，点燃燃气灶，再把水壶放到燃气灶上；也有老师说，我和物理学家说的不一样，我是先把水壶放到燃气灶上，再点燃燃气灶；这不是一样的，数学家不是这么想的，数学家怎么做？数学家说我不会这么做，他们常常说：倒出水壶里面的水，然后按照一般过程烧，数学家的思维是把后一个问题，换成先前的问题，这就是换位的思想。老师们找一找，其实这样的思想在小学里面一脉相承的，在我们脑子里，迅速搜索一下有很多很多的事例。如平行四边形面积，同分母分数加减法，除数是小数的除法，我们以前概括过法则是这么说的，我们先把除数转化为整数，再按整数的除法方法算。就是这么说的。

朱：如果说这些太典型了，我们看一个一年级老师的上课，这个老师上的是0的认识和加减法。他上得挺好的，出示三张图片：第一张，鸟窝里有3只小鸟；第二张，3只小鸟全飞走了；第三张，鸟窝是空的，然后让学生列算式，学生列出来了，3－3＝0。

然后这个老师说，你能不能举个例子说生活中，还有哪些其他事情也可以用3－3＝0表示？一开始我觉得这个老师胆子挺大的，一年级刚刚上课两个月他就让学生做一样的事情：还有哪些其他事情也可以用3－3＝0表示？我担心孩子说不出来，实际上我发现，学生说得对的，你真的要充分相信学生。我的心里是把孩子看得太低了，不放心，老是想扶着他走，那天听课，我就感觉一年级的孩子表达得挺好的。有个孩子说，停车场上早上起来有三辆汽车，三个人上班去了，三辆车都开走了，3－3＝0。多好啊，有孩子说，我班级图书角里有三本书，有三个孩子一人借了一本，3－3＝0。老师又来，你还能不能说几个"几减几等于零"的算术。你们说老师写，老师在黑板上摆出一串式子。

接下来老师问,观察它们,你有什么发现?你揣摩一下,这个一年级的老师,他想让孩子们发现什么?两个相同的数字相减,结果是零。你知道一年级的孩子发现什么?第一个孩子说,老师我觉得排得太乱了(指式子),他得到的提议就坐下。第二个孩子站起来说,老师我觉得要把 $1-1=0$ 排在最上面,他还是说太乱了,这个时候老师就不理他了。终于第三个孩子说,老师我发现两个相同的数字相减等于零。好,老师们你们观察一下,这个教学过程当中有没有数学思想的点子,在哪里?你能找出一种吗?我觉得从这么一组算式中得出结论,这就是数学思想,这叫作归纳或者不完全归纳,小学里大量的用这样的方法,到乘法分配率、乘法结合率都是用这样的思想来做的。还有一点,这个孩子说排得太乱了,老师说不理他,你们觉得应该理他吗?如果理的话,应该渗透哪一种思想?可以培养学生有序思考的理念,我觉得这老师在这点上做得还不够。还有我觉得这老师在这点上做得挺好的:"除了这件事情,还有哪些可以用 $3-3=0$?"这里当中也是渗透了一种思想。什么思想?类比思想。你能不能举一个同样的例子来说明,所以我觉得活动经验,今天讲得比较多。数学思想的问题,现在也是我们要重视的一个地方,不是只有高年级的老师去教,哪怕是一年级,我觉得也是很有渗透的必要的。

朱:怎样突围?我觉得当前的突破口要做几件事,第一件事就是要研究"基于学生的教学设计"。我们要理清四个问题:研究学生是教学设计的起点;研究学生比研究教材更困难。研究学生既要掌握班级整体水平,也要关注个体差异;研究学术既要求教师精心预备,又要求教关注生成。然后我们研究四个点:基于学生的教学设计要研究学生经验——学生已经知道了什么?要研究学生的思维过程——学生是怎么想的?要研究学生的困难——学生为什么出错?最后要研究学生的需要——学生为什么要学?其中我觉得最重要的是研究学生的思维过程。所以这几年我一直在做一个课题,学生学习思维的过程,学习思维过程到底怎么样?这是我这几年一直在做的。具体我想不说了,因为我们在整个上午交流的过程中,我们都一直在谈这个问题。那么第二件事情做什么呢?就是要研究"生成性学习材料的反馈策略"的一些问题,学生们会生出哪些材料?你如何预设反馈路径?我们还要研究材料如何呈现,是一个个呈现还是平行的呈现?它们是不一样的。如何适时组织交流和讨论?如何将错误转化为教学资源?生成性学习材料的反馈策略,我觉得体现了一个老师课堂机智,这样的课堂机智一定要通过这样的课堂研究提高和提升的。所以我希望在座的各位老师,在备课的时候一定要关注,哪些环节会有生成材料?这样生成材料该怎么处理?你不要回避它,你要根据学生不同的想法,合理地来反馈。这里友情提示一下,接下来要上两位数乘两位数比赛的老师。你要想想学生面对 24 乘 12,其实 24 乘 12 根据我们嘉兴的研究 24 这个数字不好,你应该用 23,你去琢磨一下为什么 24 这个数字不好。23 乘 12,学生可能会出哪些不同的情况?有些老师备课备到这里,他就晕死了。你想想面对学生不同的生成材料你会怎么做,这是考验你智慧的时候。当然上面积和面积单位的,也会出这样的问题。

朱:最后以歌德的一句话作为今天的结束——凡是值得思考的事情,没有不是被人思考过的,我们必须做的只是试图重新加以思考而已。

我今天和老师交流的,包括我今天上过的课,只是我自己的思考而已,如果讲得不

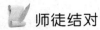

对,请老师们指正。

师徒结对

　　在互动环节的最后,下城区教育研究发展中心推出与名师结对拜师,将整个活动推向高潮。杭州市青蓝小学金洁老师为嘉兴市特级教师朱国荣老师献上鲜花及肖像漫画,表达了对师傅的敬慕之情,教学的交流引领通道就此打开。虽然仪式只有短短的几分钟,但下城教育为年轻教师开启了一扇通往更高教学技艺的大门。更鼓舞人心的是,下城教育研究发展中心即将搭建更为广阔的舞台,在后面的"名师智慧空间站"将使更多区内名师与一线教师结对,以引领老师们更好更快地成长!

反响与关注

　　2013 年 4 月 8 日 19:12,杭州 5 套记者王翠花报道:下城区"名师好课堂"活动在长寿桥小学举行,本土名师展现教学艺术(视频略)。

项目三

小学科学"技术改变课堂"教学研训活动

 活动简介

2013年5月8日,"名师好课堂"第三期小学科学"技术改变课堂"教学研训活动正式拉开帷幕。本次活动地点设在杭州市朝晖实验小学,参与活动的有来自省内各区县市的骨干教师,还有下城区全体小学科学教师,共一百二十余人。本活动通过区内外名师同台联袂展示,邀请课程专家点评与指导,深度解读课程标准,深入探究新课程背景下小学科学教学规律,共同探究"技术"(电子白板技术、材料革新技术、网络技术等)对科学课堂教学的作用。同时,我们将以此为平台和抓手,打造研训教一体化的新载体,对全省小学科学教师开展培训。

活动安排

	时间	内容	主持
上午	8:40—9:00	开幕式	叶晓林(下城区教育研究发展中心小学科学教研员,中学高级教师)
	9:15—9:55	名师教学展示(一):五年级下册《昼夜交替现象》; 教学引领:卜彬(第四届下城区梯级名师,下城教育标兵)	
	10:10—10:50	名师教学展示(二):热是怎样传递的; 教学引领:赵海军(萧山区名师,学科带头人)	
	11:00—11:40	专家点评、交流互动 引领:徐闻音(省著名特级教师)、陈曦(省著名特级教师)	
下午	1:00—3:30	主题讲座:教育技术革新引发科学教育革命 主讲:杨春晖(萧山区小学科学教研员)	

 名师展示

【名师简介】

赵海军,浙江省杭州市萧山区新塘街道新塘小学科学教师,学校教导主任,街道科学教研大组长。1996年8月参加工作,大学本科学历,小学高级教师。萧山区小学科学名师,杭州市教坛新秀,浙江省优秀航空航海模型教练员,全国优秀科技辅导员。在教学过程中注意教学点滴和体验感触的积累,形成了语言风趣幽默、引导大气睿智的教学风格。曾先后多次参加萧山区送教下乡、跨地区课堂交流等课堂教学活动。所上的优质课2次获杭州市优质课评比一等奖,开出各类展示课、研究课几十节次;所写的论文在市区级获奖的有十多篇,并有多篇发表;所辅导的学生,在省市乃至全国,获奖达150多人次。

【教学设计】

热是怎样传递的

一、教学目标

1.科学概念:引导学生认识热会从较热的物体(或物体的一部分)传递到较冷的物体(或物体的一部分);通过直接接触,将热从一个物体传递给另一个物体,或者从物体的一部分传递到另一部分的传热方式叫作热传导。

2.过程与方法:设计实验观察热的传递方向和过程;用文字或图示记录、交流观察到的关于热是怎样传递的现象。

3.情感态度价值观:激发观察探究热传递的兴趣;体验实验材料选择和设计合理性的重要性。

二、重点难点

选择材料、设计实验观察热传导的过程和方向。

三、教学准备

教师用:普通水杯、热水壶、学生分组材料一套、PPT课件、翻页笔

学生用:金属条、铁架台、火柴、蜡环、涂有变温油墨的金属片、蜡烛、铁盘、记录单

四、教学过程

(一)激趣引入,体会感知

1.利用遇热会变色的马克杯激趣,讨论热水使杯子变热的过程。

2.利用手摸杯子感到热的活动,讨论热杯子使手变热的过程。

3.体会感知"不同温度的物体接触时,热总是从热的物体向冷的物体传递"。

4.抛出问题"热是否会在同一个物体中传递? 怎么传递?"

(二)比较材料,设计实验

1.发现问题,讨论对策

如何将不容易看到的热的传递过程变得可视化?

引导学生利用材料改进实验,问:你为什么这么想? 你的根据是什么? 会有什么现象……

2.列举材料,择优挑选

如果要你去准备实验材料来做实验,你打算选哪种材料进行实验? 为什么? (从准备的难度、实验的精度、成本的计算、材料的普通性、操作的科弊等方面来进行分析,引

导到蜡烛油的运用并出示蜡环)

3.设计实验,图文呈现

我们小组来讨论,并把设计的实验用文字和图画的形式记录下来。

(三)整合设计,实验交流

1.反馈交流,整合优点

小组上台交流,阐述自己的设计意图,其他小组可作补充,最终整合优化,完成实验计划。

2.分组实验,记录交流

学生汇报实验中的发现,其余学生补充。

3.充分比较,得出结论

结合两种实验,进行小结:热是从较热的部分传递到较冷的部分的。

(四)大胆预测,实验验证

1.大胆预测,简图呈现

你计划在圆片哪边加热? 有不同的吗? 能用箭头画出热向哪边传递吗?

2.分组实验,得出结论

分组活动,每组做加热中间和边缘一点的两个实验。

学生汇报:在金属圆片中,热会从较热的部分传递到较冷的部分。

3.比较材料,提升认知

大家的实验都很成功,现在有谁能帮老师解释下,为什么老师用温变油墨来做本次实验?(让学生理解材料的选择可以不同,在保证效果和安全的情况下,可根据自身的需要和条件选择合适的材料进行实验)

(五)总结梳理,建构认知

1.师生小结,梳理知识

教师提问:"热是怎样传递的?"引导学生对本课的研究发现进行总结。

教师讲解什么是热传导。

2.联系生活,举例运用

生活中哪些地方在利用热传导,哪些地方在克服热传导?

3.补充知识　完整建构

看课本资料库:热传导只是热传递的一种方式,除此以外还有对流与热辐射。

(六)拓展延伸,机动辨析

热在 M 形的铜条上会怎样传递?

有一条呈 M 形的铜棒,在 A、B、C、D、E、F 几点上套了蜡环,如果在 H 点处用蜡烛加热,这些蜡环熔化的先后顺序会是怎样的(图略)? 你为什么这么想?

五、板书设计

热是怎样传递的

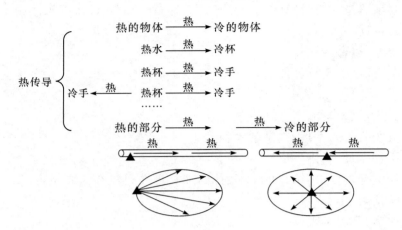

【教学实录】

上课内容：《热是怎样传递的》

教材出处：教科版小学科学五年级下册第二单元"热"第6课

单位 姓名：杭州市萧山区新塘小学 赵海军

一、引入

师：四年级的同学们好，今天我们面临比较艰巨的挑战，因为接下来学习的内容是五年级下的，我们是四年级。用我们的智慧超越五年级的同学，大家有没有信心？

生齐声回答：有。

师：刚才我泡了一杯水，因为最近有点感冒，但医生确诊不是 H7N9，所以请大家放心，现在有没有同学敢和我握握手？（生举手）一个个来，什么感觉？烫、热、温暖。我的手，可能发热了，是不是，多握几个。好，感谢握手的同学，其实我们刚才总结一个字。

生齐声回答：热。

师：今天这堂课我们就要来研究热。

二、揭题

师：老师的手为什么会这么热？

生1：因为茶杯里的水是热的。

师：茶杯是热的，为什么我的手也会热呢？

生2：因为老师摸了茶杯。

生3：因为人要保持体温，所以手是热的。

师：老师倒了一杯热水，可能直接的原因没说到。

生4：是因为茶杯上的热传到了手上。

师：通过茶杯，那杯子原来是冷的，冷杯子后来变热了，是因为——

生：（齐声）：热水。

师：热水把热量给冷的杯子了,杯子热了,热杯子再把热传给了谁? 手,手就热了,当我和你握手的时候,你感受到了我的热量,我把热量传到了你的手上。

师：我还有个想法,如果我和你握手的时候,你的手比我还热,你觉得会怎么样?

生5：你好冷啊。

师：那我就会说我好热啊。就是你的温度要比我的高。热手、冷手、热杯子这些冷热是不是绝对的? 是两个比较后,有一方温度比较高。所以两个物体接触后,我们说热会怎么样? 怎么传?

生6：较热的传过去。

师：对,会从较热的物体传递到较冷的。两个物体温度出现差异,热就是这样传递的。

三、完成实验设计,让技术改变课堂

师：刚才是两个物体,假如只有一个物体,当这个物体上出现温度差的时候,热会不会在这个物体上出现热传递? 会不会?

生齐声回答：会。

师：不是很肯定,这里有根金属棒,你看得见热的传递吗? (看不见)为什么,实质上没有热的传递,因为这根金属棒各个地方温度相等。老师拿来了一个酒精灯,点燃(进行操作),这端会——

生齐声回答：热。

师：热会怎么样?

生齐声回答：传递。

师：如果把酒精灯放在中间,会向?

生齐声回答：两端传递。

师：你怎么能知道呢? 也就是说,这节课我们首先要解决的问题是?

生齐声回答：怎么样看到热传递。

师：热的传递,今天我们就要研究的是——热是怎样传递的。很多同学已经举手了,有好的方法是吧? 老师这有一张只完成一半的实验设计(PPT展示),看到了前面的演示了,看看这张实验设计,考虑一下这些问题。考虑完后,可以用画图的方式画在小白板上。今天我们就用技术来改变课堂,现在开始。

(小组讨论完成实验设计)

师：各位设计师都差不多了,现在我们来亮一亮我们的设计成果。

生：(一个小组展示设计)在金属棒上涂上一层油,中间放酒精灯加热,观察油融化。

师：老师想问你们说的油是什么油? 食用油?

生1：石油。

生2：橄榄油。

生3：蜡。

师：有没有问题?

生：有,如果是石油、汽油、酒精都会烧起来的。

师:那有没有同学帮他们改进一下?

生4:把金属棒涂上蜡,当温度升高蜡就会熔化,热到哪里就会熔到哪里。

师:那你说说这里会怎么熔。

生齐声回答:会向两边。

师:我画个箭头(向两侧)。通过帮助,把油改成了蜡,确实改进了不少,但还不是最好的,还能改进。哪个小组再来?

生5:酒精灯在中间燃烧,两端各滴一滴水,热传递过来水就会蒸发。

师:你们是加适量的水,一滴一滴加,有没有什么问题?

生6:如果在金属棒上滴水容易流下来。

师:他们是适量的。老师有个问题,水蒸发了容不容易看到? 能不能看到热传递? 实验还有点欠缺。下一组。

生7:我们把酒精灯放在金属棒头上,每隔一段放一点蜡,蜡就会慢慢熔下来。

师:有没有问题?

生8:蜡怎么装上去?

生7:先融化再凝固。

师:那离火焰最近的蜡应该有一定的距离,防止直接被火焰烧到。下一组。

生9:再在蜡上粘住一根火柴棒,火柴棒掉下来就说明热传到了这里。

生10:熔化时间比较长,可能不能确定热传到了哪里。

师:哦,她认为热依次传过去了,热就没有了吗? 哪个会先掉? 依次从左到右。他们在蜡上加了一根火柴棒,目的是让大家看得更清楚。

四、实验验证

师:我们都用到了蜡,因为蜡遇到热会熔化。老师也用蜡,一个用蜡烛油做的圆环,可以穿到金属棒里。如果受到热它就会熔化掉下来,如果掉下来了就说明热传到了这里。刚才同学们的实验都能说明热发生了传递,只不过现在是越来越完善,现在根据大家的设计,老师提供这蜡烛油。大家都明确自己要做什么了吗? 酒精灯加热一端,穿上蜡环,保持一定的距离,蜡环的厚薄都一样。

师:请组长领取材料,进行实验。

(小组开始实验)

师:实验完成放回材料。你发现了什么? 结论是什么?

生1:我发现了离火焰最近的先掉下来了。

生2:最接近火焰的地方温度高,热量从温度高的地方传向低的地方。

生3:到第二个熔化要很长时间。

师:说明热传递需要一定时间,距离越远可能损耗得越多。我们可以下结论:在一个物体上,热也是从热的地方传到较冷的地方。

五、拓展巩固

师:现在老师这里有个金属的圆片,如果我们在金属的一端加热,会怎么样?

生1:(指一指)从里到外(直线)。

师:如果我在中心加热呢?

生 2:会张开。

师:从中心点从四面八方,你的依据是什么? 从热的地方到温度较低的。是不是这样呢,我们来看一下。加热颜色会发生改变,能看到热开始传递开来了。

师:通过这堂课我们会发现,其实不管是金属棒还是金属圆片,或者是两个不同物体互相接触,热都是怎么样的?

生 3:从较热的地方传递到较冷的地方。

师:我们就把这个叫作热传导,在热传递过程中还会有两种传递方式。以后课上还会学到,最后大家摸一下你坐的凳子。

生:热的。

师:你把你的热量传给了冷的凳子,这就是科学所说的热传递。科学就在生活中,科学也是无处不在的。谢谢。

整理者:杭州长江实验小学 裘小青

【名师简介】

卜彬,杭州市朝晖实验小学教师,2004 年毕业于浙江师范大学,本科学历。任科学专职教师已有 7 年,并一直致力于在课堂实践中磨炼自己,以打造"简约课堂""反思课堂"为目标,逐渐形成自己的教学风格。近年来,执教的《用橡筋作动力》获得第九届杭州市青年教师优质课一等奖,执教的《大有学问的垃圾分类》获得杭州市录像课一等奖,并在区内多次承担研究课。撰写的论文《心理教育在科学教学中作用初探》获得省三等奖,《中美小学科学实验课"探究式教学"的比较》获得区一等奖,文章《基于生态观的小学科学合作学习模式研究》刊登在《现代教育报》上,文章《如何让探究进入科学课堂》发表于《教育生态研究》等。曾被授予下城区教坛新秀、二星级教师等荣誉。

【教学设计】

昼夜交替现象

一、教学目标

1.科学概念:昼夜交替现象有多种可能的解释;昼夜现象与地球和太阳的相对圆周运动有关。

2.过程方法:模拟并记录地球产生昼夜现象的多种情况,并进行验证;根据小组图示,介绍并模拟的方式进行集体展示,并修正解释。

3.情感态度价值观:认识到积极参与讨论,并发表有根据的解释是重要的;认识到同一种现象可能有多种不同的解释,需要用更多的证据加以判断;培养反思、质疑的科学态度和求真的科学精神。

二、教学重点

模拟实验过程中提出可能的情况。

三、教学难点

项目三 小学科学『技术改变课堂』教学研训活动

用图示的方式表示可能的情况,并解释。

四、教学准备

演示准备:电子白板课件、视频资料。

分组准备:地球仪、去掉灯罩的手电筒、记录单。

五、教学过程:

(一)研讨现象,导入课题

地球上有白天和黑夜,也称为"昼"和"夜"。现在就是白天,过十来个小时黑夜降临,第二天又会先出现——然后是——

我们将这样的自然现象称为昼夜交替。

(二)模拟实验,提出假设

你觉得昼夜交替现象必须要有哪两个天体才能实现?

太阳和地球之间做怎样的运动,地球上的观察点才有可能出现昼夜交替现象?

(三)展示汇报,反思问题

请各小组进行一种情况的模拟介绍。

你有什么发现?

其中一个在运动的路线是什么形状的?

(四)教师小结

六、板书设计

昼夜交替现象

地球不动,太阳围绕地球转

太阳不动,地球自转

太阳不动,地球围绕太阳转

太阳不动,地球围绕太阳公转并自转

提出问题 ⟹ 假设,验证 ⟹ 多种可能 ⟹ 寻找新的证据

【教学实录】

上课内容:《昼夜交替现象》

教材出处:教科版小学科学五年级上册第四单元"地球的运动"第1课

单位姓名:杭州市朝晖实验小学   卜彬

一、研讨现象,导入课题

师:我们每天都能看见白天和黑夜。白天和黑夜分别用一个字来表示。

生:昼,夜。

师:第二天又会出现——

生:又会出现昼和夜。

师:我们称之为昼夜交替现象。(板书:昼夜交替现象)

师:看到这个题目你们想说点什么?

生1:跟地球自转有关系。

生 2:夏天的白天比较长,黑夜比较短。

生 3:太阳在围着地球转。

二、模拟实验,提出假设

师:根据同学们所说的,其实昼夜交替现象跟哪两个天体有关系?

生:地球和太阳。

师:这位同学说得很好,可是在没有卫星和天文望远镜的古代,能把太阳和地球从天上摘下来研究吗? 假如你是古人,准备用什么方法去研究?

生:用模拟实验的方法。

师:老师这里有一些材料(出示实验器材:灯模拟太阳,地球仪模拟地球)

师:可以怎么研究?

生:可以用手电筒照着地球仪研究。

师:太阳和地球之间作怎样的运动,地球上的观察点才有可能出现昼夜交替现象?

生:地球绕着太阳转。

师:请 3 个同学上来演示一下,老师做记录员。(开始模拟演示,并记录)

(3 名学生上讲台演示)

生:可以看到地球围绕太阳转的过程中,有昼夜变化。

师:这名同学手电筒的摆放就很好。

师:老师在中国的位置贴了个红苹果,有什么用?

生:识别用,在太阳照射下就是昼,没被照射到就是夜。

师:很好!

师:都会了吗? 还有没有其他的可能性?

生:有。

师:实验之前,请同学们认真看一下要求。(给学生 2 分钟)

白板出示实验要求:

1.各小组明确分工,一个同学喊"昼,夜",一个同学记录,2 个同学操作。

2.及时记录,完成记录单上的各个项目。

3.先完成的小组整理好材料并轻声地交流并思考:你们有什么发现?

师:对实验要求有什么问题?

生:没有。

师:我们来看一下记录单,这样来记录。(老师在白板上示范)

师:组长来领取材料,开始活动。(教师巡视观察)

学生开始实验操作。

三、展示汇报,反思问题

师:请各小组进行一种情况的模拟介绍。

第一组:太阳不动,地球围绕太阳转。

第二组:太阳围绕地球转。

第三组:地球围绕太阳转,并自转。

第四组：太阳不动，地球自转。

第五组：地球自转，太阳围绕地球转。

第五组出现连着两次昼的情况。

第六组：太阳和地球同时自转。

师：问题在哪里？

生：我觉得太阳绕地球转的速度和地球自转的速度一样了。

师：昼夜交替还跟自转的速度有关系。意外的发现！很棒！

师：老师也准备了和同学展示的一些可能性一样的视频。

（3个视频再验证）

师：刚才同学们通过实验发现了这么多种可能性，你们在实验的过程中有什么发现吗？

生：我发现太阳和地球绕的轨迹都是圆形。

师：如果老师把这个地球换成透明的可以吗？

生：不可以，如果换成透明的话，太阳光就穿透地球，就没有昼夜现象。

师：还跟转动的速度有关系。

生：两个物体之间始终保持一定距离；肯定有一个在运动。

师：那么正确的那种是不是一定在这7种可能性中？有没有可能今天我们还没发现？

生：有可能！

师：通过探究我们知道：（指着板书）只要太阳和地球出现这些运动时，地球上就有可能产生昼夜交替现象。今天同学们尝试着做了一回古人，而且很成功。你们的表现真棒！只是引起昼夜现象的真正原因只有一种！哪一种呢？一定就在我们说的这些可能当中吗？也可能真正的原因不在其中，希望在这个单元后面的学习中，同学们不断去寻找新的证据，去发现产生昼夜交替现象的秘密！

整理者：杭州市朝晖实验小学　卜　彬

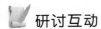 研讨互动

说课部分

卜彬：接下来，我就来说一说今天上的课，或许这也算是心路历程吧。今天学习的是五上第四单元起始课《昼夜交替现象》。在本课教学中，猜测和验证要不要同时进行一直是我纠结的地方。按照教材文本的设计，应该是先猜测再用模拟实验验证。其实猜测、验证都要用到模拟材料，所以猜测和验证我放在同一个环节进行。不过，这节课的时间分配出现了问题。之前上课感觉时间不够用，今天前面环节的指导还不够到位，反倒后面多了5分钟。所以我只能临时加上了反思环节，让学生说说哪些可能与现实生活是有矛盾的。这个环节没有很好的预设，临阵磨枪，语言不够流畅。课后想来，我觉得反思环节还是有必要的，让学生对自己的发现有一个适度的反思。

赵海军：各位老师、专家，大家好！今天设计这样一堂不成熟的课，这样的设计有两个原因：第一个原因是看了章鼎儿老师关于科学探究的报告，深入思考了科学探究与观察实验的区别在哪里；第二个原因是受教研员的指导，萧山5月23—24日有一个杭州市的教研活动，到时候也有这样一堂课。这堂课的知识点对于学生来讲是不难的，学生的生活经验非常的丰富。如果可以的话就按照书本上这样做或把我们设计的实验给学生去做，就如章鼎儿老师所说这只是一个观察实验。这堂课的设计我主要是挖掘学生如何设计实验，这也与今天的活动主题"技术改变课堂"挂钩了。铜棒上面的木棒掉下去的顺序大家都知道，掉下去的时间是不是匀速的？还是越来越慢？以及造成此现象的原因是什么？这些都是非常有价值的、值得探究的问题。今天做了一次小白鼠，希望老师多提宝贵的意见。还有，今天学生想到的和我预想的有差距，不是学生有问题而是我跟不上他们的思路。我在指导学生进行分析、辩解、讨论的时候，话太多了、太杂了。像这样开放的课，老师需要掌握怎样的技巧来调控课堂，这也是我一直在思考的。

互动部分

叶晓林：是的，这是一堂非常经典的实验探究课，开课的老师非常多。其实在上这节课的时候我们可以思考这样一个问题：对学生走进课堂和走出课堂的时候做一个比较，他们的知识积累有什么变化？如果对教材照本宣科、亦步亦趋，大家可以去想一想孩子的变化是不大的，因为孩子们在这方面的前概念还是非常丰富的。今天赵老师可以说是另辟蹊径，从思维辩证这个点切入。我很想听一听在座各位老师的想法和建议，当然，也可以直接向上课老师提问。

听课教师1：大家好！今天我是来学习的，特别是赵老师的课给我很大的启发，尤其是课中选取的蜡烛片材料非常新颖，实验效果也很明显。赵老师注重以学生为主体，启迪思维，点拨引导，层层推进。学生提出了很多实验设计，涂石油、涂酒精、涂蜡、滴水，还有的同学说粘上火柴。赵老师一步一步进行思维的引导，课堂的生成效果非常不错。还有一点不成熟的想法大家可以探讨一下，有一组学生说到可以在金属棒上滴水的方法观察热传导，其实这个点子是非常不错的。可能金属棒要稍微改良一下，圆棒的话水很难停留，观察起来比较麻烦，平的或槽型的金属棒能看到不错的效果。

听课教师2：大家好，我是从浦江过来的，来说说赵老师的课。首先，我很佩服赵老师的勇气，五年级的课放到四年级上，这是一个挑战。其次，一个五年级的设计实验让四年级的学生来完成，这又是一个挑战。我也有类似的亲身经历，让四年级的孩子设计实验，真有点胆战心惊。都是扶着他们，就怕他们设计不好，到了五年级还有这样一种心理，一直到六年级才会放手让学生来设计实验。从今天学生设计的实验来看，朝晖实验小学的学生素质真是令人惊叹！特别是"用水滴"这个方案，因为三年级上过水的蒸发，孩子具备这样的前概念，又是可以观察到的。总之，这节课学生是最幸福的，铜棒实验做成功的时候在大声地庆祝，做金属片演示实验的时候，学生在下面发出"哇"的惊叹声，材料选取非常好。多少年后学生可能还会想起这堂课，非常的精彩。我也听过这样的课，金属片上涂的是蜡油，分组实验时整个教室都是蜡味。今天是一个演示实验，这样的改变非常的好，一来节省了材料；二是用了温变油墨，颜色变化非常明显，相比蜡烛更加安全健康。

赵海军:刚才两位老师说到水的问题,确实是我关注得不够,可能我脑海中一直在想我怎么把他们引导到我的材料上面。也正因如此,导致我跟不上学生的思维。第二个问题我还想和大家解释一下的,课堂中我不让学生欢呼,主要是考虑到学生欢呼时会导致酒精灯的火焰飘忽不定,其实我的课堂是开放自由的。谢谢大家!

叶晓林:赵老师说得非常中肯,其实课无完课,整堂课上下来非常的精彩,至于要不要让学生欢呼、从心底里欢呼,我们完全可以从赵老师的上课风格中找到答案。

<h3 style="text-align:center">微博互动部分</h3>

beautyhome 王小玉爱科学:赵海军老师的《热是怎样传递的》这节科学课,从头到尾不断地给出"惊喜",连我们老师都听得入神,小学生们哪有不学得乐呢!

蓝铃敲响0707:哇,这个圆片效果显著,真是让人开眼。

天秤 zuo:小圆环的石蜡设计很精彩,学生能在较短的时间里完成实验,并"看"到热传递的方向。

清草百分百:赵老师的引导恰到好处,让学生自己一步步完善实验设计。

幸福的镜片:不轻易否定学生借用水滴的实验设计,公平地对待每一位学生的探究热情,发展了学生的求异思维,呵护了学生创新的潜能。

猎手_60823:这一堂课中朝晖实验小学四(1)班同学的思辨能力很强,大家有目共睹。这一课单纯从概念目标来说极其简单,半小时下来了,老师们一定看出了赵老师的目标定位——思想探究。这也是爱因斯坦的绝招——推理想象。的确,很多时候,学生动手了就是探究吗?不动手实验就不是探究吗?

猎手_60823:从油到菜油再到汽油再到橄榄油再到蜡烛油,思维主导都是学生,教师只是点拨引导。看看赵老师的研讨环节,真功夫啊!一位科学老师,最难把控的地方之一就是这个研讨环节。我们要学习啊!

知了为不知了:观摩赵老师的课堂,内外兼修,软硬兼"实"。科学教师就应该是这样。

猎手_60823:萧山赵海军老师的言谈举止,教态,这也是一种技术。而且,这种技术是很难学到的。

清草百分百:卜老师的白板用得很自然,黑板白板有机结合,学习。

beautyhome 王小玉爱科学:我最主要关注到的也同是"倒计时时钟"这个点。创新技术,学起来!——夏衍小学科学实习教师一枚,正在"名师好课堂"长姿势～～～下节课,听起!

@猎手_60823:学生探究活动时在白板背景上调出倒计时时钟,到点时自动播放音乐。这就是技术改变课堂。很好!

幸福的镜片:卜彬老师的白板技术的应用使课堂衔接更得心应手了。

蓝铃敲响0707:地球仪和手电筒模拟地日关系,探索昼夜成因,建构头脑模型。

蓝铃敲响0707:小学科学"技术改变课堂"教学研训活动开始啦,卜彬老师正在上《昼夜交替现象》。

老骥微博:卜彬老师执教《昼夜交替现象》从孩子亲历的生活实际切入,引导猜测,以小组讨论方式,用模拟实验形成昼夜交替几种可能,启发了孩子的主动思考,虽常规却有实效。

名师好课堂是简约课堂的阵地,是一览群山的高地,是科学教学创新思维的发源地。

萧山科学教学果然是杭州科学的一块高地,看了赵海军老师执教的《热是怎样传递的》,我便可管中窥豹略见一斑了。他在教学中与孩子的亲和力,语言的感染力给人留下深刻印象。

专家点评

徐闻音:现任教于杭州市长寿桥小学,省特级教师

陈曦:现任教于杭州市江南实验学校,省特级教师

徐闻音:首先感谢在座每一位老师给我表达的机会,第二感谢主持人给我一个表达的机会。我谈三个问题:(1)我的评课观;(2)对卜老师课的两点感受;(3)未来实力型教师是怎么样的。

(1)我的评课观

第一,评课的时候是把它当作教育来对待,还是以一个医生的角度来对待?我觉得应该把它当教育来对待,上课老师是一个独特个体,我们尽量去发现他的长处、潜在的能力,放大再放大。那么以一个医生的角度去对待,找到病因,手术去除,再护理,叫扶正医邪。按照我的体会,持教育角度去对待,对个体发展具有可持续性,把他的长处放大再放大,内心缺失降至最低。第二,多元角色会产生多元的可能性,教育多元会丰富多彩。第三,会增强本职业的专业性,教师专业化要形成很强专业化的亮点,这是很难的。

(2)对《昼夜交替现象》的两点感受

一是从教师教育的角度来看。卜老师充分尊重学生,从一开始就能感受到,"你知道些什么?"学生回答,及时板书。请注意,这是面向全体的发问,这是尊重学生的行为。从教育的角度来说这些行为会产生什么呢?有些问题真的很难回答,"假如你是古人,你怎样来研究?"古人是什么样的,做过铺垫吗?然后出示电筒和地球仪,古人有这些东西吗?但是,正因为有了铺垫,以老师的亲切与尊重把儿童思维中的隔阂消融掉,思维立刻活跃起来。

二是从技术的角度来看。正因为有良好的课堂风格,所以学生很快进入积极活跃的思维过程。在探讨昼夜交替现象——太阳和地球的关系当中,提出六个探究,充分想象、充分推测,最大化验证了古人的实验。白板模拟使模糊概念清晰化,然后把模糊的认知概括起来。这堂课确实很难上,它是一个既定的事实,然而我们是用一个清晰的实验去验证模糊概念的一个过程,很容易进入一个模糊的怪圈,本来一个清晰的概念越说越模糊,我们要防止。

(3)未来实力型教师是怎样的

首先他能引领儿童探究,能够做出儿童能够理解的解释,然后共同设计出支撑这种解释的模型材料,最终师生共同把它制作出来来印证探究的结果。比如《杠杆原理》,我们大多用胖孩子和瘦孩子比力气,杠杆游戏,再进一步活动探究,这就是一个认知、设计、制作、印证原理的过程。五年级上的《运动与力》单元,我们可以从纸飞机、简易滑翔机入手,从提出、制作、试飞,到总结影响飞行状态的诸多因素,比如为什么机身会倾斜等,这种探究设计是富有趣味的,它不追求漂亮,也不追求多少科技精准含量,但是它把科学认知过程和用技术去印证的方法交给了儿童,而这恰恰是我们科学学习的特质。今天能解释原理的老师很多,能设计制作的老师就少了。我想起一位老人在晚年总结自己一生的时候,他写了这么一本书——《一个数学家的辩白》,作者叫哈代,他是20世纪最伟大的数学家之一。他说:"作为一个职业的数学家,最有价值的地方是在证明新的理论。"作为一个画家最有价值的地方就是画画;作为一个职业教师,他最有价值的东西在课堂,在孩子中,在实际操作中。一流脑袋是做刚才这些事情,二流脑袋就是做评判。把两者结合得比较好的老师,就是今后实力型的老师。比如《运动和力》单元从第一课到第七课,它有贯穿这样一种思维,只可惜我们的评价没有跟上。小车做得再好考试不考的,我们都在生硬地做卷子,所以我们很难成为有实力的教师。我们一直在追求,美国人做到了,并把它作为执教者的标准,这是我们搞基础教育的老师努力的方向。

陈曦:非常感谢叶老师给我一个这样学习的机会。今天听了萧山老师的课让我们的视野进一步拓宽,很让我受益。赵老师有十五六年的教龄,很有经验,拿到教案我觉得这位老师很有思维深度。因为去年有个市优质评比,其中就有热传递这一课,当时一共听了四节课,我们区的陈惠隆老师也上了这一节课。这样的课看起来很简单,实际上对老师有一定的创意挑战,有思维深度的挑战,我想看看赵老师的点在哪里。很明显,老师抓的不是现象,而是学生的创意,就是你是怎么想的,如何把不容易观察的热传递过程可视化的环节。他在课堂上提问:"如何让我们看到热的传递过程,并画下来?"我觉得这个过程——怎样引发学生深度的思考是整节课的亮点。作为一节研讨课,从不同的角度去设计同一个内容,怎样去挖掘这节课让学生获得最大价值的学习成果,是我最关注的。所以我要说的是老师的创意教学会给学生带来最大价值的学习成果,这句话说起来很容易做起来难。创意教学在哪里?我就去问了这个班的一个小朋友,老师事先有没有给你教材,他说没有。我又问了第二个小朋友,他也说没有。那我更加佩服这个老师,他不作假,不让学生事先去预习。赵老师很尊重科学事实,也很尊重学生思维正常的生长。四年级的学生上这一课挖得这么深,我一开始很担心。赵老师把重点放在金属棒的热传递过程当中,而把圆片放到了后边,只是一个演示。他选中的这个点就是金属棒怎么传递热,这块挖得很深,也做得很细。他的创意在哪儿? 他让学生在铜棒的一端或中间加热,问学生热会怎么传递,你们是怎么想的。两个人发一块板,这个板很大,很方便学生记。但平时我们不太好使用,可以小一点。如果这个环节用上白板技术去展示可能会有更好的效果。一共有四个小组上来汇报,赵老师不紧不慢,非常尊重学生的思维,每个孩子的想法都是天然的,纯朴的。第一组学生说涂上一层油,孩子们的思维真的是你想象不到的,怎么想的都有,涂黄油的,黄油上钻几个小洞,隔几个不同的地点滴蜡油,包括点火柴,再有孩子想到给金属棒冻上冰再加热,还有孩子想到了给金属棒的一端挂个温度计。陈惠隆老师上这节课的时候,他就想到学生可能会想到温度的问题,学生真的就想到了这个点子,温度的变化非常明显,让学生画出来。我刚才说赵老师非常尊重学生的想法,学生想什么他就顺着学生的想法去说,所以把学生存在的问题、没有关注到的点一步一步地引,非常自然,学生的思维真的得到了很好的鼓励和发展。还有,他选的蜡烛圆环也非常有创意。教师尊重每个学生的发言,尊重他们的思路,然后引导,概念出来得也非常自然,梯度掌握也非常好。

接下去我再提一点小的建议,能够尊重学生再充分一点。比如学生想到了水,想到了滴蜡油,老师就提供材料让他们去做,不一定全班同学都按你的模式去做,有三个组就可以了,这是最棒的! 上这节课的时候我放手让学生去想,他们会想到很多办法,他们喜欢用自己的想法去做实验,很固执。这种成就感是我们科学课额外的收获,他不顺着你走,他有他的想法,孩子们的创意学习会给老师很多创意的思考。今天的主题是"技术改变课堂",我想我们的思维可以改变课堂,我们想把孩子培养成哪个方向,然后去设计我们的教学,放手让学生去探究,有很多的点可以去发散。另外,我们应该关注学生的发展,不光是知识目标,还有很多价值的目标,我很敬佩赵老师,他在这个点上做得很好。还有一小点建议,就是金属棒和圆片的传热过程,用图表示出来更完美。前边(冷水杯,热水杯,热从一个物体传递到另一个物体)的这个环节时间再短一点,那后面学生做实验的时间会更长一些,总体来说我还是要向赵老师学习。

整理者:杭州市长青小学　张　剑

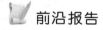 **前沿报告**

教育技术革新引发科学教育革命

杭州市萧山区教育局教研室　杨春晖

今天和省内地区老师一起学习一起交流,我们以后和在座的老师用什么方式联系呢? 大家心里会想:现在多简单,我们手机发短信、我们微信一下、我们电脑 QQ 一下,太简单的一件事情,这是 2013 年我们大家给我的回答。那么,如果说往前 20 年,我们该怎么联系? 书信。因为 1993 年的时候,我们中国第一台手机才刚刚出现,我们手里还没货,所以那个时候家里偶尔有固定电话,或配个 BB 机。再往前推 20 年——1973 年,那时我还没出生,所以无法跟大家联系。但资历老点的老师说,那时我们电话都还没听说过。因为我们的固定电话是 1875 年出现,那时中国还少着,所以我们都还没用过。一句话,科学技术引发了我们生活方式的革命。当然当科学技术在我们社会上飞速发展的时候,我们教育界、我们教育领域也在引进新技术,所以我们教育领域也在发生着一些翻天覆地的变化。

今天我要跟大家交流的话题是:我们叶老师的命题作文"教育技术革新引发的科学学习革命"。仔细的老师会看到这个名称和联系手册上拿到的好像有点区别。原来是"教育技术革新引发的科学教育革命",那么,在思考这话题的时候,我们把这改了,为什

项目三　小学科学「技术改变课堂」教学研训活动

么是这样想的呢？

首先大家来看，中间有个词叫"革新"，到底技术革新我们的教育，革新的是什么？我这里用的是教育技术和科学学习这两个词。就"教育技术"而言，我们更多的是对我们老师来说，我们老师怎样来用这个技术，而对于"科学学习"来说更侧重的是我们的孩子，孩子他们是如何用这门技术来学习探究课程的，那么哪个更重要，当然是后边孩子更重要，所以呢，我把这题目的后半个词改成科学学习。我们做科学技术要"革新"科学学习方式，究竟变更在哪里，优势在哪里？怎么去走这条路？我们是不是可以从这个词上来入手，叫作"融合"。现在离我们生活最近的是通信技术、联系方式的变化。那现在通信技术的一个发展趋势是什么呢？据中央台权威机构发榜，他说，我们现在通信技术的发展趋势就是一个大融合。那么我们的教育技术与我们学生的科学学习，我们的发展趋势当然也是一个大融合。

我们来看一个镜头，又把大家拉到了古时候，我们人类最早的生产工具，大家看，它的一头尖，就可以当作生产工具，虽然看似简单，但是解决了我们古代人们很多的问题。后来生产劳动上出现了曲辕犁，这是工作工具发展史上一个阶段性的标志。现在手机、电脑遍布身边，可以说我们的技术融入了我们生活的点点滴滴。

再看另一个镜头，这是孩子利用电脑在学习，利用材料在做科学探究，这是我们老师们利用我们电子白板在进行老师之间的培训。这些镜头我们是如此熟悉，就是因为它们在我们身边，可以说我们的技术也是融入了我们教育的方方面面。那么究竟什么是教育技术呢？如果要它跟我们科学学习融合，我们要了解一下它的前身是怎么样的，我们追溯一下它的历史。和大家一样，在准备话题的时候，我也在查证这个教育技术究竟怎么来的，最早是出现在美国，17世纪的时候美国最早有这门技术的雏形，18世纪的时候，有了我们现在一直沿用至今的粉笔、黑板，这也是技术。而当20世纪，第一台幻灯机出来的时候，美国人说我们的技术有了一个新的标志点，接着就有广播、通话设备等等。到了20世纪的五六十年代，教育便是广泛地普及了，那时候的教育技术那是真的开始大搞名堂了。到80年代以后计算机与互联网技术更使我们教育界发生了翻天覆地的变化。所以说如果把它梳理一下，美国教育技术呢也是经历了一个比较长的发展演变过程。

大家看，早些我们人类基本上是各学各教育，到后来程序教学，到计算机普及教学，在这一系列的过程当中，整体的我们都把它称为教育技术，它在发展……那这个东西在外面搞得轰轰烈烈的时候，中国猛然打开国门，发现这个东西好。所以我们也开始学习他们，那么学习他们，我们就先要搞清楚，这教育技术是什么。而教育技术的解释非常的多，在美国就有好多的说法。其中他们有一个机构就叫作"教育技术通讯协会"，他们是这样来定义教育技术的。他们说，为了学习面对过程和资源进行设计、开发、利用、管理和评价的理论和实践，就是教育技术。所以看，这种理论和实践，这么一个过程当中的五个要素，都把它称为教育技术的要素。中国把这个东西拿来学了，而且学得更经典。

在20世纪的时候，幻灯片传入了我们中国。中国那时候出现了一个名词，叫作电化教育,电化教育正是幻灯片传入中国开始的,可能很多老师也经历过、亲自放过幻灯片。到了80年代,我们中国成立了中国电化教育馆,专门管我们这条线上的、教育技术上的一些事项。90年代的时候,我们有了一个多媒体组合教学设计。我们浙江省的科学学科经历了从自然到常识,到科学的过程,如果教过常识的老师,那时候我们手头或许拿过一本书,这本书叫作《多媒体组合教学设计》,这是一本案头教案集,那个时候这本东西最大特色呢就是怎么利用多媒体来进课堂、来学习科学。

再想跟大家交流一下,我们萧山区教育技术的始拓者,大家可能听过这个词,叫作"两机一幕"。哪"两机一幕"?录音机、投影机,大屏幕。那个时代是两机一幕时代。后来出现了"三机一幕",多了一个电视机。接着又有"四机一幕",四机一幕是多了一个——我们老师都知道,多了一个录像机或者VCD机,等等。那么这个时候,紧接着出现了多媒体设备,它把文字、图像、动画片设计得各种各样。

而现代我们推广互联网班班通,也就是说我们教室里开通网络,基于网络环境我们进行一些科学学习,那么在这过程当中,我们科学是怎么做的呢?首先是20世纪90年代两机一幕时代,那个时代我们区的老师在干什么呢?有一批老师跟得上时代的潮流,那时候刚刚有投影机,这批老师在做投影片,所以就有了制作、利用投影片的热潮。还有一批老师,他们在做教具,比较传统的(那个时候是自然课)自然教具。接下来就是有了录像机、VCD机、电视机,就开始拍录像了。第三个是制作应用课件和学生利用学具阶段。

基于网络环境下应用研发学具和CI软件我们具体展开一下:刚刚说的第一个时期是利用投影片等学具的时代,那个时期最热门的时候,就是我刚刚毕业工作的那个阶段,还记得当时何老师带着我们十几个人一起做投影片,这投影片内容也比较丰富的,以前尝试教材有很多地理、历史等方面的内容,所以有部分是文字投影片,还有图片投影片,甚至于还有先进一点的抽拉式投影片。像我们做的这一本小学动物的教学投影片呢,里面就是收集了各种各样动物的图片、生活习性,那么这本资料是浙江电化教育馆(我们简称电教馆)流通发行的。在当时我印象比较深,我们一位老师做了一个抽拉式的投影片:青蛙捕食。当时"青蛙捕食"在我们日常生活当中孩子是很难看到的,那么这位老师做了什么呢?"青蛙捕食"是青蛙把舌头翻出来,把那虫子给粘住,然后又翻回来,这个过程通过这个抽拉给学生演示后,孩子们的目光就都聚集了。所以这段时候我们印象是特别深,那么那时候没有我们现在这种一扫照片就能拍下来的设备,所以我这里就缺失资料了。那么,另一路的,我们比较传统的科学老师在干什么呢?在做教具——标本,这位在我们萧山称为"狗头专业户"。因为这位老师所在的这个地方每年狗都比较多,人们吃狗肉,狗头他都拿来做标本,可以说有几百个。在我们萧山每所小学都珍藏着他做的这个标本。那么这就是这种比较传统的教学教具。

这个时代也就进入了我们这三机一幕、四机一幕这个时代,这个年代的教具,大家来看有什么特点?鸟类、种子标本、蝴蝶标本,共同点就是拿来看的,所以是观看型的,不能拿来动手的,那个时候教具就是这个层面的。那么说到录像课,我们萧山区老师比较喜欢干什么呢,因为那时候历史书里很多内容,例如古时候的事情、一些自然现象,我们课堂上没有资料，我们萧山老师在干什么？录电视，把电视节目里一些好的东西给录下来，举个例子：人与自然、动物世界。那时候中央电视台非常经典，这几个节目录制下来，我一个人也用了几年工夫，录了两百多张录像带。那么这个东西拿来干什么？常识课堂上，这个东西用得着了，拿来放一下，那个东西用得着了，拿来放一放。所以凡是老师要用什么资料的，我们区里老师只要大家通通电话，基本上都能够找到，这是录制录像资料。

当然也有开展经典录像课的，那么制作、利用课件和学生用具。我们在座很多老师肯定也做过这样一件事，课件可以说也是体现我们一种教学思路的工具，那么当时我们萧山的老师一共是20多位老师，一共做了五册常识的课件，在我们电教馆普遍发行的。那么这些课件实际上不是因为我们原来有了这个成品，实际上做的过程当中大家也是在不断地探索，我们这门课该怎么教、该怎么学。那么这里大家看到一个词，前面两个都是"教具"，而到了这里，慢慢地变成了"学具"。固体热胀冷缩：这个金属棒酒精灯加热以后，它会伸缩，在哪里把它显性化？在这里有个刻录盘，它会出现变动，而感觉它在变化，有了一些可视的征兆。这个导体、绝缘体、检验体，大家一看这个东西就比较古老了，还是自然课的时候，这个东西学生就直接用，把东西放到两端，就可以检测出是什么。这个是传统方式常识课里的。在这种传统方式里，小孩子就不光是用眼睛来看啊，我们摇一摇啊，看它是怎么产生的，这就有了最初的这种"学具"的一个雏形。

那么，近几年，我们课程叫作科学课了，这个课程的名堂变了，我们的思想也在变化。当科学来到我们身边的时候，光是看看这些课件、光是看看这些录像资料好像是不行了。这体现不了我们科学课的本质了。怎么办？研发应用学具。由单个老师演示的学具，到我们学生小组可以操作的学具。再是CI软件的开发，这个软件的开发我这里加了一个，原来我们是教师演示的一些课件，现在我们就开始琢磨学生在电脑上可以操作的学件，所以这个阶段也是有两路老师。所以我们老师是各自利用各自的特长，在琢磨怎么把我们的这门技术用到我们的科学学习、科学教学上。前几天，我在看这本书，叫作《学会用技术解决问题——一个建构主义者的视角》，当时看这本书的目的，是想完整地了解一下"建构主义"，因为这个词在我们现在题材中使用得非常多。到底它是怎么一回事情呢？结果凑巧把这个技术也看上了，那么看了这个东西以后，我觉得把科学学习引入我们的教育技术，这两者达到一个更深、更长的目的，我们现在在用技术改变我们的课堂，那么我们就要找理论支撑。那么我们的理论支撑在哪里？我觉得现在提倡的科学课的建构主义学习理论就是我们把这两种结合起来的一个理论支撑。我们可以重温一下它经典的一些观点：建构主义认为世界是客观存在的，但是对世界的理解和赋予意义却是因人而异的。也就是你对我的看法和他对我的看法，是因个人而不一样的，那么我们的学习是什么呢？建构我们内在的心灵表述过程，学习者并不是把知识搬来、拿来，而是要赋予这些知识新的理解、新的意义，更关注的是学习原理的经验，你看今天上午第一堂课——昼夜交替现象，大家看到罗老师就是从学生已有的经验出发，来引导我们科学学习，强调的是学生的主动性、社会性，那么在这样一种理论支撑之下，我们再去看，我们的教育技术该怎么来定位，也就是说我们教育技术在我们的科学学习当中是怎样一个角色呢？到底我们应该怎么来用它呢？怎么能把它用得更好，又把它的一些劣势给克服掉呢？这里想到一个事情，有一位教授他曾经讲过，如果有一个人今天肚子痛，那么去医院看病，如果看西医，西医告诉他，你得的是胃炎，那么去吃点消炎药，肚子痛就好了。如果他去看中医，中医会说，哎呀，肝脾不调，我用中医帮你调理一下。大家看这个肚子痛是一个客观存在的现象，但是不同的医学角度，就会用不同的医学手段去解决它。这实际上也相当于是建构主义者，我们应该学习。孩子他同样对一个事物，他的理解是不一样的，所以教育技术的定位，我们把它方向把握准了，可能更有利于去利用它来促进我们孩子的学习，原来最早教育技术出现的时候，我们班也是要从学生技术当中来学习，技术是什么呢？技术是为教师提供辅助手段的，技术可以传递信息、传递理解，可是建构主义认为信息和理解是不能够传递的，是要我们主动去建构的。所以我们今天再来看教育技术，它的定义是否可以这样理解：教育技术是为了支持和促进我们孩子的有效学习，它只是科学探究的一个载体。我们怎么把这个载体用好呢？这是我们需要下功夫的地方。我们利用技术能够扩大孩子的经验范围，这肯定是对的。那么促使学生关注我们在课堂上使用的科学材料，我们要孩子理解这些材料的意义在哪里？这些材料引发孩子们的思考，能使他们开展一些主动的、积极的、有意图的、真实的合作学习。所以归根究底就是说我们教育技术只不过一个手段、一个工具，要怎么把它利用好，是我们教师要思考的问题。

简介一下教育技术（示意图）。教育技术分为有形的物化技术和无形的智能技术。有形的物化技术：带有一定物质外形的一些工具、设备，我们把它称为有形的物化技术，这也就是我们平常所理解的技术，比如电子白板、电脑、话筒，这些看得见的东西，我们把它称为技术。我们往往忽略了下一个东西——无形的技能技术，我觉得这应是我们平时的教学设计，这就是一种无形的智能技术，大家看到的教育目标的编制技术、内容分析组织技术、教育策略确定技术、教学评价技术，这些都是我们说的智能技术。

而这两者只有达到了高度融合的时候，我们科学学习才是真正的利用了技术促学习。所以我们的定位，根本目的不在于发现原有的规律，而是利用我们这些原有的规律优化我们教育学。那么怎么来做呢，我们要从以媒体为核心的有形的技术，慢慢地走向以系统方法为核心的无形技术，也就是这是有形招，这是无形招，你现在从这里达到了这里，那你的课堂就是一个高度的、有效的科学课堂，那孩子的科学学习也是高度有效的。

我们来看看教育技术革新科学学习方式的话题，我们是怎么在做的呢？因为我们刚才已经把它划分成两类了，那么我们要起步要行动的话，是否也存在两种方式？

第一，我们首先考虑如何用有形的物化技术来革新我们学习方式，例如电子白板、科学材料等等。

第二，我们思考一下如何形成一套有利于学生科学素养发展的无形的智能技术。先请大家看第一方面，有形的物化技术，我们仍旧以这个过程来看一下，黑板和粉笔存在至今，大家看它最大优点在于方便了教师讲授，那学生这时候方式就是听，当挂轴和投影出来的时候，也是讲授，但有了看。孩子听到和亲眼看到那学习效果是不一样的，科学帮助上有了一些微量变化。教师通过多媒体讲解加演示，将两者结合起来用，那么就有了学生的看、听。多媒体出来后听实验、看实验这个现象是比较普遍的。当我们教具和学具出来以后,老师可以讲解、演示,我们的孩子就可以多种感官共同参与,以做为主,看、听、做、思相结合,这个时候真正地就有可能触及我们科学探究的一个灵魂,那就是体现加感悟,体现依靠我们的材料,如果没有这种材料,没有动手做的话,哪来的感受呢,所以有了这些技术的支撑,我们学习才有了变化,才有了深入探究的一种可能。那么在整个过程当中,这些微量的变化和体现的一条思路就是学生学习的主动性和积极性,咱们的课堂是好的,孩子欢呼雀跃的课堂是好的,孩子发展的课堂是好的。我们区里面科学材料的研发,因为这一项工作我们历史的年代比较久远,所以在这个过程当中也经历一些变化,那么这个历程是怎样的呢? 跟大家做一个汇报。我们区科学材料不光是教具、学具,我们探究更广,具体的几个过程,先是演示观看型的,大家刚看到的几样标本是演示观看型的教具,比较早的自然教学时期,后来有的动手操作型的,比如这些传灯装置等。那么到现在我们在开发一些实践探究型的学具,从教具到学具,那是老师思想上的一个飞跃,在这个过程当中,也体现出了我们科学材料使用的对象在不断地扩大。大家看这个时期,是老师在支配材料,而换个时间探究的时候,那是孩子在支配材料,不一样。我们使用的范围在不断地扩大,我们原来是单课教学的材料,也就是说我们这个材料只能够供我一节课来用,而现在我们在研发一个单元级建式材料,也就是这么一整套材料可以供我们整个单元来学习,待会再跟大家交流我们单元级建式材料究竟是怎么搞的。

第三,我们设计领域在不断地扩大,原来设计领域比较局限,而现在基本上物理、生物、地理模型等一应俱全,就是这么一种努力的方向。总的来说,我们科学材料的开发,想走的路就是从服务教师走向服务学生,从教师主导走向学生主体,从教到学到探。我们共同思考讨论这个"探"。

那么我们萧山在科学材料研发的过程当中,实际上也是从个人散打开始的,有些老师这方面比较感兴趣,像刚才的这个"狗头专业户",是以家庭作坊式生产的,而现在老师们发现一个人的头脑是有限的,集体的智慧是无穷的,所以开始了团队群攻(攻是攻克难关的意思),所以就有了科学材料研发小组,里边目前有十几位老师对这方面非常感兴趣的。他们会定期地聚集在一块儿研讨下最近我们的想法,大家都是针对某一个事物的进一步进行探讨,有的集体交流以后,那么这种产品的开发等等就有了明确的目标。科学材料的研发可以说体现了智慧,向大家介绍几个科学材料研发的例子,怎么做呢,就怕实际上就怕没想到,从一点小事上改变就可以做起,我们来看几个例子。

这是我们老师在教学电和磁这个单元第一课的时候用的一个教具,一般我们老师在用指南针的时候,是直接放在我们的桌子上的。

指南针放在桌子上会晃,如果事先晃会导致什么呢? 会导致实验结果不准。老师就做了一点小小改变,给指南针加了三只脚,这三只脚一支撑,稳定性大大提高,里面磁针不容易动,当通电导线后,效果非常明显。

这是光的传播这一课,这材料跟书上差不多,用夹子和硬纸板一夹,这一套材料非常简易,能很好地显示光的传播。因为位置不在一条线,老师们想到了制作一个塑料固定支架,搁置手电筒,用来让学生观看光的直线传播。这个教具也是光影关系,可以移动手电筒。

接下来是一堂经典课,从自然到常识到科学,老师们的摆设也是也是五花八门的,我选了一张照片,这张照片是把一个支架固定在黑板上,这时候用来显示一目了然。这个支架没有其他直立的支架,就要用铁杆子固定在黑板上。

从这个板上看,摆绳绑在这个支架上。第三个板,大家看这个奇怪的东西——棉签,把棉签塞在洞里,控制摆绳的长度,想长就长,想短就短,解决原来费时的这个问题。这是原来丁老师的另一个摆绳,更简单,往上摆了一根木条,有个钉子,摆绳绑在这个钉子上,这材料更简洁。就这样一个摆,实际上在不断改变制作上的一些策略。

举一个例子,燃热装置,是今天我们刚上的"热是怎么传递的"后面一堂课,燃热比赛。这个装置铁棒,燃热快,是三根火柴棒立在三根支架上。这是经我们老师改进后的第一代燃热装置,第一个区别,把杆子拉长了,拉长有什么好处?正常加热大家会发现火焰一偏就会偏到这里,偏到这个点再加热,所以想到把整个杆子拉长,用倒立方式。一开始是一根,第二代三根,三根上面,一种方法蜡烛横挂,另一种方法是蜡烛偏离。那么第三代是何老师参加全国第七届自制教具展览比赛的时候,用的这一套,一块小木块装上三根铁棒,固定加热点,三根铁棒以45度分叉。改进后,第四代燃热装置,是用一个温变油墨,是杨军老师在去年杭州举行的全国自制教具比赛当中首次使用的,因为简洁、简单、现象明显,取得全国特等奖。我们看看这个装置,这是几篇课文的一个组件:热传导演示仪。此教具主要运用于五年级下册二单元中,《热是怎样传递的》和《传热比赛》两课当中,在这个教具当中,主要使用一种高科技的防热引温材料,此油墨可以从淘宝网上购买,它的特性是45摄氏度开始变色,50摄氏度变色完成,并且变色的过程是可逆的,也就是说当温度变到45摄氏度以下时,油墨又回到原来的颜色,我们将这个油墨均匀地涂在各种教具上。下面我们一起来看一下效果:我们将此油墨均匀地涂在一根铜丝上,点燃酒精灯,我们很快就能看见热在铜丝上的传导方向。过一会铜丝温度回到45摄氏度以下,铜丝又变成了原来的颜色,所以此教具可以重复使用。我们将此油墨均匀地涂在熔铁片上,很快我们就能看见热在铁片上的传导方向,当原铁片回到45摄氏度以下,铁片也变成原来的颜色,下次又可以使用了。

刚才是简易版的,还有豪华版的。豪华版材料是从一组材料开始的。这是主材料和辅助材料,我们看一下它的功效:我们制作的教具是沉和浮单元积件式多功能组合实验装置。本教具能应用于沉和浮单元全部教学实验及拓展实验。既可分组实验,也可以演示实验。演示时,装置摄像头,通过大屏幕也可以直观同步观察:原实验问题一:手悬空测力计不稳定,教具利用低滑轮与磁铁更加稳定。问题二:量杯分度值偏大。教具利用水阀与量筒精确方便。问题三:被测物体五等分处理,教具利用机械等分容易定位。问题四:主要实验比较费时,利用教具将实验步骤整合,节约时间。问题五:橡皮泥不易固定定阀轮,教具利用万向双导轮装置,容易定位与调节。

实例一:利用嵌入倒拓式,贯向双滚轴承倒轮装置,固定在水槽底部,可以任意控制拉线的方向、位置,减少摩擦力,并能使不同物体受到浮力作用,钩住浮球并能将浮球拉动操作。

水位调平,测力计调零,测出积件在空气中的重力,大屏幕视频同步,放一磁铁,积件全部下沉,打开水阀,测出排开的水量。

范例实验二:水位调平,测力计调零,测出下沉积件在空气中的重力。放一磁铁,积件下沉三分之一,打开水阀,测出排开的水量。

教具可以开展的十九项实验介绍:

实验1:观察各种物体在水中的沉浮现象。

实验2:观察同一种材料积件在水中的沉浮现象。

实验3:观察相同体积不同轻重的积件在水中的沉浮现象。

实验4:观察不同体积相同轻重的积件在水中的沉浮现象。

实验5:改变同一物体重量后浸入水中的沉浮现象。

实验6:不同形状的橡皮泥在水中的沉浮现象。

实验7:对比相同的橡皮泥捏成的不同形状的小船的载重。

实验8:测量不同积件在空气中的重力。

实验9:测量浮的积件的重力。

实验10:测量大小不同的塑料积件在空气中的重力及全部浸入水中受到的拉力和排开水量。

实验11:测量下沉物体在空气中的重力以及浸入水中受到的重力和排开的水量。

实验12:测量不同大小的下沉积件在空气中的重力以及浸入水中受到的重力和排开的水量。

实验13:研究马铃薯在不同液体中的沉浮现象。

实验14:测量钩码在不同液体中受到的浮力大小。

实验15:同体积的马铃薯、清水、浓盐水的轻重比较。

实验16:测定各种不同规划形状物体的体积。

实验17:测量小颗粒积件的体积、重力和排开的水量。

实验18:模拟井中提水。

刚刚简单介绍的教具,是由沈阳和余华盛两位老师制作,他们获得第八届全国优秀自制教具评选活动中一等奖。这个教具最大的创新点就是:首次引用沉和浮单元积件式。单元积件式教具怎么定位的呢?是以现行科学教材单元知识(实验)体系为范畴,借鉴信息技术领域的积件思想,改变传统、单一、零星的教具制作模式,是教师在充分解读教材与实验探究中的突出疑难问题后,师生自主合作研制的,由一个个经过科学建构、设计与加工后的单一结构性材料积件组合而成的创新型教学积件式实验探究辅助教具。那么在这当中最主要的点是什么呢?原来设计的积件材料是单一、零星的教具,这比较麻烦,所以老师设计了整体、创新的积件,这是一个新的突破。这是思想上的突破,具体反映在材料当中,反映的科学原理比较多。本装置利用定滑轮、测力计、量筒等工作原理,整合了浮力、拉力、重力等变量的相互关系作用;又加了一个摄像头,把读数放大,孩子们比较清晰地看到读数,如果作为小组实验,放大摄像头可以省略。所以具有科学性、教学性、创造性、启发性和实用性的优点。这套材料在整个课程实验中进行分解,这个装置可以进行 19 个实验,将 19 个实验分解到课堂当中,大家在整个录像当中也提出,先是提出问题,碰到困难,想办法解决些困难。如:第一课,物体在水中是沉还是浮？如果平时找材料,东找西找比较麻烦,如果有这一套材料,是比较方便的。同时,大家看这里还有一些,如橡皮泥、鞋子、橡皮头等,都是在这套材料当中准备的。第二课,沉浮与什么因素相关？这里配备了同样大小重量不同,同样重量体积不同的材料。这个材料采用了不同密度混合填充这一策略。如一个塑料瓶,它们体积一样,填充材料不一样,采用不同密度的混比来填充,放了几颗小弹珠用来调节。第三课,橡皮泥在水中的沉浮,解决排水量,减少排水量复发,这排水量怎么精确测量的？首先把水放在水龙头的上部,然后把水龙头打开,让水流出来,一直流到水龙头底部齐平,把水龙头关闭。这是教学之前的准备工作,然后当我们把橡皮泥及其他物体放进去的时候,水位上升水就流出来了,这就是这个物体排开的水量。所以就是利用连通器的原理。

第四课,造修小船,排水量和重量变化,怎么同时重现？准备不同形状的小船,调节水位与出水口相平,将一橡皮泥捏成的小船放入水中,排水量调至 33 毫升,再去掉小螺帽。将相同橡皮泥捏成的小船放入水中,排水量 22 毫升,再补个小螺帽。像船形状橡皮泥放入水中,排水量 28.5 毫升,慢慢放下小螺帽。直到沉入水中,实验结论:排水量大。

第五课,浮力。

遇到几个问题:

测力计如何改变拉的方向？

如何控制物体进入水中的体积？

如何控制测力计读数时的静止状态？

如何预设物体在水中的体积？

这主要利用了定滑轮原理,固定装置及积件等分。

这在刚才第一代录像中介绍。

第六课,下沉的物体会受到水的浮力吗？

老师们遇到的几个问题:

测力计如何改变拉的方向？

如何控制物体进入水中的体积？

如何控制测力计读数时的静止状态？

如何预设物体在水中的体积？

这主要利用定滑轮原理,固定装置及磁性积件。

第七课,马铃薯能否换成可重复使用的积件？

建构一种能在不同液体当中呈现不同沉浮现象的积件材料做了一些替代。

第八课,探索马铃薯沉浮的原因、出现的问题、解决的策略。

除了课堂上八篇课文可以用,还涉及了课外可以拓展探究的几个课题。如,测定各种不规则物体的体积。创设课堂有模拟体验。刚刚大家看到的无论是小改变装置还是一些大型的积件，都是我们老师在研读教材，了解学生，不断思考后一个智慧的结晶。老师们最关心的问题是：这种思路究竟怎么来？我们究竟该怎么做？稍后再作探讨。

各位老师，非常感谢大家听我说，刚才我们说到了科学材料究竟从哪里入手？老师们在创作过程中也有一些新的体会，编了一个四字经：专研教材，发现问题，精心选题，查阅资料；视界方案，二度研发，精选材料，创新制作，实验验证，教学应用，总结经验，推广运用。这是一个心得的体会。

像这篇课文马铃薯放在水中是沉还是浮？如果去做这项工作，会碰到这些问题：切橡皮条、切胡萝卜，这些切分我们探究的是相同材料、不同物体在水中沉浮和它们的重量有没有关系。

（1）如切成 1/4、1/8，平均切分，对老师来说有困难，对小孩子来说更困难，安全系数也难控制；第二，不规则萝卜平均怎么切？第三，切不是实验的重点，把时间浪费在这不值；第四，危险操作；第五，表达不是很精准，发现问题我们得想办法解决问题，问题多我们得进行选择，我们需要研究的一些子课题，这些子课题从哪里来？从课前专研教材来，从我们自己教学实践当中碰到的困难来，从我们自己的小实验中来，还有课后自己的探究来。所以说，我们所有的问题都来源于我们的教学实践。我们老师如果说有敏锐的眼睛、敏锐的思维发现问题，那我们就有做的可能。接下来有子课题，我们就去查阅资料，收集与之相匹配的信息。什么意思呢？我们脑海中对这些问题有没有一些想法？如果有，这些想法别人有没有做过？这些想法别人做到了什么程度？我们是不是可以进一步去收集这些关于这个子课题的信息？大家看这个材料想到哪课了？形状与结构单元，这个圆形就是测量一张纸能承重多少垫片。所以在做的过程中，我们看到这两个木头，一开始设置的时候是固定的，但是后来在使用过程中，老师发现如果把这两个木块做成可移动的，这样改进可以用来干什么呢？这里可以用来承受拱，拱弧的大小通过木块调节。两个木块加一个木实做成一个材料：抗温性实验能力装置。平时我们去听课，去看，有心非常关键。接下来我们有了大致想法，要做哪些规划？你有哪些人员来帮助一起做这个事情？研制内容、问题剖析的价值意义在哪里？哪些材料可以用？相当于课堂上选材料一样，哪些可以用？哪些虽然可以做但用不来的？过程怎么安排？教具的解图、画草图、备注、说明，整个设计方案可能还是比较粗糙，这些精细的活需要我们边做边改，最后变得人性化。二度研发，是在合作认证的基础上进行的。看这个教学材料，这是用来测量小车运动与摩擦的实验装置，这是最初图形，用以解决这个问题：用两个不同的摩擦面来测量摩擦力有什么不同？后来，这个装置被改进成可以测量拉力大小与小车的运动的实验装置。那么有了方案以后，还要想办法挑选材料，选材需要降低成本而出高效。一位物理学家这样说，我们物理学上可以坛坛罐罐当仪器，拼拼凑凑做实验，也就是说我们身边所有的东西都可以拿来做实验，视你所需。我们老师特别要养成一种收集的习惯，比如说我们家里一些废弃的东西，学校里不光是科学实验室里的一些器材、平时装修时的木板等，只有你想不到的，没有你买不到的。这些东西平时应该有意识地去收集。这是一个科学老师的塑料瓶，常放在实验室，学校里搞活动把这些瓶子收藏起来放在这里，以后做什么可以用来满足需要。这些是经过梳理的，小塑料瓶的科学妙用：当容器、漏斗，制作量杯，排水量测定，等等。不光是有结构材料，还可做辅助材料，有辅力研究、沉浮乒乓球等。

（2）形成节约理念。可以在淘宝上货比三家，选择最适合自己、最便宜的东西。科学材料不提倡奢华，太奢华的东西虽然有用，但是我们要想办法怎样最简易地发挥最大效益。

（3）建立一种分类的空间。大家看，我们一所学校实验里，有一个大金属柜，装的木门。实验里所有的东西都分类归放。分类也必须是科学老师的一种习惯。创新制作，我们做每一项实验都必须有一个创新点、突破点，这个创新点的目标是提高学生科学学习的效率。这项东西实际上最终的成品也是一点一点慢慢画来，第二代沉浮积件跟第一代沉浮积件相比是有重大变化：装置上、滑轮上、立杆上，木材代替了铁杆，重量大大减轻了，拿动比较方便。塑料袋进行平均分层。这些小改进都是在实践过程中发现的。一样事物每年都可进行一点点改进，这必须用实践验证这材料是否可行。要把握三个点：科学性、安全性、稳定性。尤其是安全性，必须放在首位。

这个装置是用来测试液体谁流的快。一开始这装着五只玻璃杯，分别倒上等量的液体，然后看谁流得快。大家看到这个规模比较大，这里有一点想法，我们的材料是小巧玲珑、简单，当我们需要达成显示效果时，我们是不是该把我们的材料尽可能夸张？因为这种夸张对于我们的演示观看效果比较好，这是放大的液体装置。后来我们把玻璃杯改为塑料杯，这几个塑料杯相对比较大了，这个装置拿到杭州科技大展馆，让孩子们观赏。当我们这个装置可行，那我们教学当中应用，哪些地方可以用呢？材料新课当中导入应用。我们看，这是我们老教师何老师上课，这个材料瓶子里有气球，这个过程我们可以应用在新课导入中激趣，在探究过程中辅助，在课外探究中拓展。当我们这些东西应用以后，我们还得总结经验，我们要把这个科学材料的价值发挥到最大，发挥得淋漓尽致。我们在这个过程当中会有许多自己感想、自己体会的东西，我们可以把这些东西编成文字稿。怎样让老师们共同享用呢？比如，研制过程中我们可以把它变成小论文，你的创意设计变成小论文，你的这些经验体会变成小论文。编制的论文不光是给大家看、分享，还可以进行各种各样的参评，我们的科学材料开发这一块可以一起交流。平台有《科学技术》《中国开发教育》这几本杂志，都是收集了我们老师许多非常经典的、精妙的与科学技术相关的文章。当你的科学材料成品比较成熟的时候，我们也要推广应用，让教学设计生命力变得更加强大。这是斜面装置，这是运动与摩擦力、拉力大小与小球运动关系研究装置，这是小组材料。那么老师们在研发科学材料这个过程当中，也收获了很多东西。有哪些收获呢？首先是参展，这是届老师在2009年第七届全国华师大自制教具展中的展品，这是杭州市级教具展中的一些展示，科技节还有自己学校一起来评、来看。参展价值在哪呢？实际上老师和孩子都有一种被人认可的心理需求，当自己的东西被别人认可的时候，会朝着这方向去努力。如一位科学老师就是围绕自己两三届教学，就有了很多文章，有获奖的，有在杂志上发表的，还有课题，因为在这个制作过程当中，有了想法，他就可以沿着这个方向去研究发展，围绕这个科学材料做研究，写文章发表，制作一系列教具。而最大的收获在哪？不在于这些论文的发表、获奖，不在于其他一些名利上,而在于我们老师自己的成长。给大家看看,我们老师参加上海第七届全国自制教具展所带回来的照片,看看他们的心路历程。全国教具比赛是先展览,再现场讲说,最后进行评语、摆展台。这是浙江的一块,教师紧张等待答辩中……这是一所农村小学里的资深教师,他参加了全国好几届自制教具比赛,他觉得没有白干,获得了成功。在第七届比赛中,他代表浙江省荣获二等奖。去年沈阳和余德华老师获得一等奖,这位余老师是教美术的。在科学材料的研制过程中,给我们自己老师提出一些专业成长建议:

建议1,我们应该找一个合作的伙伴。这些都是合作伙伴,经常在交流。

建议2,找一个研制的空间。这是一个小学的科学仪器室,老师把它做成了一个自己研发材料的空间。旁边有实验室和仪器室,找一个创新的方向。举一个例子,我们周围的材料当中,我们可以找不同材料的组合积件。

建议3,找一些不同发声器的组合积件,各种小车驱动的组合积件(气球靠驱动组合积件)。

建议4,找一种研制的思路。我们周围的材料单元,差异性材料单元整合结构。找一个自主简易发声器,步步深入去研究它们。

建议5,找一种教学的价值。我们的材料发出来,所认可的在哪里?这是大展馆上的一个场面,价值体现在被认可上。我们老师从第七届自制教具比赛走到第八届,这是有希望在就有动力在。那么在我们科学材料研发过程当中,有一些事项我们必须注意,有四原则,不够全面大家可以补充:(1)安全性。(2)交互性。我们的科学材料给孩子用来做科学学习的时候能够给孩子一些启发,这是一种有结构的东西,孩子能够按照他们的思路去使用它。如电子白板,这是一种非常好的交互工具,能放一些视频、画面的操作,非常简易,可以让孩子看得非常明白。现在电子白板每个学校都配备了。电子白板是否可当黑板用?如果当黑板用,那它就毫无价值了,从性价比上,不如黑板价廉物美。用什么办法把它的功效发挥出来呢?现在普遍用的是老师跟电子白板的交互,那电子白板怎么跟孩子达到交互,让电子白板功效最大化?(3)便捷性。(4)最大效率。

切忌成为材料的奴隶。这什么意思呢?我跟老师交流的时候发现一个现象,老师辛辛苦苦设计出来的一个教具,老师想在课堂上发挥用场,所以他在教具设计好了后去设计他的教学方案。大家想想看,我们今天所讲的是先有方案再有材料,还是根据材料再有方案?当然,老师们都赞成先有方案再有材料,材料是为我们方案服务的,对吧?所以,我们千万不要有了这个东西就受它的约束,我们要把它用得恰到好处。所以我们要切忌成为材料的奴隶。我们需要的时候再用,千万不要把它搬上台。根据材料的功效除以成本,看这成本高不高再去使用。无形的智能技术,是我们现在在座每位老师每天都在做的事:搞教学设计。如何使两者融合呢?如何利用这些有结构的典型的科学材料来促进孩子的科学学习活动?把这两者融合可以聚焦这样一个问题,这篇课文我们的点怎么选?有一位老师是这样设计的,他觉得传热比赛是否给孩子一种粗浅的科学模式,在这种情况下,变成这样一个程序,先提交问题,问题是三种金属材料谁传热比较快;然后请孩子设计方案,设计当中给孩子这些材料。为什么要给这些材料呢?毕竟五年级孩子不给材料,思考范围比较大,聚不到点。是否给他们材料就是伪设计？答案是否定的。然后进行实验的研究。有这些材料在,有玩蜡烛的、挂蜡烛油的,小孩子能想象到材料之间的一些隐性联系,也是一种思维方式的发展。

实验探究、交流各种的方案,相互修改、质疑,最后达成一种共识。那么这是不是一种普通的定位？老师们回去想想这篇典型的传热性课文。今天我们用技术改变课堂,我们可以怎么去做？一句话,我们不管在做有形的固化设计,还是无形的智能设计,我们要无缝对接。能无缝对接是最理想的状况,我们的目标是使科学技术探究更具有新奇性、探究性。刚说的是历史,以前怎么在用技术改变课堂,那么我们老师要思考的是什么？我们展望未来,未来的技术开放性会给我们科学学习方式带来些什么变化？

这里分为三块:(1)畅想下,未来的科学技术会怎么样？(2)想象未来的科学学习场所会怎么样。(3)孩子是处在一种什么样的环境下学习？展望未来的技术创新。

未来的科学技术有三个名词:电子书包,虚拟现实,云教育。最早看到的是云电视,我们现在的教育界也提出了一个云教育,云教育平台,我们各种各样的资源可以放上去,随时可以取用,最大的优势是资源共享,也就是以后的学习方式发生一些小小的变化。

未来科学学习的场所:2012年信息技术年会上就提出来,未来学校的配备标准:通信技术、三通两平台(宽带网络校校通、优质资源班班通、网络学习空间人人通、教育资源公共服务平台、教育管理公共服务平台)。我们教育部、电化教育馆在做这些事情就是在为我们创设一个有利于孩子更高效学习的场所。

原来我们把技术作为知识个体工具,现在技术要把它的功效最大化,支持泛在学习自由探究知识建构交流学习的无缝空间。这个空间可能不再是这样一间教室,可能会有翻天覆地的变化。原来封闭的社会单元,要把它变更为集体智慧聚变的结点。这个云平台,实际上就是集体智慧聚集点,一个静态的知识仓储变为个性化发展空间,这些是我们努力的目标,这些该怎么来做呢？我们可以慢慢地思索。讲到未来,每个人都有每个人的想法,可能大家的想法在未来也可能变成现实,变成改造我们科技课堂的一门技术,所以最后谢谢每位老师,让我们的孩子一起来编织绚丽的科学之梦。

整理者:杭州市长青小学　褚　琪

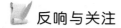 反响与关注

记"名师好课堂"(第三期)暨杭州市下城区小学科学
"技术改变课堂"教学研训活动

5月8日,"名师好课堂"(第三期)暨杭州市下城区小学科学"技术改变课堂"教学研训活动在杭州市朝晖实验小学如期举行。"名师好课堂"是由浙江省中小学名师名校长工作站、杭州市下城区教育研究发展中心合作,全力打造的以杭州市下城区为基地,以教师专业化发展为目标、以名师作引领、以课堂为载体、以实现研训教一体化为主要功能的创新品牌。本学期已经举行了语文、数学两期。

本次活动与下城区小学科学"技术改变课堂"教学研训活动相结合,参与活动的老

项目三　小学科学『技术改变课堂』教学研训活动

师不仅有来自省内各区县市的骨干教师,还有下城区全体小学科学教师,共 120 余人。研讨主题是:"技术改变课堂",探究"技术"(电子白板技术、材料革新技术、网络技术等)对科学课堂教学的作用。上午登台展示的是杭州市朝晖实验小学卜彬老师引领的《昼夜交替现象》和萧山区新塘街道新塘小学赵海军老师引领的《热是怎样传递的》。卜老师用现代化电子白板技术恰到好处地展示地球和太阳的各种运动关系引起的昼夜现象。学生的模拟实验真切自然,他们的空间思维能力较好,不仅实验完成得很出色,汇报更是胜人一筹。赵海军老师用亲切自然的语气与学生进入了热的世界,赵老师的课堂设计理念可谓是真正的探究,充分挖掘孩子们的探究欲望和思维深度,以独到的实验设计为主线的课堂教学,让孩子们体会到了什么叫"科学"。课堂中孩子们从实验操作过程中得到一阵阵的惊喜,那纯真自然的欢呼足以见证赵老师演绎的课堂是多么的精彩。

课堂展示完毕,下城区的两位省特级教师徐闻音老师和陈曦老师对两节课进行了点评。徐闻音教师从评课观、对课的感受、对未来的事业型教师这三个方面进行了精彩点评。陈曦老师从"教师的创意设计带来学生创作的学习"这句话展开深入的点评,同课异构的亮点需要老师从不同角度挖掘学生的思维。两位特级教师的点评简洁明了,含义深刻,让老师们回味无穷!

下午是萧山区教研员杨春晖老师带来的讲座。杨老师从"教育技术"和"科学学习"的革新展示深入的讲解:镜头回放——技术融入生活的点点滴滴;追溯历史——技术融入教育方方面面;理念支撑——教育技术与科学教育互利共生;实践应用——教育技术革新科学探究方式;展望未来——技术创新未来科学学习方式。最让全场老师为之赞叹的是"实践应用"环节,萧山的众多老师从早期的"自然"教学一直到现在"科学"探究教学,从未放弃过对教具的制作。通过一次次地创新教具,让更多老师有展示的机会,有成长的历程。萧山区老师对科学技术创新的凝聚力是老师们学习的榜样,那样的团队,那样的精神让在座的老师为之震惊!杨老师的讲座带来了思想上的大丰收。

整整一天的培训活动是充实的,"名师好课堂"活动给了听课教师学习和交流的机会,相信通过这样的活动,老师们会更快地成长。

撰稿人:杭州市下城区胜蓝小学　邵惠英
发布情况:2013 年 5 月 8 日发布于杭州市教研网

项目四

小学品德"打造感动课堂"教学研训活动

活动简介

2013 年 5 月 28 日,由省中小学名师名校长工作站和下城区教育研究发展中心主办,下城区教育研究发展中心小学品德学科具体承办的"名师好课堂"(第五期)小学品德教学研训活动在东园小学隆重举行。小学《品德与社会》执行主编、浙江省中小学名师名校长工作站站长刘力,下城区教育研究发展中心主任唐西胜,以及来自本区、拱墅区、江干区的近 200 名教师全程参加活动。

首先是名师教学展示。拱墅区莫干山路小学教育集团校长郁明和下城区小学品德教研员徐园分别执教了《培养良好的生活习惯》和《多彩服饰》。接着是互动交流和师徒结对。台上的嘉宾和台下的教师互相交流听后感。此外,主持人穿插播报微博上的即时评论,使整个活动始终保持着浓厚的研讨氛围。期间,徐园老师还拜刘力教授为师。最后是专家点评。作为浙教版小学《品德与社会》执行主编,刘力教授结合自己的学术论文——《为何教 教什么 怎么教——小学〈品德与社会〉实验教材的结构说明与教学建议》,对目前小学品德课堂教学做了有高度、有深度、有广度的引领。与会的老师们纷纷表示学习机会难得,获益丰厚。

活动安排

时间	内容	主持
下午 13:10—13:50	名师教学展示(一)六年级上册《培养良好的生活习惯》第一课时; 执教:郁明(莫干山路小学教育集团校长、市学科带头人)	朱晓岚(教研组长、市教坛新秀)
14:00—14:40	名师教学展示(二)四年级下册《多彩服饰》第二课时; 执教:徐园(区小学品德教研员、省优秀教研员、市教坛新秀、市学科带头人)	
14:50—15:20	互动交流,师徒结对	
15:20—16:00	专家点评 刘力(小学《品德与社会》教材执行主编、浙江省中小学名师名校长工作站站长)	

名师展示

【名师简介】

郁明,杭州市莫干山路小学教育集团理事长、校长,中学高级教师,浙江省春蚕奖获得者,杭州市教坛新秀,杭州市教改之星,杭州市优秀思想品德课教师。浙江省教研室论文评比连续三年一等奖获得者。在省、市、区开设示范课,观摩课达30余节,逐渐形成了自己"幽默、睿智、理性、探究"的教学风格。

【教学设计】

《培养良好的生活习惯》

浙教版义务教育课程标准实验教科书六年级上册第一单元第1课

教学目标

1.懂得抽烟对人体的危害。

2.初步学会远离抽烟恶习的方法,学习用有效的方法向身边的人们宣传禁烟。

3.树立良好的生活习惯,对抽烟行为产生厌恶情绪,自身有远离香烟的意愿和决心。

教学安排

共2课时。第1课时:关于抽烟;第2课时:关于酗酒和网络。

教学过程

(一)认识抽烟的危害——我们在认识

1.认识香烟

(1)你对香烟了解吗?学生自由谈。

重点体验点:焦油(看—闻—想—议)

(2)小结:香烟对自己的危害之大。PPT出示香烟有害物质图。

2.二手烟的危害

(1)"二手烟"这个词,让你想到了生活中的哪些情景?

(2)强迫别人吸"二手烟"是不道德的,是缺乏文明素质的表现,其实这背后还隐藏着更大更深的毒害,因为"二手烟"与直接吸烟相比,某些致癌物含量更多。

(3)看了这些数字,你有什么感受?

(4)小结:二手烟伤害的则是别人。

3.三手烟的危害(补充:"三手烟"的概念)

4.小结:5月31日世界无烟日。

(二)进入思考的丛林——我们在思考

1.过渡:明知香烟的危害那么大,为什么有人还要抽呢?

2.小组讨论,反馈深入。

3.小结:"拒绝第一支烟"对我们学生来说是最为重要的,也是大家可以做到的。

（三）直面身边的现状——我们在行动

1．过渡：你在什么地方看到过青少年抽烟？

2．青少年抽烟的现状真的令我们感到担忧。（PPT出示）

3．为什么这么多青少年会去抽烟呢？

4．看看一个美国中学生的故事。

5．听了这个故事，你有什么感受吗？

6．小结：让我们在心里种下一颗"拒绝抽烟"的种子，记住，不抽烟是对自己的一种珍爱和保护，更是一种现代人素质的表现。

（四）总结提升

【教学实录】

培养良好的生活习惯

执教者：浙江省杭州市莫干山路小学教育集团　郁　明
学生：杭州市东园小学六（4）班

师：同学们好！

生：老师好！

师：我们请今天的主角闪亮登场。认识它吗？

生：认识。

师：了解它吗？

生：了解。

师：你对它有什么了解？

生：这是一根香烟，香烟里面有大于或等于4000种化学物质，有大于或等于250种有毒或致癌物质。

师：请问一下，那两个数字是哪里来的？

生：我在网上看到的。

师：说明网络学习是一个很好的方式。谁来说说，你知道具体有些什么样的物质？有一个要求，材料之前都收集了，不要读材料。

生：有尼古丁、焦油、一氧化碳、放射性物质等有害物质。我还知道现在有很多人都在抽烟，而且瘾头非常大，难以自拔。

师：好，后面这个我们待会儿具体会讨论。香烟里面有尼古丁，这种物质你们了解吗？谁对尼古丁有所了解？

生：大剂量的尼古丁会引起呕吐以及恶心。

师：刚才是不是说还有一种物质叫焦油？看到过焦油吗？

生：没有。

师：好，我给你们准备了，打开看一下。

师：里面有两个使用过的烟嘴，你先看看它的颜色。它的颜色是——？

生：黑的。

师：它的颜色是黑色或者棕黑色的。同意吗？

生：同意。

师：来，你们轮流来闻闻看。

生：（闻烟嘴）难闻。

师：觉得很难闻。

生：味道很怪。

师：怎么怪了？

生：有种味道浓浓的，很难闻，特别呛人！

生：对，有点呛鼻子。

生：我曾在香烟里面闻到过这种味道。

师：刚才很多同学都说了，这是一种很刺鼻、很难闻的味道。孩子们你们看，这是一个正常人的肺，用一个词来形容它，它是怎么样的？

生：健康的。

师：健康的，我同意。

生：我觉得是正常的。

师：当然是正常的。

生：我觉得这是一个上面有血色的、正常的肺。

师：好，我大致听出你们的意思了，我来概括一下：这是一个非常健康的肺，非常红润的肺，是不是？假设，我们刚才说的焦油进入到这个肺当中，并且一点一点地累积起来，会是什么样子？20年以后会是什么样子？来，闭上眼睛，让你的脑海里先出现这一副画面。

（生闭上眼睛想象）

师：睁开眼看吧。

生：我看见了一个很干、很油腻，有点棕色的肺。

生：我看到了一个不像刚才那么红润的肺。

生：我看到了一个非常黑，有点恶心的肺。

师：睁大眼睛，看屏幕。看到这个，你有什么感觉？

生：我觉得它很不健康，而且很恶心。

师：你用了个词叫恶心。

生：我觉得它看起来非常不顺眼，而且表面上像被烧焦了一样。

师：没错，像是被烧焦了一样。

生：没有一点血色的肺。

师：跟前面这个肺是截然相反的，是吧？

生：我觉得这个肺的功能好像有点萎缩了。

师：好，孩子们，如果这个肺是你亲人的，是你爷爷的，或者是你外公的，甚至是你爸爸的，你有什么话想说？

生：我想让自己的亲人赶紧停止吸烟。

师：是的，我们都有这样的想法。

生：我很想让我的亲人摆脱这样的遭遇，让他们健康起来。

师：是的。

生：我想让我的亲人有一个健康的、红润的肺，不要像这么黑乎乎的。

生：我觉得我的亲人应该马上去治疗这个肺，让它重新变成一个健康的肺。

师：这是你对你的亲人健康的担忧。还有人要说吗？

生：我希望我的亲人赶快戒掉烟。

师：我们很多人都会有这样的想法。如果谁的身体当中真的长了这样一个肺，我们肯定会感到非常的担忧，是吧？好，说到这里，我们只是讲了这几种物质当中的其中一种，叫什么——？

生：焦油。

师：刚才讲了尼古丁，又说到了焦油。那香烟当中还有哪些物质是我们课前搜集到的？一个人说一个。

生：我看了一下，它里面还有废电池里的那种有毒有害的物质。

生：还有尼古丁和一氧化碳。

生：里面还有很多致癌物质。

生：我认为香烟里面还有烟草。

师：对啊，香烟本身就是烟草，我们现在就是在看烟草里有哪些有害物质。

生：应该还有许多放射性物质和对人体不健康的物质。

师：如果我们要说四千种，怎么说得过来。孩子们，看屏幕。让我们来看看，香烟里到底有什么？

师：这是四百多种被确认为对人体有毒的物质中的很小很小的一部分。看到这里，你有没有什么话想跟大家交流的？

生：我觉得烟里面有很多不好的物质，比如说樟脑丸什么的，还有汽车、废电池里面的物质，很恶心。

师：你们感觉到了里面有太多太多对身体不好的物质，是吧？

生：我觉得这就是一种慢性的自杀性行为。他们应该尽快地戒烟，不要这样损耗自己的生命。

师：你这个词用得好，这是一种慢性自杀。

生：我觉得，看了这段视频，我觉得我的亲人就在吃樟脑丸，喝清洁剂，咬废电池里面的成分一样。

师：好，孩子们，抽烟呢，是一种不良的习俗，是吧？香烟里面有那么多的有害物质，足以可见，它对人体造成了很大的——

生：危害。

师：所以我们说抽烟——

生：有害。

师：对，有害健康。

（师出示"二手烟"）

师：你对它了解吗？

生：了解。

生：我觉得一个人在吸烟，他吐出来的烟雾就是二手烟。

生：二手烟分为主流烟和分流烟。分流烟的话就是从香烟里面飘出来的，主流烟是一个人吸进去然后再吐出来的。吸二手烟是有人在吸烟，吸十五分钟以上，如果你一直待在那儿的话就是吸二手烟。吸二手烟的危害跟吸烟一样。

师：我很感兴趣，这段文字哪里来的？也是网上的吗？

生：也是网上的。

师：谢谢你，给我也增长了很多知识。有你这段话，现在我们知道了，二手烟还分主流和分流。好。你回忆一下看，你在生活当中遭遇过二手烟吗？

生：遭遇过。

师：谁来说说你在什么时候遭遇过二手烟。

生：在人多的场所，有些男性会抽烟。

师：比如说什么场所？

生：在一些停车场、少年宫。少年宫人多的地方也有人在抽烟。

师：少年宫也有人在抽烟？谁在抽？

生：有一些男性。

师：哦，可能是一些爸爸，在陪孩子读书时，对吧？好。那个地方绝对是不应该抽烟的。

生：我外公外婆的一些小姐妹，她们聚会的时候经常会抽烟。

生：我在家里的时候，我爸经常会在家里抽烟。

师：我问问看，你爸爸在什么地方抽烟？

生：厨房里。

师：对着油烟机抽吗？

生：对。

师：你们家比较严。

生：有时候爸爸在吃好饭的时候会抽。

师：就在餐厅里抽吗？

生：嗯。

师：你有什么感受？

生：那种烟闻着好难受。

生：我爸爸心情不好的时候就会到阳台那里抽烟。我走过去闻到那个味道就很难受，会咳嗽，有的时候会想吐。

生：我爸爸在吃完饭以后会抽。他都是在客厅门口抽。我走过去就会闻到一股很难闻的味道。我们家宠物也被熏死了。

师：宠物也都熏死啦？什么宠物？

生：仓鼠。

师：孩子们，由此可见，我们说强迫别人抽二手烟是一种不道德的行为。实际上我们说强迫他人吸二手烟除了道德的问题以外，二手烟与直接吸入的烟相比，它的某些致癌物质的含量会更多。有一种致癌物叫亚硝胺，猜一下，二手烟与直接吸入的烟相比，它的含量要高多少倍？

生：差不多三倍吧。

生：25倍吗？

生：我觉得应该是30倍。

师：你们看，胺的含量要高整整46倍，一氧化碳的含量要高5倍，苯的含量要高4倍。这些都是非常厉害的致癌物质。这些数字说明了什么？

生：我认为吸二手烟比自己吸烟还要严重。

师：对。因为里面一些物质含量更多。

生：我就觉得抽烟很不好，抽二手烟更不好，对自己、对人体的危害更大。

师：你说得真好。如果说直接抽烟是害自己的话，二手烟就是——

生：害人。

（师出示"三手烟"）

生：三手烟？

师：听到过这个词吗？

生：没有。

师：你猜猜，什么是三手烟？讨论一下。

生：人家吸烟，我们吸进去感觉到很呛，然后咳嗽出来，可能会有些成分也有毒。

生：我觉得是人家吸烟我们吸进去然后咳嗽出来，传递给更多人。

师：我知道了。有人抽烟，我们吸进去，然后再呼出来，又有人吸进去。这种是吧？来看大屏幕，跟你理解中的三手烟是不是一样。

师：读懂了吗？谁读懂了这段话来告诉我们。

生：就是，它会保留在某些物体上。

师：就是烟雾散去以后，比如有人抽过烟，那么沙发上面，衣柜上面，任何家具上都会留下三手烟。你再看看，三手烟可以残留数周乃至数月。美国的研究者最新研究发现三手烟最多可以残留长达两年的时间。所以现在你去看宾馆里面有很多的无烟客房，餐厅里面有很多的无烟餐厅。好了，孩子们，说到这里，从直接吸烟到二手烟，再到三手烟，我们对香烟的危害已经了解得非常彻底了。当然这也引起了整个社会的关注。你想想看，再过三天就是什么日子？

生：世界无烟日。

师：不错，谁知道世界无烟日这一天我们该做些什么？

生：不应该抽烟。

生：就是叫所有人都不抽烟，就是没有一个人抽烟。

生：就是，在公共场合看到人抽烟要去劝。

生：让所有的烟店都关门，禁止售卖烟。

师：我们看一下，这一天，到底有什么要求。自己读读。

（生读大屏幕内容）

师：懂了吗？

生：懂了。

师：给十秒钟，相互理解。如果那天要开展各种形式的戒烟宣传活动的话，你想搞什么活动？

（生小组讨论）

师：有些什么好的点子？

生：可以把宣传内容做成传单发出去。

师：这是一个好办法。

生：我想可以把吸烟的害处一一列举出来，再告诉他们二手烟三手烟有什么坏处。

师：把今天课堂上学的知识传播给大家。

生：我觉得可以发动所有媒体的力量。还可以制作传单，把它贴在宣传栏上，让他们不要吸烟。

生：可以在传单上写上吸烟的危害和戒烟的方法。

生：还有在卖烟的地方把原来红润的肺贴一张照片上去，再贴一张吸过烟之后有一点衰竭的肺，进行对比。

师：我看我的PPT就留在电脑里，两张图片都在，如果你们需要就可以拿去。好了，5月31日国际无烟日这一天，我们可以开展各种各样禁烟的活动，是吧？刚才大家说的宣传也好，劝阻也好，我觉得这都是一个很好的办法。不仅仅这一天，实际上每一天我们都可以这样去做。课上到这里，不知道你有没有什么疑问？我有一个问题不知道跟你们想的是不是一样。就是说香烟的危害那么大，为什么现在还有那么多人会抽？先别急，讨论一下好吗？

生：我在资料里看到，香烟里有一种叫尼古丁的东西，吸了让人会成瘾，抽了还想抽。身体不舒服的时候就会想抽烟，克制不住自己。

师：他讲了很重要的一点，就是香烟里的物质会成瘾，所以明知危害这么大还是要抽烟。除此之外还有其他的观点吗？

生：上班的时候，有些人给他们烟抽，他们不能拒绝，然后他们也抽烟。他们成瘾了，然后也给别人抽烟，就这样传递下去。

师：你爸爸抽烟吗？他是属于这种情况吗？

生：对。

师：他深有感触。这是我们生活交往当中的一种习惯，这种习惯使得我们明知香烟有危害，但是还在抽。除了这两个以外还有其他原因吗？

生：有些人以为成年以后一定要抽烟，结果抽上了就戒不了了，就成瘾了。还有些人是生意上的应酬。

师：为什么成年人要抽烟的？

生：因为他们看到成年人都在抽烟，就以为成年以后就一定要抽烟。

师：这是人们的一个误区是不是？认为抽烟是长大或者成熟的标志。

生：还有一些人因为好奇就去抽烟，结果就戒不掉了。

师：我们刚才说的很多。综合你们所有的这些原因，我们说现在有很多人依然在抽烟。那么你家里有人抽烟吗？有的举手。

（生举手）

生：有。

师：你家里有人戒过烟吗？不管戒成没戒成。

师：接下来，我们就来说说家里面的戒烟故事，可以是成功的，可以是失败的，可以是辛酸的，也可以是幸运的。好不好？

（生小组交流）

生：我爸爸有一次抽烟的时候，我妈妈说老是抽烟会危害身体，叫他不要抽烟了。因为这个我爸跟我妈还吵了一架。所以我就在日记里写我爸爸整天吞云吐雾的事情。我爸爸看了这篇日记以后，他说他以后再也不抽烟了。

师：成功了是吧？那是因为你和你妈妈的共同努力。他爸爸很不容易，他战胜了世界上最大的敌人，是谁啊？

生：烟瘾。

师：不是，是他爸爸自己。把掌声送给他，请他回去带给他爸爸。有没有戒了很多次依然戒不成的？

生：有。

生：我有尝试过让爸爸减少抽烟，持续了三四个月。但是后来别人给他烟他又开始抽了。我试过很多办法都不管用，是因为他应酬的时候别人给他抽烟，然后他又开始抽。

师：你爸爸一天大概抽多少烟？

生：最多抽两包，最少抽一包不到。

师：问一下，你爸抽的烟大概多少钱一包？

生：20元。

师：你们算算看，就算20块一包的烟，一天抽一包，一个月得多少钱？

生：600元。

师：一年？

生：7200元。

师：7200元这个钱我们可以干什么？

生：我觉得这些钱够买衣服，也够一家人一个月的吃饭钱。

生：我觉得这些钱还能救一些人的生命。比如说那种贫困山区的人，没有钱，一些必需品都买不起。

生：我觉得还可以买书和一些学习用品。

师：好的。7200块钱有很多很多的用处。小姑娘，回去给你爸爸算算账。我们只算到了一年，还有十年呢，就是72000元，差不多一辆轿车的钱。那么家里有那么多人在抽烟，一时也戒不掉，你有没有办法让他能少抽一点呢？

生：可以在他想抽烟的时候，给他嚼口香糖。

师：好，替代。

生：我家已经在执行了。我妈规定如果爸爸在家里想抽烟的话就不能干他想做的事情。

师：比如？

生：比如看电脑。但是我妈不在家他还是继续抽的。

生：就是我妈叫我看见我爸抽烟就把他香烟扔掉。可是我一扔掉他又点起来，所以到现在还没成功。

师：堵不是一个办法，要想疏的办法。

生：如果实在戒不了，可以让他循序渐进，每天减少一点点，就算每天少抽一两根也好。当然最好可以戒掉。

师：这告诉我们一点，戒烟实际上有一个过程，不可能一下子就戒掉。但是我们可以尝试着劝解他人每天在抽烟量上减少一点。时间关系我们先不说，你们课后有时间再去聊一聊。所以孩子们，我们说香烟是一个魔鬼，一旦被它缠上，那它就阴魂不散。所以对我们来讲，拒绝吸第一口烟是非常重要的。这也是我们应该做到的一种良好的生活习惯。（PPT出示青少年吸烟的图片）在生活中你看到过这样的镜头吗？你在哪里看到过？

生：在我放学的时候。因为我家门口经常有一些初中生要经过。我看见他们有的拿着烟，他们是未成年人，他们也抽烟，在路上。

师：中学生在学校门口抽烟。还有吗？

生：还在一些公共场合看到过。

师：比如在哪里？

生：比如在吃饭的地方。

师：好了，我们来看看。我国现有13～18岁青少年当中吸烟的大概有1500万，尝试吸烟的超过4000万。你知不知道这些中学生他们为什么要抽烟？谁能用一个词来概括？

生：好奇。

师：就是一种好奇。

生：也有可能是受环境影响。

师：我能不能把它理解为这是一种模仿呢？就是人家在抽，他也抽。

生：要帅。

师：要帅，认为抽烟是一种很帅也很酷的行为。那么孩子们，这种好奇、这种模仿、这种所谓的帅与酷，最终又会带来什么呢？让我们走近一个美国中学生的故事。

詹姆斯12岁开始吸烟，18岁那年，他的舌头上出现一个铜钱大小的毒瘤。医生告诉他：必须要切掉大部分的舌头。手术后他的语言表达含糊不清。5个月后，在他的背部又发现了一个新的肿瘤,于是,他进行了第二次、第三次、第四次手术。每一次,他躺在手术台上都经历了生与死的考验。第二年的2月25日,也就在詹姆斯19岁生日那天,他死了。临死前,他在纸上写下四个鲜血淋漓的大字:不再吸烟!

师:听完以后,你有什么感受?

生:我觉得吸烟是很不好的行为。他从12岁就开始吸烟了,但是他一直没有戒掉,等他发现一个又一个肿瘤在他身上的时候,他才开始忏悔。

师:对,这是一种不好的行为,等你发现的时候往往已经来不及了。

生:我认为吸烟是不好的行为,他们这么小就开始吸烟了,真的不对。

师:吸烟的岁数越小,我们的器官越嫩,受到的伤害就越大。

生:他12岁开始抽烟,到19岁就死亡了。他还这么年轻就死了,我觉得吸烟对人体的危害真的很大。

师:19岁,那是一个花季的年龄,但是这样一个花季少年就倒在了香烟的毒害下。好,在这节课的最后时间,我们一起走进香烟的内部世界。

师:如果让你用一个词来形容一下刚才你所看到的图片,你会用什么?

生:华丽。

生:我觉得它看上去是华丽的,但实际上是很可怕的。

生:琳琅满目的。

师:好的。来,再看一组。

师:用一个词来形容你刚才看到的这些图片。

生:恐怖。

生:恶心。

师:还有吗?

生:可怕。

生:华丽。

师:我没听错吧?

生:外表看上去很华丽。

师:华丽吗?

生:可怕。

生:让人畏惧。

师:孩子们,在精美与恐怖,在华丽与丑陋之间,我们究竟应该选择哪一种呢?

生:丑陋。

师:为什么?

生:香烟是有害的,所以它很丑陋。

师:是这个原因。

生:每个人都是爱美的人。如果看到自己以后变成这样子,他一定会心里感到恐怖而不敢抽烟。

师:你觉得这些图片能够警示人。

生：我觉得在精美与华丽的背后是恐怖的，在丑陋背后是充满警告的善意。

师：你说得没错。那么，孩子们，我最后问大家一个问题。我们现在进行的只是一个香烟包装的选择吗？

生：不是。

师：我们选择的是生命、是健康，是良好的生活习惯。最后，让我们走出课堂，让思考走入生活，让行动继续。

【名师简介】

徐园，杭州市下城区教育研究发展中心小学品德教研员，中学高级教师，浙江省优秀教研员，杭州市教坛新秀，杭州市学科带头人。10多年来，一直致力于小学品德教学研究。新课程培训期间，在全国、省、市讲课近十次；多篇论文在省市获奖；参与省级课题研究，主持市级课题研究。目前主要开展"将教学常规落实到课堂中去""打造感动的品德课堂"等研究。

【教学设计】

多彩服饰

浙教版义务教育课程标准实验教科书四年级下册第四单元第3课

教材分析

本课是四下第四单元"共同生活的世界"中的第3课（第1课"世界之窗"、第2课"节日大观"），其要点有：独特的民族服装，不同的职业服装，以及礼仪、颜色与服装的关系等。对于第1课"世界之窗"来说，本课属于一个分述的内容，是学生了解多元化世界的一个延展；对于第2课"节日大观"来说，这又是一个平行并列的内容，选择了不同的切入点来拓展学生的视野。

本课分三个部分。"服饰窗""知识窗"等栏目，为学生提供了丰富的学习信息；"小小展示会"引导学生自主探究、自主体验，充分发挥学生的主体性。

学情分析

本班共有27位学生，其中2位学生本学期长病假。其余25位学生，女生12名，男生13名。大部分学生上课思维比较活跃，发言比较积极。他们对服饰已经有了一定的了解，也具有一定的审美能力。大部分同学去过Do都城，对职业服饰也并不陌生，但是对于职业和服饰之间的关系不甚了解。根据课前调查，学生对消防服和护士服比较感兴趣，想进一步了解。

课文教学目标

1.知道世界上不同地区、民族的人们都有自己的民族服饰。

2.知道职业、礼仪、颜色与服装的关系。

3.尊重和欣赏不同民族的服饰。

课时安排

共2课时。第1课时"民族服装"；第2课时"职业服装"。

分课时目标

第一课时

1. 知道世界上不同地区、民族的人们都有自己的民族服饰。

2. 知道礼仪、颜色与服装的关系。

3. 尊重和欣赏不同民族的服饰。

第二课时(本次"名师好课堂"上第二课时)

1. 知道不同的职业有自己专用的服饰。

2. 知道职业与服装的关系。

3. 感受职业服饰所蕴含的职业形象;各种服饰使我们的生活变得多姿多彩。

重点:知道不同的职业有自己专用的服饰;感受各种服饰使我们的生活变得多姿多彩。

难点:知道职业与服装的关系。感受职业服饰所蕴含的职业形象。

课前教学准备

教师:了解学生感兴趣的职业服饰;收集各种各样职业服饰的图片;制作小组活动的教具等。

学生:了解家人、朋友穿职业服装的情况。

教学过程预设

一、回顾上节课的内容。

二、学习新内容:聊一聊各种各样的职业服饰。

1. 以"Do 都城"引入,说说对哪个场馆最感兴趣? 自己到那里做了什么? 有什么感受?(同桌交流后回答)

2. 打开课本 P79,读一读上面这句话,并提出问题:为什么不同的职业对服装有不同的要求?

3. 小组合作探究:职业和服装之间的关系。

1)以学生感兴趣的消防服和护士服为例,采用小组合作学习的方式进行探究。

2)交流反馈(穿插讲解、视频呈现等)。

4. 全班交流:"我"所了解的一种职业服饰;感受职业服饰所蕴含的职业形象。

5. 拓宽视野,欣赏各种各样职业服饰的图片。

三、课堂小结

【教学实录】

多彩服饰

执教者:浙江省杭州市下城区教育研究发展中心　徐　园
学生:杭州市东园小学五(1)班

师:这节课我们继续学习《多彩服饰》。上节课我们学习了第一课时:多姿多彩的民族服饰,这节课我们聊一聊各种各样的职业服装。徐老师觉得"职业"这个词我们并不陌生,三年级《生活中的你我他》一课已经提到过。职业服饰呢,老师也觉得大家不会太陌生,为什么呢?——大家看:Do 都城进口图,这是哪里?

(Do 都城进口图)

生:Do 都城。

师:是 Do 都城社会体验馆,去过的同学请举手(几乎所有的学生都举手)。老师给大家看一组其他小朋友在 Do 都城里活动的照片,看了以后请你们也来说一说。

(滚动播放 Do 都城活动图,配儿童欢快的背景音乐)

师:你去 Do 都城,最感兴趣的是哪个场馆?你到了那里先做什么?然后再说说你的感受。

女生:我特别感兴趣的是去银行里工作。里面有个行长教我们充卡、补卡等工作。后来有几个客户来了,我们就自己做了。做的时候我比较紧张。

师:这个同学一开始进场馆做的事情和我们的经历有没有不一样?

男生:一开始进去他们是先帮我们换上服装才开展活动的。(师再问那个女生一开始是不是换服装的,女生说是的。)

女生:我最感兴趣的地方是调制饮料馆。我们先围上橙色的围裙。阿姨指导我们倒一些液体,然后做成一杯可乐,再冰起来,很好吃。

女生:我到 Do 都城一般都先去做饭团和寿司的地方。他们让我们换上干净的服装。(师追问:你知道这是什么服装?)这个算是小厨师服或者叫作料理的服装吧。这个服装特别白,头上还要戴一顶帽子,跟浴帽相似,还让我们戴上一次性手套。他们告诉我们做的方法,还让我们自己动手做呢。

师:老师听出来了,很多同学可能都一样,都是去自己的喜欢的场馆,首先换上服装。看来同学们都有穿上职业服装体验职业工作的经历。

师:请同学们打开课本。把课本翻到 P79,今天就要来学习这个内容。请一个同学读一读 P79 上面的这段话,其他同学一边听一边想,这句话是什么意思呢?看谁会提问。

生读:不同的职业对服装有不同的要求,如消防队员、建筑工人、医生等都有自己的职业服装。

男生:这些职业服装有什么用处?

男生:他们的颜色有哪些?

男生:他们的衣服都是什么样子的?

男生:他们的衣服象征着什么?

师:也就是,为什么不同的职业对服装有不同的要求?为什么不同的职业服装是各种各样的,而不是所有的职业服装都是一模一样的呢?好,对于这个问题我们今天就来一起研究。

师:通过课前的了解,老师了解到我们班的男同学对消防服比较感兴趣,女同学对护士服比较感兴趣。今天我们就以这两套服装为例分别分组进行研究。所以现在大家知道为什么要分开这么坐了吧。老师先将服饰图片分到每一个组。看小组活动的要求:写一写服饰各部分特点,说一说这样设计的理由。老师给大家3分钟时间,看看哪个小组特点写得全,理由说得最充分。

(男生分三组研究消防服;女生分三组研究护士服)

第一组男生代表汇报:头盔是为了防止东西砸到头部。面罩是为了防止烟雾进入鼻腔导致窒息。衣服是为了防止火烧到身体上面;腰带是为了系紧衣裤,别上救生的工具;手套是为了隔热和防火;裤子是隔热和防火;鞋子是防火。总的来说这样设计是为了防烟防火,防止一切东西对身体的伤害。

师:真不简单啊,大家要鼓鼓掌了,在短短的三分钟里写了这么多的特点。

第二组男生代表汇报:头盔是防止异物伤害头部;眼罩是透明的,也是防止烟侵入眼睛,在火中看清有没有物体;面罩是防止烟雾进入口鼻。衣服中间有石棉防火隔热;腰带可以让衣服贴近身体,这样行动可以轻便一点。手套是防火隔热。身上的条纹在火中更容易分辨一些。鞋子是防火并隔热。

第三组男生代表汇报:我们小组研究得出,头上的头盔是防止被撞到。眼罩既有防火功能又能在火中看清东西。它是玻璃做的。中间围着的东西是防止脸部烧伤。腰带是防止衣服掉落,这个可以系得比较紧的。手套可以在火中拿东西,防止手被火烧到。鞋子是防火防水。衣服我们总结出是可以防火。

师:真不错,男同学们!你们找到了这么多的特点,而且还说了这么多的理由。你们说了这么多,那么有没有说全呢?理由是不是正确呢?徐老师请来了消防员叔叔,让他来给我们讲一讲,好不好?大家一边听一边想他讲的哪些和我们刚才讨论的是一样的,哪些不太正确,还有哪些是我们想都没有想到的。

(消防员介绍声音、图片)

师:讲了这么多了,还有和我们平时穿的衣服不一样的地方。好,我请女同学猜猜看是什么?

女生:……(猜不到)

师:猜不到没关系,徐老师有准备,马上给同学们看一段视频,看了以后你可能就猜出来了。这段视频的题目就叫:消防队员20秒钟穿衣服。20秒,这个同学嘴巴都张大了,20秒怎么样?

男生:20秒太短了。

师:为什么会这么快呢,他肯定有和我们穿的衣服有不一样的地方。

(播放视频)。

师:哪里不一样?

男生:都吊有背带。

男生:有背带,扣子很少的。

师:有没有扣子?

男生:没有,那是磁铁。

师:非常好,大家注意到他们是不扣扣子的,就是这个特点。那么是用什么东西粘住的呢?是磁铁吗?

女生：我认为是尼龙扣。

师：我觉得可能你是知道的。徐老师到网上去查了，这个叫魔术贴。小朋友穿的不系鞋带的球鞋一般都用到它。看，这个同学的鞋子上就有。

师：也有的叫尼龙搭扣，也有的叫雌雄贴，现在老师告诉大家这个叫魔术贴。魔术贴又快又牢，而且不容易分开。好，谁来告诉徐老师消防队员为什么要这么快？

男生：因为他们要及时赶到现场去救火。

师：对啊，不让我们老百姓的生命财产受损失。

师：学到这里，男同学们你们比刚才小组讨论的时候又有了哪些收获？

生：消防队员衣服上还有一些尼龙扣，能加快他们穿衣服。

师：这是刚才没有想到的，有魔术贴。

生：鞋子我们只想到防火、隔热、防滑，没想到里面还有钢板，防砸。

师：接下来我们来看女同学研究的护士服。护士服看上去要比消防服来得简单，看看我们的女同学能不能说全。

生：帽子是包住头发，防止头发掉进药里。衣服是白色的，看起来很干净，能让病人放心地看病。还有一个口袋，她的口袋是方便记录病人病情。她的鞋子是很轻的，为了不打扰病人休息。护士服象征护士职业。

生：帽子叫燕尾帽，干净整洁不让灰尘掉进去，上面（指蓝条）有可以当上护士的标志。白大褂干净整洁。不知道大家有没有注意到袖子都是长袖以防被病毒传染。口袋可以装写字的笔和单子。平底鞋，走路起来很轻，发出声音也是很轻的，以免打扰到病房里的病人。

生：我们小组的研究是这样的。帽子呢是把头发盖住保持卫生，不让病菌掉入药里。衣领竖起是为了保护护士的脖子。衣服是白色的，除了象征是白衣天使，这种颜色还会给病人带来放松，不会给病人带来紧张。鞋子走起来非常轻盈，不会打扰病房里的病人。因为医院是需要安静的。

师：女同学很细心，说得很全，在其他班里上的时候都没有同学注意到护士帽上的这条蓝杠，第二组女同学注意到了，但是她说是护士的标志，等会儿我们听听看，是不是护士的标志？她注意到了，但是她有没有说清楚。我请护士阿姨来和大家说一说。（播放视频）

师：刚才这个女同学注意到了这个蓝杠，但是一般的护士有没有这条蓝杠啊？这是职位的象征。杠越多职位越高，有一点像我们的小队长、中队长、大队长。

师：听了以后又有了哪些收获？

生：我的收获是，我们原先没有注意到护士帽上的那条蓝杠，现在我们知道了护士帽上的蓝杠越多护士的职位也越高。

师：今天男女同学都学得不错，老师奖励同学让同学们看更多的消防服和护士服的样式。同样是消防服和护士服，样式还有那么多呢！

师：学到这里，我们再回到前面提出的这个问题，为什么不同的职业对服装有不同的要求？

生：我觉得不同的职业有不同的需求，比如说消防服它需要很快地穿上服装，很快地去灭火。而护士服是要求舒适、整洁、卫生，所以呢职业需求不同，意义不同，就需要不同的职业服装。

生：人们的工作环境不同，所以服装就不同。

师：护士服不能去救火哦。

生：我爸爸是修电视机的，电视机品牌多，为了不会搞混，所以要有各自的服装。

师：通过同学们这样的研究就明白了，不同的职业有不同的需要，不同的环境也有不同的要求，所以他们的服装是不一样的。大家学得很好。

师：课前老师请同学们回去向自己的家人了解他们是不是穿职业服装工作的。目前，我了解到我们班有9位同学的家人是穿职业服饰工作的。我们就请这9位同学回到家里去采访这些家人，他们有的是面对面采访，有的是电话采访。徐老师的要求是，问问他们从事什么工作，他们穿的是什么职业服装，他们穿着职业服装工作时心里有什么感受？（学生上台汇报）

生：照片上的人是我的姑姑，姑姑是小区里管理物业的主任。她的上衣是黑色的，裤子是白色的，她穿着服装感觉非常自豪。衣服很舒适，能方便她很快地为小区的人服务。这个服装十分的快捷。

生：大家看到的这幅照片上的人就是我舅舅，他是当兵的，他头戴钢盔身穿迷彩服，脚蹬军靴，身背水壶，很神气。他穿着这身制服的感受是，可以保卫国家，非常自豪。

生：大家好，这张照片上的人是我的爸爸。我爸爸身穿的是红黄相间的工作服，在他衣服的右上角有一个 LG 售后服务的标志。他的工作就是做 LG 电视机售后服务。因为修理电视的公司很多，每家公司都要有各自公司的标志。这样大家就可以识别哪个人是哪家公司的了。爸爸觉得在别人有东西需要维修的时候，他去帮助别人，解除别人的焦急，是很快乐的事情。

生：大家好，这位穿着新兵制服的是我的表哥。他穿的服装是白色、黑色、棕色组成的，头戴有五角星的帽子。这件衣服适合训练，他说他穿上这件衣服，感到非常自豪，因为他能保家卫国了，能让我们平安快乐地生活。

生：这张图片上的人是我爸爸和他的同事。我爸爸的职业是火车上的乘警。他的服饰是头上戴黑色帽子，身穿黑色衣服，脚上要穿皮鞋。他觉得穿着这件衣服很自豪。他在火车上，可以让乘客们更安全。乘客们也可以很快找到他，有事情可以尽快解决。

生：图片上的这位是我的妈妈。她是哈根达斯的店员，她戴着红色贝雷帽、白色领结，穿着红色 T 恤、红色短裙，加上褐色围裙，这身衣服漂亮整洁干净。顾客看见这样干净的服务员，就会很放心吃店里的食品。顾客的满意，顾客的放心就是服务最大的动力。

生：图片上的人是我的妈妈。她是 114 号码百事通的员工。她穿的衣服是灰色小背心配白色的衬衫，红色的小短裙，戴着彩色的丝绸围巾。大家如果仔细一看就会发现，彩色的丝绸上面有一个 114 号码百事通的专属标志。她穿着这件衣服感觉十分轻便、整洁、朴素。她说她为能穿上这么整洁的服装而骄傲，也能用更快的速度为人民服务。

生:大家好,今天我给大家讲的是我的妈妈。我的妈妈是在金源宾馆当服务员的。她穿着白衣服、黑裙子,这套服装代表的是宾馆的形象,也是岗位精神面貌的象征。做服务员最开心的事是能为别人服务,能让客人满意。

生:大家好,图片上的是我的舅舅。我的舅舅是一名狱警。他穿的衣服是灰色的,上面有一枚胸章,胸章上标有狱警两个字。这是为了与普通警察区别开来。普通警察通常负责抓捕犯人,但是我的舅舅是负责看管犯人和教育犯人的。如果能认真地工作说不定能让好多的犯人改邪归正。那说不定就对社会的安定有很大的作用。这使舅舅想到如果他多尽一点职责,那不是也不愧对这身制服吗?

师:同学们以及你们的家人说得太好了,是啊,(播放一组视频)在生活中,我们可能叫不出他们的名字,也许记不住他们的容貌,但是只要看见这一身身代表职业的服装,病人就会多一份战胜病魔的勇气(医护人员治疗病人图),出远门的人就会对旅途充满美好的向往(空乘人员一行图),路上的行人就会对环境整洁多一份期待(环卫工人清扫图)、爱科学的人们会对太空的奥秘更加心驰神往(航天员图),受灾的人们更是看见了生的希望(救援人员救灾图)。同学们,这就是职业服饰带来的职业形象。良好的职业形象能使我们的生活、我们的社会变得很美好。最后,老师请同学们欣赏更多职业种类的职业服装的图片,有兴趣的同学可以做更多的了解。

研讨互动

主持人:安吉路实验学校 朱晓岚
执教者:拱墅区莫干山路小学 郁明　下城区教育研究发展中心　徐　园
嘉宾:下城区求知小学 陈群云　下城区东园小学 俞蕊莲　拱墅区德胜小学　廖　红
主持人:先请两位执教者说说今天上课的感受。

徐老师:我就说说为什么上这堂课吧。第一个关键词是填补空白。为什么这样说呢?因为这篇课文的第一课时《多彩的民族服饰》,很多老师都上过,而且精彩纷呈。这么多年,可能是我了解不够,真的还没有听到过"职业服装"这一课,所以我大胆尝试,填补空白。第二个关键词是落实常规,就是一定要把常规落实到课堂中去。我们的老师千万不能随意缩短课时,一定要按规定的课时数来上课。我今天上第二课时就是让老师对《多彩服饰》这一课有比较完整的感受。第一课时(民族服饰)很成熟,我将第二课时展现出来,有助于促进常规的落实。另外,我也是抛砖引玉,也是为了鼓励一线教师。我作为教研员也就是这样上课,没有什么好怕的,好好地学习,好好地研究,不管怎样都是好的。

郁老师:今天选这节课的原因是再过三天,就是5月31日——世界无烟日。今天上这堂课,还是比较应景的。这堂课如果真的要说有什么特点的话,可能就是生活和真情这两个关键词。第一个是生活。这节课中所有资源全部来自孩子生活。一开始,因为这节课从孩子对香烟的了解入手,老师做的就是将孩子的认知推向一个更高的平台。比如说,他们本来只知道香烟里有一些危害的物质,那么,我就选择从"焦油"入手帮助孩子做进一步深入了解,然后做一组 PPT 告诉孩子香烟还有很多危害。第二个是真情,你比方说,当孩子看到视频的时候,可能会有一点感受,但是,因为没有跟他自己的情感建立联系,所以,他看见的时候很茫然。但是,当我们提出,如果这肺是你爷爷、你爸爸、你外公等亲人的,那个时候你有什么话想说? 这个时候,孩子更多是担忧,包括后来,家里戒烟故事,整个环节孩子在说的时候,都是充满亲情。

主持人:两位老师上课的时候,下面老师听得津津有味。不少老师在专门开通的微博上面就发表了自己的观点。如有老师说,每次听这节课都有特别深的感受,想想小的时候,怎么劝爸爸戒烟。像郁老师讲的这两点,有的老师也感受到了,有的老师说,郁老师能够抓住一点,如肺的图片,进行逐步的深抓,利用图片的价值形象地教学,让学生感受到强烈的震撼。徐老师这堂课,也给老师很多启发和感受,我们身边这么多职业服装,竟然也有这么大的学问。徐老师选择学生们感兴趣,且具有特点的职业服装,采用小组合作学习的方式,这虽然是我们传统的教学方式,但是它能让每个同学都参与到课堂中,成为课堂的主人,从而使学习效果非常明显。

俞老师:作为东道主,先由我来讲一讲。我非常荣幸有这个机会与各位专家、老师一起交流。两位老师的课给我留下非常深刻的印象。郁老师大气、睿智,徐老师很亲切、很精致。两节课都一样精彩。由于时间的关系,我就郁老师的这节课《培养良好的生活习惯》在教学内容的选择方面和大家谈一谈自己的感受。我觉得,郁老师的这节课真实地体现了走进学生的生活的思想。学生的品德形成源于他们对生活的体验、认识和感悟。只有源于贴近生活的内容,才能启发他们内心的而非表面的道德情感,真实的而非虚假的道德体验。基于对走进生活意义的理解,我们不难发现,郁老师在教学设计的每一板块都是与生活紧紧相连的,都有其明确的意义所在,鲜明地体现着源于生活而高于生活的理念。在课堂上我们看到,郁老师叫孩子们课前对亲人的调查,课中与学生面对面聊天式的教学,在亲近和熟悉中自然而然就唤醒儿童对生活的回忆,引发学生的情感共鸣,让学生的心灵发生着质变。第二点我觉得是真正实现了情景交融。基于对亲人的调查,基于对画面的认同感,课堂上学生、老师、教材三块都被发自内心的情感拴在一起。学生始终带着一种情感在上课。课堂上,郁老师把关注亲人抽烟的情况和一些具体的数据、图片非常有震撼力地呈现在我们面前,使学生的心灵一次次被震动。让我印象最深的一个板块是郁老师问:明知香烟危害这么大,为什么有人还要抽呢? 然后小组讨论,反馈深入。这里交流了很多各自家庭中爸爸戒烟的故事,把情感推向了高潮。到课末,也是我印象比较深刻的,郁老师通过中外香烟包装上对比,使学生真正感觉到了吸烟的危害。我还清楚地记得,郁老师问坐在这边的一个小女孩在选择香烟包装,应该是华贵、华丽的还是丑陋的? 她就说,应该选择丑陋的。相信,孩子们这样的回答是真正从内心认识到了吸烟的危害,从而产生拒绝吸烟这样一个意愿。另外,我也被科普了,第一次听到三手烟这样的概念,我也要谢谢郁老师。

廖老师:今天活动的主题是“名师好课堂”,我个人认为,好课堂就是真实的课堂。两位老师在下午两节课中都非常清晰地向我们诠释了什么叫作“真课堂”。郁老师执教的《培养良好的生活习惯》一课,就像他刚才所说的,选择的资源和活动都是源于学生的生活。比如说,刚才他也讲到了,其实烟对于学生来说是比较远的,为了激发学生的情感,郁老师用让学生摸一摸、闻一闻、看一看、议一议的方式建立体验的情感,为后面的学习埋下伏笔。还有,郁老师问学生,如果这个肺是你爷爷的肺,那你会怎样想呢?这样的话题立马就唤起了学生的生活记忆,对亲人的担忧,这种生活化情感的调动让学生情激起来、心动起来,触动了学生内心丰富的情感。徐老师的课也是如此。在课堂开始,她就用一组图片,唤起学生生活情感,继而,徐老师充分利用这组图片,继续挖掘学生的生活情感,这些情感的体验唤起了学生对学习内容的共鸣。徐老师这种循循善诱的开场,非常值得我学习。同时,徐老师让学生在课前采访很多不同职业的人,让学生在课堂上介绍,我觉得徐老师把生活带入了课堂,这样的课堂真不愧是真实的课堂。同时,我觉得这两位老师还有一个共同的特点,那就是都非常尊重学生的课堂生活质量,像郁老师在课堂上让学生学得比较轻松,学生和老师、学生和学生之间都有比较愉快的对话,如学生开篇所说的,他是一个最幽默的老师,学生在这节课的学习,我想肯定会有不一样的收获。徐老师也是这样,听了徐老师的课,我觉得非常轻松和亲切,她非常有亲和力,运用小组学习来调动学生的学习积极性,用男生女生研究不同服饰的方式促使全员参与,学生的知识面增量明显。总之,这两节课让我受益匪浅,对我启迪颇多。但既然是生活化的课堂,教材中有喝酒、抽烟、上网等内容,你为什么选择离学生生活比较远的抽烟这个话题,你是怎么考虑的?

郁老师:我曾经对整个教材做过一个梳理。关于网络,三年级和四年级中都有所涉及。所以,我觉得上网这个问题在这一册中不是重点,至少,不是浓墨重彩的一笔。之所以选择吸烟这个话题,是基于对现实生活的考虑,因为现在中国的烟民数量实在太大。虽然,孩子们现在没有抽烟,但这是这种预防性的教育,达成延后性的目标,对孩子未来生活具有指导意义。小学品德与生活课一方面要关注的是孩子当下的生活和质量,另一方面,要引领孩子过好未来的生活。那么,今天这一节课,它的定位是在引领孩子过好未来美好而幸福的生活,所以在教学内容上我做了这样的选择。

廖老师:听了郁老师的观点阐述,我自己对教材有了更深的理解。

主持人:现在请陈老师讲几句。

陈老师:我讲三句话吧。第一句话是:领略名师风采,敬佩有加。郁老师幽默、风趣、睿智、理性。徐老师亲和、严谨、耐心、智慧。我在他们两位老师身上,更看到了大气、精致的教学风格,值得我们所有的品德教师细细回味和欣赏。第二句话:目标内容紧密结合,定位准确。这两位老师都选择了教材当中最主要的内容来进行设计和教学。郁老师上的《培养良好的生活习惯》一课中选择吸烟这个内容来进行细致入微的教学。徐老师上的《多彩服饰》中选择职业服饰进行教学,目标和内容的定位都很准确、合理。第三句话:以生为本,情景交融。我感到这两位老师都能让学生自己去深入细致地探究教学内容,老师只是起到铺路、搭桥的作用。郁老师这堂课,我已经第二次听了,但是,我发现这堂课中,郁老师对吸烟有害有了更深入的挖掘,如讲香烟危害这个环节,增加了认识焦油,看一看、闻一闻、想一想20年后的这个肺,再来议一议等环节,让孩子们对香烟的危害有更直观的感受。徐老师让学生对消防服和护士服的合作探究,让我看到了孩子们对职业服饰的深入思考,我从来没想过,职业服饰原来可以有这么多可以探究的内容。这样一个师生互动、生生互动的课堂,在活动中增加师生情感的课堂,是值得我们大家学习的,也是我们孜孜以求的。

主持人:下面听课的老师肯定也有不少的想法,谁愿意分享一下。

求知小学金晓兰:今天下午听了两堂课,徐老师的课带给我们很大的感触,首先第一点,平时我们听到的大都是《多彩服饰》第一课时,徐老师今天上第二课时,有点出乎大家的意料。这节课让我觉得非常好的有:(1)选择"Do 都城"这个教学环节。平时我们在上职业服的时候,很多老师会一愣,不知如何着手。徐老师选择了 Do 都城这个学生经常会去体验的地方,拉近了教材与学生的距离,唤起了学生以往的生活经验。(2)在课堂教学中有一个重点是消防服和护士服,我想,这是经过徐老师思考的,她注意到了学生未来职业选择的差异,这是很重要的,如果光是讲消防服,可能女生不是很感兴趣;光是讲护士服,男生又不感兴趣。老师注意到的这个细节非常重要,而且是个亮点。(3)刚才上课过程中,教学方法比较多样,有小组学习和汇报,有采访家里的亲人等等,收到了很好的效果。但我有个小小的疑问,Do 都城很多学校的孩子都去体验过,我看了一下这些照片上,好像不是我们学生提供的照片,为什么不选用他们的照片?

徐老师:我对金老师刚才说的第 2 点作一个说明,不是我自己定下来要具体讲消防服和护士服,而是基于对学生需求的调查,了解到这个班男同学对消防服比较感兴趣,女同学对护士服比较感兴趣,才决定的。另外,这个班的同学也提供了一些在 Do 都城体验的照片,但是由于他们当时不知道我上课的意图,所以提供的照片,不太适用,网上的照片效果好一些。

微博总汇

关于《培养良好的生活习惯》

＊郁校长轻松自如地驾驭课堂,和学生平等交流彼此的看法,创设了和谐的气氛。图片的对比,达成强烈的视觉效果,给了孩子心灵的震撼。

＊郁校长风趣的教学风格让课堂充满生机,让学生在轻松的氛围中习得知识,值得我们学习。

＊郁老师从孩子们身边的生活入手,穿插相关数据,相信"拒绝第一口烟"已经在孩子们心里扎根。

＊"拒绝第一口烟",孩子们的感悟一定是很深刻的。

＊郁老师能够抓住一点深挖,利用图片直观形象地教学,给学生深深的震撼。

＊同学积极性很高,课堂气氛很活跃。

＊郁明校长的教学很能激发学生的思考,牵动学生的心,通过讲述美国中学生因烟患病离世,观看新烟草包装上警示图,让学生进一步感受人类对自身健康习惯改变的重视,引发学生进一步思考。

＊郁校长的课堂让人感到真实,贴近生活。大量的图片对比,使学生的内心受到震撼,值得学习。

＊郁老师在轻松的氛围里上了一节话题较沉重的课,相信孩子们上了这节课后会从心底里拒绝吸烟,这也达到了我们品德课的基本目标! 赞一个!

＊郁明老师的课还是一如既往地大气、睿智! 真不错,真心赞一个。

＊品德的重要任务是把道理向学生讲明白,让他们信服,郁明老师用数据、身边事例说话,增强了可信度。

＊相对抽象的物质,配上形象的图片,有助于学生理解,老师的教学手段很巧妙。

＊身边的故事更鲜活,学生体验更深刻。

＊拒绝第一口烟,从生活中来,补充案例,再回到生活,从而让学生反思生活。

＊郁校长的课轻松幽默不失严谨,学生们热烈讨论真情真性。

关于《多彩的服饰》

＊Do 都城来了,学生话多了。品德课来源于生活才能激起学习的兴趣。

＊挑战啊挑战,多彩的服饰选择民族服饰不算挑战,选择职业服饰真够挑战!

＊徐园老师由 Do 都城引入,让孩子们有话说。

＊徐老师这个切入点抓得好,抓住同学们在 Do 都城的体验经历,引出了职业服装这个话题,很自然,能够勾起学生的生活体验。

＊徐老师从学生熟悉的、感兴趣的话题引入,激发学习兴趣。

＊徐老师在课前就学生感兴趣的服装做调查,课中用小组合作的方式探究护士服和消防服的功能,让学生了解各种职业服饰的特点,感受服饰的多姿多彩。

＊创新的视角,有效的课堂! 赞一个。

＊让孩子们自己去发现职业服饰的作用,非常好。

＊在品德这块沃土,有一群人在执着地耕耘着。

＊以两种职业服装为例,以小见大研究职业服装的特点,具有针对性。

＊课的结尾,徐老师让孩子回答一开始提出的问题:为什么不同职业对服装有不同的要求? 前后有呼应。

＊徐老师选择学生感兴趣的话题,采用小组合作探究的方式,让每个同学都参与课堂,成为课堂的主人,收效很明显。

＊两位老师的课精彩纷呈,让我学到了很多。特别是徐老师的课,以"Do 都城"引入,成功地把课的内容和孩子的生活联系起来,也激发了学生的兴趣。

＊孩子们的汇报太精彩了!

＊很多孩子们研究的服饰部位的作用我还真不知道,呵呵,学习学习!

＊诗一样的课堂。在徐老师的带领下,我们了解了更多职业服装的功能。

＊学生对家人的职业服装进行介绍,展示各行各业的服饰中蕴含的职业形象。

＊徐老师抓住学生学习的兴趣点,循循善诱地引导孩子自主发现,恰到好处地点评、补充,学习增量大。

＊徐老师亲切的笑容,温和的语调,使人感觉很有亲和力。

＊徐老师这个切入点抓得好,抓住同学们玩过的 Do 都城的体验来引出职业服装这个话题,很自然,能够勾起学生的生活体验。

＊徐老师深情的描述,让我们更深切地了解到了各种职业服装中蕴含的职业形象。

＊东园小学的孩子们精彩的回答是他们对课堂最真实的反馈!

＊《多彩服饰》一课听过许多版本,自己也上过。听徐老师的创新演绎,令人耳目一新。真不错,名师! 好课堂!

＊平时更多的是受到徐老师的谆谆教导,哈,今日得见徐老师上台执教了,期待! 那亲切的教态已令人倾倒。

＊由消防服和护士服拓展到职业服饰与职业的关系,由点到面,层层递进,目标清晰。

关于刘力教授的点评和讲座

＊精彩的互动! 听课的、上课的老师都十分投入,这种探讨让我们走得更远,看到的风景更多,品德是片芳草地,这里风景独好!

＊今天的活动让我们一线教师感受名师风采,对比自身教学,思考课堂走向,有很多反思的空间。

＊浙教版品德教材执行主编、浙江大学博士生导师刘力教授幽默的讲座,把与会的品德老师带到了一个新的高度,刘教授以全新的视角来审视我们的品德学科,让我们进一步深入理解为何教、教什么、怎样教。

＊徐老师说:让孩子们相信这个世界是美好的! 说得真好! 这正是我们品德老师要去做的,在相信中孩子们才可能有发自内心的、真正的感动。

＊刘力教授说:记住教的学生都不是笼统的学生,而是具体的学生。我们应更加专注于我们的品德学科,开放学生的生活资源,走进学生的心里,让品德学科更加专业!

名师结对

参加者:刘力(小学《品德与社会》教材执行主编、浙江省中小学名师名校长工作站站长);徐园(下城区小学品德教研员、省优秀教研员、市教坛新秀、市学科带头人)

(徐老师向刘教授献花)

徐老师:感谢名师名校长工作站和区研发中心给教研员这样一个学习的平台,感谢刘教授欣然接受我提出的这个拜师要求,使我在今后的工作中,在教学研究中少走弯路,少碰钉子。我在这里表个态,一定好好向师傅学习,一定不辜负师傅的期望。

刘教授:11 年前,我确实担任了浙教版《品德与社会》八册教材的执行主编,后面没有继续的原因在于教材编写难度很大,所以后来基本都由各区县市的教研员来把教材中的一些缺陷矫正完善。首先,有了徐老师这个徒弟呢,能保留我这段比较长的学术、教研工作的记忆。其次,徐老师的道德水平一定比我高,所以有这样的徒弟在,会逼着我不断往"德高"方面发展,真正做一个德高望重的人。第三,这个领域的研究是非常有价值的,所以我欣然接受了。为什么这么说呢,我待会儿会谈谈我的一些感想,跟在座的各位分享。

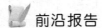 前沿报告

为何教 教什么 怎么教

——小学《品德与社会》实验教材的结构说明与教学建议

主讲人：小学《品德与社会》执行主编、浙江省中小学名师名校长工作站站长刘力教授

刚才大家都对两堂课做了评价，现在我来看这两节课，我的角度可能和大家不一样，大家是从这些课中谈想法，我呢是以我的想法来谈这两节课，给我的想法做一个印证。

我先谈的一个感受是什么呢？不知道各位有没有想到，如果说其他学科的老师，他本人和他要传授的这门学科的知识还是可以有个界限的话，那么对品德老师来说，"我就是品德"，"我就是这门学科"。新课改有一句话，教师也是课程，这个在品德老师的身上应该有更深刻的体现。用句时髦的话，品德老师该是一个什么范儿？各位好好思考。比如说，我在听课的时候，我首先是观察，什么是道德？道德是处理人和人的关系的行为准则，你在教孩子的时候，你自己在这堂课上，你师生关系的行为准则你处理得怎么样？也就是说，当一个品德老师走进课堂和其他老师走进课堂相比，他在我心中有种更特别的地方，他就是品德。所以我不仅看他怎么带领学生来掌握品德知识发展和道德情感，我更要看他本身在这堂课上是怎么做的。其实，刚才好像有几位老师表扬了你们二位，当然，表扬你们亲和什么的还不够，还不够到位，但是你们已经注意到了，品德老师走进课堂，他本身的师生关系该怎么处理呢？你想想看，如果一个人正儿八经的，训斥一样地来教这些东西，他会得到什么效果，会得到道德效果吗？在座的各位都是这个学科的骨干，你们要好好思考、体会，什么叫作品德？对于我们每一个教品德的人来说，我就是品德。他的知识和他的本人是融为一体的。他本身在课堂上他所展示的师生关系的行为准则就应该是道德的。有时候，我经常会看到，有些老师教这门课用一些不道德的方式，我就觉得很失败，尽管看上去好像很有效率，任务完成得很好。可能我跟各位在座的不一样，我不先盯牢教学目标、教材教法，我知道道德是处理人和人的关系的行为准则，我首先看你处理得怎么样。如果要用比较学术的话来讲，教别的学科可以是一个知识实践的话，那么教品德更是一种情感实践。这就对我们品德老师提出了比其他老师更高的道德要求，如果其他老师教他的学科，他要教的东西跟他还能有一个界限的话，品德老师就必须是"我就是品德"，我就是这门学科。

第二，我想讲的是，非常有意思的是，今天二位的课都各有侧重，其实做人和做事也各有侧重，做人叫伦理道德，它处理人格的关系，做事叫职业道德。这门课叫品德与社会，这两种东西其实都是我们在教材中都要侧重的。我们当然是从整个教材来讲，因为它叫品德与社会，我们希望既把品德的东西摆在里头，也把社会的知识摆在里头。但是，我是非常担心很多老师，比如碰到这个"服饰"，他就只讲社会了，介绍这样那样的服装了；或者只讲职业道德了，其实职业道德和人际关系也是在一起的。今天是拿一个抽象的"职业"来做，因此好像没有涉及人和人之间的关系，但是，其中有一桩，医生和病人

的关系要遵从道德关系,这个中间还有很多可以挖掘的。大家一定要记住,它叫品德与社会,你不要因为这节课是侧重品德的,你就只讲品德不讲社会,这不行,只讲社会不讲品德也不行。像今天郁明老师的课是在形成一个好习惯,还能够从社会这个角度渗透进去;徐园老师的课,在讲社会的同时还要渗透品德,把职业道德做了一个很好的渗透。做人、做事的道理都带出了。品德和社会是一门综合课程,请大家务必要整合性地教。尽管每一课、每一单元有的侧重品德,有的侧重社会,但是,我们整个编写的意图只希望大家整合性地教,只不过有些可以以品德带出社会,有的以侧重社会课为主的课文可以用社会来渗透品德。这也是我来看一堂课是不是成功的一条标准。

第三,新课标有一句话,我们不光是教教材,更要用教材教。我很推荐一种关键词教学法。中国教育有一个固有的经验,那就是希望大家把握知识点,这其实是我们中国教育的经验,尽管这个经验有不同的争论,但是在实践中还是占主要地位。不管什么学科都有知识点。其实,大家今天听这两位老师的课,他们都是把握这个的。(后又补充:不光是教教材,更要用教材教。因为教材再怎么编,还是有很多局限的,新课改也非常注重开发课程资源,两位老师整合开发了很多资源,所以可见教好品德课是要花很多功夫的。)

第四,想体现一个想法,也就是我们今天课改的理念。什么想法呢?那就是,知识是建构的。本来有一些问题,它既然是建构的,好的品德课是让学生很"自然"地碰到问题。这个问题不像是老师刻意扔出来的,在上课过程中,自然地就碰到了这个问题,而这个问题又恰恰是生活中碰到的、教材中需要教的问题,这就要考验到教学智慧了。这个问题不是灌输进去的,而是需要学生进行辨析的。这是我在关键词教学法中一直强调的。

第五,近年来,教育心理学研究发现了一个事实:无论课堂中所讨论的问题与社会现实情况有多相似,学生处理这些问题时的态度与行为方式,始终与他们在真实的生活情境中有区别。这意味着什么呢?我们常常有句话,上好课了,通过作业帮助学生去练习巩固,用一句心理学的话叫迁移。而品德课,它从教开始就带着迁移的态度。品德课和别的课不一样,如果说别的学科先教再巩固再迁移的话,品德教学从一进入教学之中,就是抱着学要迁移,要用品德的问题去解决生活中的实际问题的态度。也正因为如此,怎样尽可能地为学生创设真实的或模拟接近真实的情景是非常重要的。第一节课,虽然我没有听,但是从你们的介绍来讲,他做到了。第二节课他也必须做到。这两个问题真巧,恰恰是跟学生关系很大的。如果平时的课还要考虑到教学效果、时间的安排太紧张的话,叫个消防员、叫个护士,效果能够好得很,学生与他们展开的讨论也会好得很,甚至有可能拉到现场去就更真实。这确实是心理学界的一个观念,品德一定是在社会情境中发生的。有人老问:品德能在课堂中教出来吗?"名师好课堂"在今天这个课堂来看,它是很宽泛的,它不像其他学科是特定含义的课堂,我们会比较宽泛地来看,老师们都很注意他们的拓展,至少大家都意识到了这个问题。关键词教学法,除了把握知识点之外,知识要建构,教学要迁移。我们教,教的整个过程都要迁移,这又是品德学科和别的学科比较不一样的地方。

校长教品德是很多的，像郁校长这样专业的人来教是很厉害的。徐园老师是教研员，真正地下水教研，自己来上课。可以请郁校长给专门教品德的校长开个专场，教教他们。想到小学数学老师朱乐平也是经常自己下水教研。所以，这二位本身今天的上课也能给我们带来很多的思考。

接下来呢，我想谈几个问题，这几个问题呢，大家如果有兴趣，在现场我们可以进行讨论，或者留给大家去思考。

第一个问题，我这里把社会撇开，我们还是以品德学习为主，品德学习，学习的实质到底是什么？如果把这个问题再展开一点的话，学生如何获得品德的知识？这里头，我先发表一些观点，有人问，品德是教出来的吗？如果说，其他学科的知识是可以教出来的，品德当然也有教的部分，但是，因为品德涉及一个人人格的修养，品德的实质，在某种意义上，它是陶冶出来的，可惜今天的教育只研究教学，不研究陶冶，我们从上到下有教学研究室，没有陶冶研究室，我们看到很多文章都谈教学原理、方法、教学设计，没有人谈陶冶的原理和方法、陶冶的设计。所以，品德学习的实质不能只在"教"上做文章，大家要去思考教学上还有"陶冶"的问题。其实，这个在中国古代，有很多体现。只不过，今天，品德学科被其他学科同化了，一股脑儿地都向"教"字投降了。我不知道各位怎么思考这个问题。品德和人格，在"教学"和"陶冶"上怎么理解？这是我想跟大家分享的第一个问题，品德学习的实质到底是什么？学生究竟是通过教获得知识还是通过陶冶获得知识，获得素养？

第二个问题，品德学习的结果。其实，这个问题看起来很简单，是教材中有目标的东西，其实实质上根本没有搞清楚，什么样的人是算受过品德教育的？或者说，品德的教学和陶冶究竟在学生的头脑中形成什么？要在他的行为上表现出什么？我们是不是做过深入的思考？究竟这种学习，它会在学生的身上、头脑中形成什么？在他的行为上表现出什么？或者说，什么样的人算是受过道德教育的？对这个问题，我们究竟在理论上有没有做很深入的思考？我觉得，这个也是我们这个培训班——名师好课堂应该思考的问题。

第三个问题，品德学习的过程。为了达到品德学习这样的结果，我们究竟应该用什么样的方式进行怎么样的品德教育？我没有用"教学"，这个"教育"可以包括"教学"和"陶冶"。它的机制是怎么样的？是教出来的？陶冶出来的？是接受式的还是研究式的或者其他的？我们会涉及这样一个问题的思考。

第四个问题，品德学习的条件和规律是什么？任何学习都不会无条件的，如果你要搞好品德学习，首先要有条件，要明白它的规律到底是什么。或者换句话说，类似这样的活动，我们总想理顺完成品德学习所需要的条件，我们究竟要遵循什么样的规律？

我相信，当我们了解了品德学习的实质、条件、过程、结果后，我们就会对我们日常开展的品德教学有更深的认识。

（互动探讨）

徐老师：从去年开始，区里就在研究打造"感动课堂"。本人评高级职称的时候，专家跟我交流的时候也问了这个问题。我呢比较反对"美德袋"这样的观点，即机械地在学生的口袋里装道德。刘教授刚刚说的"陶冶",我很认同,我理解为让学生在课堂中有感动。德育是知情意行的过程,而且是螺旋上升的过程,前进中有曲折,曲折中在前进,并不断地上升。所以呢,品德教学的"知情意行",读读只要两秒钟,其实从知到情,从情到意,从意到行是漫长的过程,有时其缺口需要在我们老师的帮助下去填的。

刘教授:其实品德的问题,不是他不知道这个知识,而是情感上的问题,所以,包括在你们的课堂上,我认为的课堂学习的实质,我为什么用"陶冶"来定义呢?情感是需要陶冶的,知识是可以教的。换句话说,教很多知识是没有问题的,关键是情感的实践如何进入到里头,也是很重要的一个方面,这恰恰是我追问的时候想知道的。所以,徐老师虽然是平铺直叙地讲了,但我更希望的是道德行为落实在情绪情感上,我们怎样对教学加以设计?

徐老师:我现在的研究是"打造感动课堂",应该来说路还是对的,对学生来说,激发他们的情感,激起他们的对道德认知的认同。中央电视台有一档节目叫《感动中国》,我每年都看,特别是今年这台节目的最后,敬一丹和白岩松说:我们为什么要聚集这么多的人物来感召大家,首先我们要大家相信这个世界是美好的……结尾部分一共出现了6个"相信",要大家相信美好是存在的,正能量是存在的。我们在课堂中怎样让学生真的是感动起来,探索的道路很漫长。

刘教授:古人只讨论知难行易、行难知易,其实"情"在这中间起了决定性的作用,徐老师接下来要研究的就是这样的课堂,很好。

郁老师:跟大家讲两组关键词。第一组叫"生活课堂、课堂生活"。"生活课堂"很好理解,因为品德学科它本身生活化的资源、生活化的话题、生活化的评价都在这个生活课堂当中,那么我着重想讲的是"课堂生活",孩子进入课堂以后,他有 40 分钟的课堂生活,这个 40 分钟事实上是他生命中的一部分,换而言之,孩子在这一课堂的幸福度很大程度上会影响到他童年的幸福度。那也就是说,我们给孩子怎么样的课堂,就是给他怎么样的童年。孩子在学校的四分之三时间是在课堂度过的,所以由此可见,我们学生的课堂生活是极其重要的。我们现在有这样一种观念,总认为今天的学习是为明天做准备的。那么我们恰恰忽视了一点,就是如何去关注孩子们当下的生活。网上流行两句话:今天不努力,将来开夏利。吃得苦中苦,将来开路虎。我们在教育孩子的时候也是这样,"孩子,我这是为你好。现在我说的话,你不一定明白,你将来就会明白了"。我们想说的是,孩子今天当下的生活都没有关注好,怎么去关注未来的生活?"生活课堂、课堂生活",前者是基于课程的特性,后者是基于对人,特别是对学生的关心。

第二组词叫"情感学科、学科情感"。这一门课程最大的特征就是情感、态度、价值观是位于所有目标之首的。我着重想讲的是"学科情感"。主要从两方面来讲,一个是教师,如果教师对这门学科认同了,他自然就会产生学科的情感。品德课是最难上的,有时候上一个内容,前面要花好多的时间去准备,包括资源的开发、资源的搜集,包括教学的设计等等,但是,如果我们有这样的情感,我们就会觉得,课前花再多的时间,都不会觉得累,因为我们是爱这门学科的。孩子也是这样,孩子只有对这一门学科拥有了学科情感以后,他才能够投入地去学习、付出,课前做一些搜集,课后做一些作业,他不会觉得这是一件很辛苦的事情，反而在这个过程中他认为收获很多。我们在课堂上讲的这些知识也好，做的这些指导也好，只有他相信这门学科，相信这位老师，他才能够起到作用，要不然一切都是空的。

刘力教授：谢谢两位老师，其实在座的都会有自己的想法。对于此类问题，在日常生活中进行思考和研讨是非常有价值的。

我最后还想谈两点。从我编教材的角度来讲呢，应该按照课标编，但那些都是底线道德，其实我觉得，道德要高尚，今天，人们在批评中国的基础教育，其实道德滑坡是一个很大的问题。对正在成长中的儿童，我建议大家在教材之外，增加一些道德高尚方面的教育。我觉得培养一个高尚的人，真的是我们每个教师的追求。《感动中国》就那么点人，我担心，我们的道德再不高尚，将来没有《感动中国》了。确实，道德滑坡是一个不能不回避的问题，教材中很难解决这个问题了，因为它被课标限制了，以基础道德为主，但我们要把学生向高尚的方向去引导。所以，这就是我利用这个机会，向各位骨干教师提的一个建议。

第二个问题，品德学科好像没有因材施教的问题，大家有没有发现？品德学科有没有因材施教的问题？它既然是一门学科，既然要学专门的知识，其实都有一个差异的问题，都有一个因材施教的问题。我们不能把全班当作一个人来教，品德课如何注重差异性，如何因材施教在很多展示课中来说似乎是一个盲点。我用一个国外学者的话："作为一名教师，你不应该只从教出发，只想着你自己，只想着你所知道的一切……你教的不是一个班，你教的是一个个学生，课堂上的分分秒秒必须属于学生——不是笼统的学生，而是一个个具体的学生。"这也算是我听了这两堂课的感受，不要只是笼统的学生，而是一个个具体的学生，你们教的不是一个班，而是一个个学生。道德能力是有差异的，不光是认知能力了，这个我觉得也是我们学科不能回避的问题。所以，面向教学，我们应该具有怎样的知识、能力，我们又该怎样为了我们国家的道德水准的提高，培养出有道德的下一代，任重而道远。所以，在这里，我向所有从事这方面工作的老师们表示深深的敬意，谢谢。

反响与关注

第五期名师好课堂·小学品德教学研训活动成功举行

（2013 年 6 月 7 日，下教网热点新闻）

5 月 28 日，由省中小学名师名校长工作站和区教育研究发展中心主办的第五期名师好课堂·小学品德教学研训活动在东园小学举行。小学《品德与社会》执行主编、省中小学名师名校长工作站站长刘力教授出席。区教育研究发展中心相关人员，来自我区及拱墅区、江干区的近 200 名教师参加此次活动。

拱墅区莫干山路小学教育集团校长郁明和我区小学品德研究员徐园分别执教六年级上册《培养良好的生活习惯》第一课时和四年级下册《多彩服饰》第二课时。求知小学陈群云校长、东园小学俞蕊莲老师、德胜小学廖红老师作为嘉宾进行了即时交流。刘力教授作专家点评,他结合自己的学术论文《为何教 教什么 怎么教——小学〈品德与社会〉实验教材的结构说明与教学建议》,对小学品德课堂教学提出了自己的意见和建议,进行了有高度、有深度、有广度的引领。

　　名师好课堂旨在通过区内外名师同台联袂展示、课程专家点评与指导,进一步解读新课程教材的编写特点,进一步深化教与学方法的转变,同时创新研训教一体化模式,使之成为我区骨干教师培训和区域间学科交流的有益平台。之前,小学语文、小学数学、小学科学、中学数学等学科已相继开展了名师好课堂研训活动。

（教育研究发展中心、东园小学）

项目五

小学语文"阅读奠基成长"教学研训活动

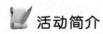 **活动简介**

2013年11月5日,第六期"名师好课堂"活动在杭州市长青小学学术报告厅举行。浙江省教研室幼小部主任、浙江省小学语文教研员、著名特级教师滕春友老师,下城区教育局副局长丁越女士,杭州市普通教育研究室教研员、著名特级教师刘荣华老师,浙江省功勋教师、特级教师盛新凤老师参加此次活动。同时参会的还有来自区内外的教研员、校长、教师200多人。两位进行展示的小学语文教研员都是浙江省教育厅"浙派名师名校长培养工程"首届培养人选,他们挑战教学与研究的高难度——把自己的研究课题用课堂的形式呈现,进行了课堂实践与理论思考的立体展示。更有盛新凤和刘荣华两位特级教师的点评,进一步指明了阅读教学的走向和语文教学的立足点,给广大教师以启发。

活动安排

	时间	内容	
	8:30—8:50	开幕式	
	专题一:阅读·能力		
上午	8:50—9:30	教学展示:三年级《赵州桥》	汪燕宏(浙江省教坛新秀,浙派名师培养人选,下城区教育研究发展中心教学研究中心副主任、教研员)
	9:40—10:30	专题讲座:《阅读教学指向能力培养》	
	10:40—11:20	专家点评	刘荣华(浙江省特级教师,浙江省小学语文教学分会副秘书长、杭州市普通教育研究室小学部主任、教研员)
	专题二:阅读·情趣		
上午	12:40—13:20	教学展示:二年级《称赞》	金晓芳(全国优秀小学语文教研员,浙派名师培养人选,义乌教育研修院科研部副主任)
	13:30—14:20	专题讲座:《小学语文低段游戏教学实践》	
	14:30—15:10	专家点评	盛新凤(浙江省功勋教师、省特级教师,湖州市吴兴区教育局教师培训与研究中心教研员)

名师展示

【名师介绍】

金晓芳,首届"浙派名师名校长培养工程"浙派名师培养人选,全国优秀教研员,金华市新世纪"321"第二层次人才,义乌市第八批拔尖人才。华中师大、江西师大等高校"国培计划"小学语文讲师团成员。现任义乌市教育研修院科研部副主任。长期致力于"小学语文低段游戏教学研究",提出了游戏学习观。课堂教学特色鲜明,铺情境为链,串游戏为珠,融游戏于教学过程中,知性与情趣共生。专著《新课程小学语文幼小衔接教学游戏指导与设计》由人民教育出版社出版。近30篇论文发表于《课程·教材·教法》《人民教育》等杂志,足迹遍布全国20多个省市。曾获全国小语会论文论著评比一等奖,浙江省第四届基础教育成果奖二等奖,金华市第四届基础教育教学成果一等奖。

【教学设计】

称赞

(人教版新课标实验教材 二上 第18课)

教学目标:

1.认识10个生字,会写8个生字。能把多音字"背"读正确。能把新词"刺猬、板凳、粗糙"和带读词"小獾"读正确。正确、端正地书写"板、采"这两个生字。

2.通过实物展示、联系生活等方式,理解"粗糙、泄气"等词语的意思。

3.通过感受人物的心情,学着读出称赞和感谢的语气。

4.学着发现别人身上的优点,学会用恰当的语言表示对别人的称赞。体会相互称赞带来的快乐。

课时安排:第一课时

流程预设:

一、聊一聊称赞,感受称赞的快乐

1.一看到你们,老师就想夸夸你们(教师随机夸奖学生)。

2.听了老师的夸奖,你的心情怎么样?

3.那么,你们能不能也来夸夸我呢? 听了你们的夸奖,我也乐滋滋的。就让我们带着这样高兴的心情,开始上课!

二、直接揭题,检查预学情况

1.今天,老师要和你们来分享一个很有意思的故事,这个故事就是——《称赞》。你们已经读过这个故事了吧,老师考考你!

(1)出示有多音字的两处句子:

傍晚,小刺猬背着几个红红的大苹果,往家里走。

小刺猬连忙从背上取下两个大苹果,对小獾说:"留下吧,这也是我的一点儿心意!"

请拿出笔来给"背"标上音调。

（2）检查特别难读的词语

老师在课前做了一个小调查，大家觉得最难读的是这几个词语：

刺猬　板凳　粗糙　泄气（你们能读正确吗？）

（3）同桌两个同学互相读读几个词语，争取读正确。如果你的同桌读得很好，你也可以夸夸他，如果他读错了，请你帮助他改正过来。

三、整体感知，划找称赞，体验快乐

这个故事中写到了两位小动物，小刺猬已经出场了，还有一位小动物是？（小獾）它的名字可不好读，谁来叫叫它的名字？

1. 抓住课题感知大意。谁能用上两位小动物的名字，再用上我们这个课题，来讲讲这个故事讲了些什么呢？（互相称赞）

2. 小獾和小刺猬究竟是怎样称赞对方的呢？请你从课文中把称赞对方的句子找出来。

3. 互动游戏"同桌互相赞一赞，争当刺猬和小獾"。

要求夸得真诚，让人感觉舒服。

四、细读小刺猬称赞小獾的原因

我们先来学习小刺猬对小獾的称赞。

（1）联系板凳质疑

出示图片，这就是小獾做的小板凳，看看这三个小板凳粗糙在哪儿？读到这儿，你有什么问题吗？

质疑预设：小獾的小板凳做得那么粗糙，为什么小刺猬还要称赞他呢？

（2）寻找称赞的原因

请你赶快读读一、二、三两段话，找到原因，把有关的词语或句子画下来。

看得出，他做得很认真。（态度认真——看图）

一个比一个好。（有进步）

小獾已经做成了三个小板凳。（清晨——勤奋不怕苦）

（3）看小獾工作图，初步学习称赞

如果是你，你会怎样称赞小獾呢？

我走到小獾身边，拿起板凳仔细地看了看，说："你_____！"

（4）发展语言，再次学习称赞

回读小刺猬的话："你真能干，小板凳做得一个比一个好。"小刺猬发现了小獾的优点，称赞得很具体，很恰当。

你也能试一试吗？

我走到小獾身边，拿起板凳仔细地看了看，说：

"你真_____，_____！"

五、从板凳到椅子，感受称赞的力量

称赞的力量是无穷的。你看，小獾不仅会做小板凳了，就连"椅子"也会做了。

这就是小獾做好的小椅子。小獾要把这把漂亮的小椅子送给小刺猬，你知道是为什么吗？

下节课我们来演一演这场傍晚的见面。还要读读小獾是怎样称赞小刺猬的。

六、走进阳光下的写字屋

1.学写"板、椅"，这两个字有什么共同点吗？预习的时候，老师请大家把这两个字各写了一个，我发现——

写好木字旁："横短，竖长，撇中央，最后一点让一让。"

2.小獾能把小椅子做得这样漂亮，我们能向他学习，把字写漂亮吗？

3.学生写字、反馈交流、互相称赞。

整理：长青小学　程跃芳

【教学实录】

《称赞》第一课时

执教者：义乌教育研修院科研部副主任　金晓芳

学生：杭州市长青小学二(4)班

师：小朋友们，今天我们一起来分享一个关于称赞的故事。我们都已经读过课文了是不是？

生：是。

师：有的小朋友读了好几遍，对吧？

生：对。

师：那老师能不能和大家一起把这个故事读一读啊？

生：能。

师：请大家翻开课文85页，我们大家一起来听一听。这是一个有趣的童话故事，注意哦，要读出故事的感觉哦。我先开始，准备好。清晨，小刺猬去森林里采果子。

生1：在小路边，他看见一只小獾正在学做木工。小獾已经做成了三个小板凳。板凳做得很粗糙，但是看得出他做得很认真。

生2：小刺猬走到小獾身边，拿起板凳仔细地看了看，他对小獾说："你真能干，小板凳做得一个比一个好！"

生3："真的吗？"小獾高兴极了。

生4：傍晚，小刺猬背着几个红红的大苹果往家里走。

生5：小獾见小刺猬来了，高兴地迎上去，他送给小刺猬一把椅子，小刺猬不好意思地说："我怎么能要你的椅子啊？我可没做什么呀！"

生5：小獾拉着小刺猬的手，说："在我有点儿泄气的时候，是你称赞了我，让我有了自信。瞧，我已经会做椅子啦！这是我的一点儿心意，收下吧。"

生6：小刺猬也忙从背上取下两个大苹果，对小獾说："留下吧，这也是我的一点心意。"

师：这里面有一个多音字，小刺猬连忙从——（背上）背上，对，读得非常好。

生 7:小獾接过苹果闻了闻,说:"你的苹果香极了,我从来没有见过那么好的苹果!"

生:是"这么"。

师:没关系,再来一次。

生 7:小獾接过苹果闻了闻,说:"你的苹果香极了,我从来没有见过这么好的苹果!"

生 8:小刺猬也高兴极了,说:"谢谢你,你的称赞消除了我一天的疲劳!"

师:小朋友啊,都能够把课文读正确,也读得比较通顺了,那么昨天到我们班里的时候,金老师了解了一下,大家觉得有些生字宝宝是比较难读的,也是比较难认的,大家总的来说是觉得这两个词语读错的人比较多,我们来看看第一个词,谁来念一念。

生:板凳。

师:那你觉得读这个词的时候读音上要注意什么?你观察到了吗?

生:板凳的凳是后鼻音。

师:那板凳的板呢?

生:板,不是后鼻音。

师:就是凳是后鼻音,板是——

生:前鼻音。

师:对,一个是前鼻音,一个是——

生:后鼻音。

师:我们要把它读准,谁再来试一试。

生 1:板凳。(凳读得很重)

生 2:板凳。

师:一起读一读,预备,读。

生:板凳。

师:板凳的凳字我们来看一看,笔画好多哦,你有什么办法记住它啊?有好办法吗?想想。

生:登加几就是凳。

师:就是用——

生:加一加。

师:用加一加的办法就可以来记了,是吧,是的。

生:我还有一种办法,把癸乙年的癸下面的天换成豆和几,就是凳,凳子的凳。

师:这个方法有点复杂的哦,你识字量可真大,癸乙年的癸,是这个吗?然后把这个部分给它换成豆,加上——

生:几。

师:你是用熟字来换一换的办法来记的。加一加,换一换,还有其他办法吗?凳这个字啊,我们坐的就是——

生:凳子。

师:我们现在坐的是——有没有靠背的啊?

生:有。

师:有靠背的是——

生:椅子。

师:我们坐的是——

生:椅子。

师:那么板凳你看,下面是个几——

生:是支撑的。

师:它有四条腿,是不是很像我们坐过的凳子啊?

生:是。

师:通过联想的办法也可以记住它,是的,那么刚才小朋友说通过熟字、加一加、换一换都可以,这个熟字登,哪里学到过的?

生:登山。

师:登山,一年级的时候学到过,对吧?

生:对。

师:还有识字1的时候我们学过——

生:五谷丰登。

师:对,就是它。那么,那个熟字,除了带出凳,生活中还可以认识其他带有登的字吗?(生想不出)比如小青蛙在水里游,腿一——

生:蹬。

师:加上一个足字旁,它还是读——

生:蹬,形声字。

师:形声字,对的,还有吗?

生:瞪眼睛的瞪。

师:瞪眼睛的瞪,加上什么?

生:目字旁。

师:对,加上目字旁,就变成了——

生:瞪。

师:它还读后鼻音,是不是啊?

生:是。

师:真有意思啊,熟字可以带出这么多生字宝宝哎。我们来玩一玩好不好?

生:好。

师:起立,遵守规则哦,老师出示这三个生字宝宝,然后读三遍,说:瞪瞪瞪,用眼瞪(读了第一声),看清楚是哪个字哦,预备开始。

生:瞪瞪瞪,用眼瞪。(读了第一声)

师:瞪瞪瞪。(还是读了第一声)

生:用眼瞪。

师:睁得好大呀!(发现错误)金老师念错了,瞪瞪瞪。

生:用眼瞪。

师:难怪呀,刚才没用眼睛瞪我呢!

师:蹬蹬蹬。

生:用腿蹬。

师:凳凳凳。

生:坐板凳。

师:再来一遍就非常好了,再来试一次哦,我们一起来玩一玩。预备,瞪瞪瞪——

生:用眼瞪。

师:蹬蹬蹬。

生:用腿蹬。

师:凳凳凳。

生:坐板凳。

师:好,请坐。同学们,板凳各种各样,我们来看一看。有大的,有——

生:小的。

师:有高的,有——

生:低的。

师:还有——

生:长的。

师:是啊,你看,还有古时候的,是这样的,现在的啊,还有用,这个脚——

生:伸缩。

师:可以伸缩的,是的,这是我们学的第一个词语。回到这里,预备读——

生:板凳。

师:再看第二个词(粗糙),你发现它读音上的特点了吗?

生:都是前鼻音。

师:都是什么音? 没有关系,要帮忙吗?

生:都是第一声。

师:都是第一声,都是什么音,你来帮她。

生:都是平舌音。

师:对啊,明白了吗? 那么你能来读一读吗? 都是第一声,都是平舌音,该怎么读?

生:粗糙。

师:是的,舌头放平。

生1:粗糙。

生2:粗糙。

师:一起读。

生:粗糙。

师:金老师带来一条粗糙的小板凳,这是我们家以前用的小板凳。粗糙是什么感觉,你来看一下,摸一摸。感觉怎么样?从来没见过这种板凳是吧?

生:有点光滑。

师:那是中间的部分,用得太旧了,你边上摸一摸。

生:很粗糙。

师:是啊,粗糙就是让人感觉——

生:感觉不太平。

师:不是很平稳,谁再来摸一摸。

生:觉得它有一些皱纹在这里。

师:板凳都长了很多很多皱纹了,是有点粗糙。

生:有点痒痒的。

师:摸上去痒痒的。

生:有一点扎到手。

师:摸上去扎扎的,这就是给人一种粗糙的——

生:感觉。

师:课文当中小獾做的板凳比这个还要粗糙呢,那么你们说它的板凳可能做成什么样?

生:坑坑洼洼。

师:有可能。

生:有可能,有可能有刺。

师:有小刺,对吧,坐上去,如果妈妈坐上去,穿上丝袜——

生:哇,好疼啊!

师:扎到了,丝袜破了。

生:还凹凸不平。

师:凹凸不平的,还有吗?

生:像马路上的坑一样坑坑洼洼的。

师:坑坑洼洼,一点都不平整。

生:还有一点高高低低的,不太平整。

师:嗯,不太平整,有可能一只腿。

生:有可能一只腿长,一只腿短。

师:做工一点都不精细,这就是说小獾做的板凳怎么样啊?读——

生:粗糙。

师:读这一句话,读——

生:板凳做得很粗糙。

师:是啊,小朋友们,那么课文中有两个主人公,是不是啊?哪两个主人公?

生:小刺猬和小獾。

师:我们来叫一叫他们的名字,打打招呼吧。

生:小刺猬,小獾,你们好!

师:你们好！二(4)班的小朋友们,学得真开心。刺猬的猬啊,单独念的时候念第四声,合在一块儿变成一个词语的时候读——

生:轻声。

师:对,我们叫叫它的名字,可爱地叫一叫。

生:刺猬,刺猬。

师:小獾的獾经常会有人叫错,我们也一起来叫一叫,叫两遍。

生:小獾,小獾。

师:马上告诉老师你已经会读了。你能用这两个表示动物的词和课文的题目称赞来说一说课文都写了什么?

生:主要写了小刺猬称赞小獾和小獾称赞小刺猬。

师:是不是这样的啊?

生:是。

生:他们都送对方东西。

师:是的,课文当中他们不仅称赞了别人,而且还互相交换了——

生:东西。

师:是的,称赞让他们成了——

生:好朋友。

师:好朋友,是的,中国有句话叫礼尚往来。课文写了小刺猬称赞了——

生:小獾。

师:小獾也称赞了——

生:小刺猬。

师:这样我们就称它为,一起读两遍——

生:相互称赞。

师:互相称赞,预备读——

生:互相称赞。

师:那么我们说小刺猬是怎么称赞小獾的?小獾又是怎么称赞小刺猬的?能不能找出句子?

生:能。

师:拿起铅笔,请你从课文中用波浪线很快地找出他们称赞的句子。开始吧。肩放平,要注意姿势。小刺猬称赞小獾的句子在课文中的第几自然段?

生:第三自然段。

师:你找到了吗?

生:找到了。

师:小獾称赞小刺猬的句子在哪儿呢?

生:在第九段。

师:同学们找到了吗?

生:找到了。

师：在书上轻轻地划句子，别把本子给划破了。好，老师也把它找在黑板上，我们来看看，这个说后面有个红色的是什么符号？

生：冒号。

师：冒号后面像两个小6小9的是什么？

生：引号。

师：哇，好厉害哦，引号都知道啦。引号里面就是他们——

生：说的话。

师：你划的时候直接划引号里面的句子就可以了。你看，他们互相称赞的句子，会读吗？

生：会。

师：读给你的同桌听。

生：（自由读）

师：读好的小朋友用姿势告诉大家。我发现二(4)班的小朋友越学越聪明。好，会读肯定是没有问题的，那你能读出称赞的语气吗？

生：能。

师：称赞的语气该怎么念啊？第一句，小刺猬这段话，谁来试一试。

生：你真能干！小板凳做得一个比一个好！

师：他强调的是什么啊？

生：一个比一个。

师：你们感觉听起来怎么样？

生：很舒服。

师：舒服，对吧，还有没有人比他读得更好的？你先站着，如果你觉得他比你读得好，那你就坐下去，如果你觉得不行，那你就继续站着，好不好？要有自信，谁来跟他比一比。

生：你真能干！小板凳做得一个比一个好！

师：觉得怎么样？还可以吧，和你比呢？

生：差不多。

师：那你们评一评，刚才这个小朋友称赞是不是发自内心的啊？

生：是。

师：是啊，称赞别人要很真心地称赞别人，我觉得刚才这位小朋友读得非常好，要不你来再试一次？我们掌声鼓励一下。

生：你真能干！小板凳做得一个比一个好！

师：感觉真心吗？

生：她读得挺好的。

师：好，你先坐下。有没有人能超过她的？请你来试一试。

生：你真能干！小板凳做得一个比一个好！

师：你读得都有点激动了，是吧？你觉得怎么样？

生：我觉得她读得非常好。

师：为什么好？好在哪儿呢？

生：因为她一个比一个好强调得比我重。

师：你觉得这个地方读得重一些，对吧？我觉得你们俩读得差不多，但是她有一个地方超过你，就是称赞别人的时候啊要带着一点儿微笑，笑眯眯的，感觉别人真的很好，是不是啊？

生：是。

师：这才是称赞呢。来，我们一起来试一试。预备，开始！

生：你真能干！小板凳做得一个比一个好！

师：听了真舒服！那么小獾称赞的句子呢？这下明白了该怎么念吧。这边的小朋友。

生：你的苹果香极了！我从来没见过这么好的苹果！

师：这个苹果香不香？

生：不香。

师：不是很香是吧？那再给你一次机会，别着急，这句话有点长哦，谁再来试一试。

生：你的苹果香极了！我从来没见过这么好的苹果！

师：这个称赞感觉，我感觉称赞得有点凶，是不是？你笑了，带着笑读感觉可能就不一样了，这个柱子挡着你了是吧，这不怪你，再来一次。

生：你的苹果香极了！我从来没见过这么好的苹果！

生：没重音。

师：感觉没重音，那你觉得哪里应该读得重一点？评价人要有理由的哎。你来试一试。

生：你的苹果香极了！我从来没见过这么好的苹果！

师：你们觉得他读的这个苹果是不是让人感觉很香啊？

生：是。

师：我觉得也有一点。

生：你的苹果香极了！我从来没见过这么好的苹果！

师：哦，强调的是后面，这个苹果确实让人感觉又香——

生：又甜。

师：嗯，再来一次。

生：你的苹果香极了！我从来没见过这么好的苹果！

师：感觉到舒服了吧？

生：舒服。

师：是啊，称赞别人要很真心，让人感到很舒服，小朋友们看，他们是这样互相称赞的。事实上，小獾做的板凳确实是——

生：很粗糙。

师：很粗糙的，小獾做的板凳这么粗糙，那么小刺猬怎么称赞得这么认真呢？你脑子中冒出一个什么问题啊？

生：我脑子中冒出一个为什么小獾的板凳做得那么粗糙，小刺猬还称赞它呢？

师：是啊，而且称赞得很认真的哦。带着问题来学习，能够让我们越学——

生：越聪明。

师：请小朋友们看课文第一至第三自然段，放开声音来读一读，找一找原因吧。开始。

生：（学生齐读）

师：自己读。念完的小朋友请拿出铅笔，把你认为能体现原因的地方把它框一框，你认为小刺猬称赞的原因在哪儿呢？我们已经是二年级的小朋友了，在书上圈一圈，划一划是很好的读书方法。好的小朋友举手告诉大家。有的小朋友找了一个原因，有的小朋友找到了两个原因呢，好，我们来交流交流。你找到的原因是——

生：我找到的原因是：但是看得出，他做得很认真。

师：你找的是课文的第二段是吧，但是，我们一起来把这句话读一读，预备，开始——

生：但是看得出，他做得很认真。

师：是这个地方是吧，第一个理由是小刺猬称赞小獾做得——

生：很认真。

师：第一个地方找到了，还有呢？

生：小板凳做得一个比一个好。

师：大家看课文的第三段，是这个地方，你找到了吗？

生：找到了。

师：我们来看，小獾做的小板凳，做得一个比一个好哎，谁上来说一说，哪个板凳是最好的，你上去指一指。

生：（上前指）

师：这个板凳是最好的。那你觉得不好的在哪儿呢？腿——

生：歪了。

师：还有呢？

生：破了。

师：破了，这个地方你看都缺了一个口子。

生：腿。

师：但是这腿缺不缺啊？

生：不缺。

师：你看，最后，它确实做得——

生：一个比一个好。

师：说明小獾是一个什么样的人？

生：认真。

生：细心。

师:认真、很细心,做事情很——

生:仔细。

师:很仔细,很努力,是不是啊,对啊,他一个比一个做得好,说明他做得——

生:很认真。

师:很细心。

生:很认真。

师:认真已经讲过了,一个比一个好是不是有进步啊?

生:是。

师:我们一年级就学过了一次比一次——

生:有进步。

师:对,说明他做得很努力,而且有进步,你有不同的看法是吧,没有,好。小朋友们,我们说,我们刚才是找到了两个原因,还有没有其他原因啊?

生:拿起板凳仔细一看。

师:小刺猬为什么要称赞小獾?

生:因为小刺猬拿起板凳仔细地看了看,他觉得板凳做得很好,一个比一个好。

师:说明——

生:说明小獾做得很认真。

师:很努力,是不是啊? 说明他做得很认真,很努力。而且我们小刺猬为了称赞他,他也看得很仔细,还有一个原因。

生:小獾还在学做木工。

师:他在学做木工,是的。大家一起来看看课文的第一段,清晨,小刺猬去森林里采果子。

生:我知道。

师:知道了,你说。

生:因为是很早的时候他就在学做木工了。

师:清晨是什么时候?

生:早上、凌晨。

师:凌晨,大概早上五六点钟的时候,我们叫清晨。这个时候他已经在干什么了?

生:做木工。

师:而且你看看,联系下面你看看,学习要学会联系上下文来学,你说。

生:他已经做成了三个小板凳。

师:不是一个,也不是两个,他已经做成了——

生:三个。

师:这么早哎,小刺猬才起床去采果子哎,说明小獾是一个什么样的人?

生:勤劳的。

师:是不是很勤劳?

生:是。

师:那么早,我们还在床上——

生:睡大觉。

师:他呢?

生:小獾已经起床在工作了。

师:他已经在工作了,它是一个多么——

生:勤劳的人。

师:对啊,多么勤劳,多么不怕苦的人啊!这么早就在工作了呀。小朋友们,我们来看看,第三个原因,联系上下文也把它找到了,你这个地方缺了吗?赶紧把它圈一圈。好,我发现我们二(4)班的小朋友学习真认真,一次比一次——

生:认真。

师:有进步,我们来看看小獾努力工作的样子吧,他在这儿呢,你看,在很努力地刨木头,如果这个时候你正在小獾身边,你会怎么称赞他呢?我走到小獾身边,拿起板凳仔细地看了看,说:小獾——

生:小獾,你真能干!

师:还有其他小朋友吗?你会怎么称赞他?

生:小獾,你真勤劳。

生:小獾,你真努力。

生:小獾,你真认真。

生:小獾,你真细心。

师:是啊,真努力啊。还有不同的吗?

生:小獾,像你这样子——

师:一定会做好木工的,是吧,说了你的感受。我们刚才称赞的时候我们看看,一般小朋友都是这样说的:你真能干,你真努力,你真认真。那你看看小刺猬是怎么称赞的呢?哪里不一样?和我们称赞的哪里不一样啊?

生:是称赞他一个比一个好。

师:是称赞他一个比一个好。

生:还称赞他很能干。

师:就是先说他什么?

生:很能干。

师:然后还要——

生:说他做得一个比一个好。

师:那你的意思就是他比我们多了——

生:一个比一个好。

师:称赞了什么?

生:两个地方。

生:怎么样。

师:你说,你把你的感受说一说,告诉大家。

生：还多了一个怎么样。

师：就是说能干在哪里，说出了能干的地方，具体能干在哪里，能干得怎么样，所以说它小板凳做得一个比一个——

生：好。

师：还有看法，你说。

生：我觉得小刺猬夸小獾的小板凳一个比一个好。

师：对啊，我们说，小朋友们，我们看黑板，我们刚才称赞的时候只是说了你真能干，你看小刺猬说你真能干，后面多了能干的理由。称赞一个人是要把——

生：理由说出来的。

师：理由说出来了，别人听了就更加——

生：这样人家就听得懂了。

师：就明白具体。

生：具体他什么做得好。

师：好在什么地方，对吧，称赞一个人啊要称赞得更具体，理由更充分，你说。

生：说得很清楚。

师：这样说就说得更——

生：清楚。

师：清楚了，那么像这样你来试一试，我走到小獾身边，拿起板凳仔细地看了看，说——

生：你真认真。

师：认真在哪儿呢？要把理由说一说。合在一块儿。有点难的哦，你选一句，没有关系，你先来？

生：你真认真，清早就起来工作了。

师：是啊，可以吧。好的，老师再请其他小朋友了。

生：你真认真，你以后就可以去学做木工，也可以去砍树了。

生：他本来就在学做木工。

师：我感觉他说的意思是他学做木工，可以成为做木工的——

生：高手。

师：是不是这个意思啊？你说。

生：他以后就可以帮人家做板凳了。

师：就是可以出门干活赚工资了，是不是这个意思啊？那你来称赞一下，鼓励鼓励他，把话说好。

生：你真认真。

师：我看你以后——

生：我看你以后可以帮人家修板凳了。

师：当木工专家了是吧？好的，还有其他小朋友吗？请你，你来说一说。

生：你真认真，小板凳做得一个比一个平整。

师：可以吧，是啊，有进步！你说。

生：你真认真，小板凳虽然做得很粗糙，但是你很努力，一次比一次努力。

师：是啊，你看，称赞得一次比一次有进步。下面呢这样，我们小朋友自己选其中的一句说一说，老师来当小獾，你们来当小刺猬，称赞一下好不好？想好噢，学习要学会思考，会称赞的小朋友举手告诉金老师，然后老师到你边上，先到这边，话筒给你，等一下，我先工作，我们俩合作一下，请站起来，我开始工作了，我工作三下你就开始说噢，哼哧，哼哧，哼哧。

生：你真努力，下次你长大后一定可以成为一个做板凳的专家。

师：谢谢你的鼓励，我一定继续努力。谁再来试一试，我还在工作呢，哼哧，哼哧，哼哧。

生：你真勤劳，清晨就出来学习了。

生：工作吧。

师：清晨就出来——

生：学做木工了。

师：谢谢你，你真是我的知音，因为我做不好，所以要早点起床。像这样表演会不会？

生：会。

师：下面，起立，同桌两个人找好同伴，一个人当小獾，另外一个人来赞一赞他，开始吧。

生：（自由表演）

师：好，小朋友们请坐吧。称赞的力量是无穷的，你看，小獾都已经会做——

生：板凳。

师：这是什么？

生：椅子。

师：它已经都会做椅子了，它把椅子送给了——

生：小刺猬。

师：对啊，它为什么要把椅子送给小刺猬呢？课文当中有一句话，在课文的第几段？找出来。

生：第七段。

师：第七段，老师请一个小朋友读一读，请你。

生：在我有点儿泄气的时候，是你称赞了我，让我有了自信，瞧，我已经会做椅子了，这是我的一点心意，收下吧。

师：小朋友们，假如小獾在松懈的时候，小刺猬没有称赞它，有可能——

生：永远都做不好。

师：有可能做不好，也可能永远——

生：做不好。

师：有可能泄气了，从此就——

生：不做了。

师：那木工专家就——

生：没有了。

师：就出不来了是吧，好，那么，后来啊，小獾也学会了称赞，称赞小刺猬的——

生：苹果。

生：小獾学会了称赞小刺猬的苹果很香。

师：是啊，让小刺猬也感受到了称赞的——

生：力量。

师：是的，称赞的快乐，称赞的力量，那么这些呢，我们到下节课再学。好，小朋友们，有点累了吧。

生：有一点。

师：有一点，那我们来做一个开火车的小游戏好不好？

生：好。

师：金老师这里有很多我们学过的生字宝宝，老师把它放在一块儿，怎么开呢？

生：一列一列开。

师：当然是一列一列开啦，我选了我们学过的几张来试一下。我们把生字宝宝——

生：打乱，拼音盖住。

师：拼音也遮掉是吧，那么这样，开火车要轮子的对不对？火车轮子，把手拿起来，说，小火车开起来，火车火车往哪开，你们想开的小组就说，火车火车往这开。要有节奏哦，看看哪一组最好。小火车开起来，火车火车往哪开？

生：火车火车往这开。

师：小火车开起来，火车火车往哪开？

生：火车火车往这开。

师：一开开到这一小组，请你开。

生：猬，刺猬。

师：往下开，其他小朋友要仔细听哦。

生：板，板凳。

生：刺，刺猬。

师：往下开。

生：椅，椅子。

生：造，糙，粗糙。

师：别着急，往下开。

生：但，但是。

师：轰隆，轰隆，火车火车往哪开？

生：火车火车往这开。

师：这节课没有学过的生字宝宝我全部放进去，而且最好是自己的词语哦，试试看，开始。火车火车往哪开？

生:火车火车往这开。

师:一开开到这一小组,请你开。

生:猬,刺猬。

师:别着急,往下开。

生:板,板块。

师:好的。

生:刺,尖刺。

师:好的,往下开。

生:椅,椅子。

生:糙,粗糙。

师:横的开过来。

生:旁,旁边。

师:再来过,没有问题。

生:傍,傍晚。

生:但,但是。

生:猬,刺猬。

生:板,板凳。

师:好,很好,开火车就先开到这儿,接下去我们要写字宝宝了,你看这节课我们要写两个生字,一个是——

生:板。

师:一个是——

生:椅。

师:在小朋友写字的过程当中啊,我发现木字旁是比较难写好的,你有什么好办法吗?

生:把木的一撇改成一点——

生:是捺。

师:再说过。

生:把木字的捺改成点。

师:捺要改成点,还有吗?

生:竖要直。

师:竖要直,而且要长一点就好看了,你说。

生:不能把木写得太大,如果太大的话,右边的就写不下了。

师:是的,我们来看看,老师编了一首小儿歌,写好木字旁,横要短,读一读。

生:横要短,竖要长,撇在当中央,最后一点让一让。

师:很有节奏,非常好,再来一次,横要短,预备,开始!

生:横要短,竖要长,撇在当中央,最后一点让一让。

师:好,看金老师写板,起笔很重要,木字旁的一横不能写在横中线上,要在横中线上面一点，上方横要短，一起说，竖要——

生：长。

师：撇在——

生：当中央。

师：最后一点——

生：让一让。

师：对，然后右边是——

生：反。

师：平撇要写好，中间是一个——

生：竖撇。

师：竖撇，然后是——

生：横撇，捺。

师：写得不太好，没有你们王老师写得好吧？

生：比王老师还要写得好。

师：谢谢你的称赞，差不多，好，把生字抄写本打开，16页，找到它，写一个板，注意起笔，身坐正，肩放平，两脚微微分，胸离桌子是一拳，手离笔尖是一寸，一拳一尺和一寸，我们时刻记在心。好，板写好了，会写椅吗？

生：会。

师：好，下面小朋友们再写一个椅，一个就够了，你一下就写了两个，哇，你写得一个比一个有进步，真好。我发现大家写椅的时候有一点点小毛病，其他都好的，就是左边写木字旁，右边这个地方啊，奇，横的起笔要比较高是吧，起笔横要稍微地长一点，如果短了，这个字就不好看了，小朋友把它改一改。我们来看看小朋友写的，板，大家看得见吗？

生：看见。

师：你看写也写得挺好的，再看椅。

生：歪了歪了。

师：是的，是有点歪的，如果把这个竖钩给它——

生：直一点。

师：直一点，哎呀，味道马上就变了是不是？仔细地看一看，帮你同桌改一改，写好俩字就可以了。好，那么这节课先上到这儿，金老师课上得不好，请大家多多包涵。

生：金老师课上得可好了。

师：谢谢你的称赞，称赞让我更有信心了。

生：而且比王老师上得还要好。

师：我不敢跟你们王老师比哎，你们是杭州大地方的哎，好，向我们二(4)班的小朋友学习。同学们就这样吧，把本子带上，回到教室里。谢谢王老师，谢谢二(4)班的小朋友。

【名师简介】

汪燕宏,首届"浙派名师名校长培养工程"浙派名师培养人选,"国培计划"北京大学小学语文学科教学团队核心成员,浙江省教坛新秀,下城区教育研究发展中心教学研究中心副主任、教研员。课堂教学追求"读写一体、情智会通"的特色,即力求在"语言体验与实践"本源处探求"学生情感和智慧的融通",并追求"本然素朴,泠然会通"的教学风格,意指使学生在亲和、轻松、清新的氛围中达到情感和智慧的融合。《花钟》和《落叶》均获全国教学研讨会评优课二等奖。《让学生亲历阅读过程》等论文70余篇发表,出版个人专著《专业实践中的语文教研探索》,参与编写教材、教师用书50多部。应邀去贵州等地为全国"希望工程""国培计划"骨干教师等各级教师举办培训讲座60多场。

【教学设计】

赵州桥
人教版新课标实验教材 三上 第19课
教学目标:

1.认识"县""济""匠""砌""横""坚"这6个生字,会写"县""横跨""设""举""击""坚固"这8个字,理解"横跨""设计""创举""桥墩""冲击力"等词语的意思。

2.通过了解赵州桥的设计特点,感受赵州桥的坚固、雄伟和古代劳动人民的智慧和才干,能用自豪之情朗读课文第一、二自然段。学习比较、提问、判断、选择等阅读策略,培养提取信息、解释与整合等阅读能力。

3.体会"只有""各有""既……又……"这些说明类文章语言的准确、简明。能用课文中的词汇夸夸赵州桥的设计。

课时安排:第一课时

【流程预设】

板块一:了解"石桥"

1.我们生活在现代社会,见过各式各样的现代化大桥,今天这节课我们要去见识一座古代的桥。(出示课题)

2.请同学们出声读一遍课文,边读边想:赵州桥是一座怎样的桥?(自主初读,交流感受)

3.同学们对赵州桥还有哪些了解,看看关于赵州桥的这三种说法都正确吗?(出示三道判断题,学生完成,全班交流并学习第一自然段)

(1)读第一句,写生字"县"。

(2)读第二句,理解"设计",体会"古老"。

板块二:体验"设计"

1.这里有一段关于赵州桥的资料,读一读,你想说什么或者问什么?(阅读资料,学生提出问题)

2.李春的设计为什么能让赵州桥那么坚固？带着问题默读第二自然段,找到答案画下来。(学生自学)

3.这三幅图中的哪一座桥是赵州桥呢？(学生选择与交流,同时学习第二自然段)

(1)句子比较,体会"各有"的意思和使用效果。

(2)图文对照,理解"横跨""冲击力""桥墩"。

(3)尝试讲解,感受赵州桥的设计与它坚固的关系。

板块三:介绍"创举"

1.赵州桥建成后大约1000年,世界上其他国家才建成类似的桥,所以,赵州桥的设计在世界建桥史上是第一次。(理解"创举")

2.我国古代劳动人民真是了不起啊。让我们去欣赏以古老、坚固而闻名世界的赵州桥。(播放视频,欣赏石桥)

3.如果你向外国友人夸夸咱们的赵州桥,你最想夸它什么？就请你用"赵州桥的设计在世界建桥史上是一个创举"为开头来介绍吧。(出示练习,学生填写)

4.李春绝妙的设计使我们看到了这样一座古老、雄伟、坚固的赵州桥。下节课,我们要走上桥近距离去欣赏它的古典与美丽。

《赵州桥》第一课时

执教者:下城区教育研发中心　　汪燕宏
学生:杭州市长青小学三(2)班

课前谈话

师:先给同学们看一个字,(出示:"桥"的象形字𣗎)这个字是象形字,猜一猜,它就是我们现在的什么字？

生:桥。

师:同意吗？

(生齐说同意)

师:你们都认为它是桥,怎么看出来的？来,孩子。

生:就是它旁边的那个,很像现在的"米"字,其实就是古代的"木"字。

师:哦,你看,左边其实就代表一个"木",是吗？现在看起来像个"米"字。真能干！还有从哪儿看出它像桥？

生:我觉得桥有一个弯的弧度,你看它那边很像。

师:右边,是吧？

生:是。

师:你看,右边耸立的高高的样子,是这样吗？

生:是。

师:同学们猜对了。它就是我们现在的"桥"字。(出示:用木头高高地架在沟壑或溪流上作为通道的建筑)古代用木头高高地架在沟壑或溪流上,作为通道的这种建筑就是——

生:桥。

师:咱们来认识一下很有名的桥吧!(出示图片:杭州湾跨海大桥,建于 2008 年)你去过吗? 杭州湾跨海大桥。

生:去过。

师:它建造于——

生:2008 年。

师:这是——(出示图片:法国的米卢大桥,建于 2004 年)

生:法国的米卢大桥。

师:它建于——

生:2004 年。

师:你很想说什么?

生:我的生日就在 2004 年。

师:哦,你是 2004 年出生的,很多小朋友都是 2004 年出生的,对吧?

生:对! 我是 2005 年生的。

师:哦,也有的 2005 年,真好! 再看,(出示图片:香港青马大桥,建于 1992 年)香港的青马大桥,建于——

生:1992 年。

师:上海的南浦大桥,建于——(出示图片:上海南浦大桥,建于 1991 年)

生:1991 年。

师:再看这个大桥,建于——(出示图片:美国旧金山的金门大桥,建于 1937 年)

生:1937 年。

师:这可是美国著名的——

生:旧金山金门大桥。

师:对! 刚才我们看的这些桥,它们的建筑年代——

生齐:都不同。

师:而且年代离我们越来越——

生齐:远。

师:还有更远的,澳大利亚悉尼海港大桥,建于——(出示图片:澳大利亚悉尼海港大桥,建于 1932 年)

生:1932 年。

师:伦敦的塔桥,建于——(出示图片:伦敦塔桥,建于 1886 年)

生:1986 年。

师:日本锦带桥,建于——(出示图片:日本锦带桥,建于 1673 年)

生:1673 年。

师:离我们大概有多少年了? 哎呀,你的数学算得真快,你说。

生:大概有 300 多年。

师：真好，快 400 年了，是吗？

生：对。

师：这些世界著名的桥，你看了之后想说句什么话呢？

生：我觉得这些桥都很壮观。

师：很好，这个词说得太棒了！

生：我觉得这些桥很雄伟。

师：对呀！你说。

生：我觉得这些桥很漂亮！

师：是的，同学们，咱们刚才聊了一些关于桥的话题，可以开始上课了吗？

生：可以！

开始上课，师生问好。

板块一：了解"石桥"

师：刚才咱们看了各种各样的非常有名的桥，今天呢，咱们要去见识一座古老的桥。它就是——

生齐：赵州桥。

师：打开课文，看老师写课题。（师板书：19. 赵州桥）一起再把课题读一遍，预备，起——

生齐读：赵州桥。

师：嗯，不够整齐，我们可以把 19 放进去，再读一遍。预备，起——

生齐读：19. 赵州桥

师：赵州桥是一座怎么样的桥呢？这一回老师请你再读一遍课文。咱们课前肯定读过几遍了，是吧？

生：是。

师：这一次读，要把生字的字音读正确，课文读流利，同时还要想一想，赵州桥是一座怎么样的桥？你可以用自己的话来说，也可以找到课文中有的词语，把它圈出来说，明白了吗？

生：明白了！

师：听明白了就开始吧，大声朗读吧！

（生自由读课文）

师：你们读得非常的投入，而且我看到有些小朋友已经把他发现的词语给圈出来了。有的小朋友还想出了自己的词语来表达自己的感受。好，赵州桥是一座怎样的桥呢？我们来交流交流。

生：赵州桥是一座雄伟的桥。

师：这个词课文里中有吗？

生：有。

师：嗯，我们把它圈出来。

（生圈出）（师板书：雄伟）

生：赵州桥是一座世界闻名的石拱桥。

师：哦，它是一座石拱桥，而且——

生：世界闻名（师板书：世界闻名）

师：把这个词也圈出来。

（生圈出）

师：还有不同的！你说。

生：还有赵州桥是一座坚固而且美观的桥。

师：嗯，他一下子说了两个词语，哪两个词语呀？

生齐：坚固、美观。

师：这也是课文里有的。（师板书：坚固　美观）我相信同学们一定在自己的书上圈出来了。还有呀！来，这位同学，说。

生：赵州桥是一座我国宝贵的历史遗产。

师：嗯，它可是一座珍贵的桥。

生：赵州桥是表现了劳动人民才干的桥。

师：真厉害！它凝结了劳动人民的智慧和才干。你说呢？

生：我用自己的话说，赵州桥是一座古老的桥，因为课文中有"到现在已经有一千四百多年了"！

师：用自己的语言来说真了不起。她说了什么词呀？

生齐：古老。

师：而且她还找到了理由。我就用这个同学说的词语，说的什么呀？

生齐：古老（师板书：古老）

师：同学们，刚才我们就读了一遍课文，对赵州桥就有那么多的感受。那老师还要来考考你，关于赵州桥，你还了解哪些？看到这些说法，它们都正确吗？（出示：选择题）正确的打钩，错误的打叉。来，在练习纸上，拿起笔，看清楚了再做记号。第一题，谁先来读一读？你读。

生：1.赵州桥在河北省赵县的洨河上。

师：你读得非常流利！来，咱们用手势告诉老师。错的可以这样，两只手交叉（师做动作示意）。对的就这样（师做动作示意）。预备，开始——

（生做手势）

师：哇，全都认为是对的，是吧？

生齐说：对！

师：真厉害！第二个说法，我们一起来读一读。

生齐读：2.赵州桥有一千四百多年的历史了。

师：预备，开始给我手势——

（生做手势）

师：刚才有个同学已经说了，这是一座古老的桥。那你们都觉得第 1 题、第 2 题是对的，从哪里找到依据的？有理由吗？

生：有！课文里有！

师：嗯，课文里有，对！来，你把它读出来，在哪？

生：第一句"河北省赵县的洨河上"是课文的第一自然段第一句话。然后第2句是最后一句话"到现在已经有一千四百多年了"。

师：对呀，都在课文的第一自然段。来，哪位同学把课文的第一自然段读一读？好，请你读。

生读：河北省赵县的洨河上，有一座世界闻名的石拱桥，叫安济桥，又叫赵州桥。它是隋朝的石匠李春设计和参加建造的，到现在已经有一千四百多年了。

师：一千四百多年，同学们，这个数字呀，它告诉我们赵州桥的年代——

生：很古老。

师：我们课前看到的那些桥，最多也离我们多少年呀？

生：300多年。

生：最多400年。

师：最多400年。那赵州桥，在这个400上还要加上一个1000年。天啊，你说它古老吗？来，要把这种古老的感觉给读出来，通过这个数字，行吗？

生：河北省赵县的洨河上，有一座世界闻名的石拱桥，叫安济桥，又叫赵州桥。它是隋朝的石匠李春设计和参加建造的，到现在已经有一千四百多年了。

师：嗯，你看，他强调了这个数字！第三个说法呢？

生：错！

师：哦，等一等，咱们先一起读吧！

生齐读：3.赵州桥是隋朝的石匠李春建造的。

师：告诉我，手势表示。开始——

（生做手势）

师：哦，有的人一会儿这样一会儿那样，想不明白了？先来问问那位对的同学。

生：因为文中已经显示了它是隋朝的石匠李春设计和参加建造的，到现在已经有一千四百多年了，上面也已经写的了。

师：所以你认为是李春建造的。有没有同学反驳他的意见？那么多同学反驳你的意见，你说。

生：因为课文说的不是上面说的是隋朝石匠李春建造的，它说是李春设计和参加建造的。

师：嗯。你还有一种理解，你来说。

生：还有一种理解就是，它不是说全由李春建造的，说明这座桥不是李春一个人建造的。

师：是呀，你看，这里有一个词语，叫什么——

生齐：设计。

师：一千四百多年的桥，你说能随随便便搭起来吗？

生：不能。

师：一定要经过精心的设计。来，把设计这个词语读出来，我们读的时候，千万不要落下了。预备，读——

生齐：河北省赵县的洨河上，有一座世界闻名的石拱桥，叫安济桥，又叫赵州桥。它是隋朝的石匠李春设计和参加建造的，到现在已经有一千四百多年了。

板块二：体验"设计"

师：老师告诉你们，（配乐背景介绍：赵州桥建于公元605年，经历了10次水灾、8次战乱和多次地震，特别是1966年3月8日邢台发生7.6级地震，赵州桥距离震中只有40多公里，却都没有被破坏。）

师：哦，有的同学张开大嘴巴了，感到非常惊讶，你惊讶什么？

生：赵州桥难道就这么坚硬吗？

师：坚固吗？哦，你用难道在反问。你说。

生：难道赵州桥那么坚硬，而且连地震都不会把它给破坏掉吗？

师：嗯，是的，你摸上去感觉很硬，所以一定要说坚硬，是吗？

（台下听课老师大笑）

师：来，你说。

生：我认为赵州桥很坚固。

师：赵州桥实在太坚固了，那你有什么想问的吗？脑子里有什么疑问？来，孩子，你说。

生：为什么赵州桥会这么坚固呢？

师：嗯，你问。

生：为什么赵州桥经过那么多次水灾，还没有被破坏？

师：对呀，我们是不是该问问李春呀？

生：对。

师：问他什么？

生：问他，李春，你是用什么材料造出这么坚固的桥的？

生：就是石头呀！

师：是呀，就是石头呀，不是告诉你了！你想问李春什么？

生：要是这种7.6级地震发生的话，很多房屋都会倒塌的，而赵州桥却一点都不塌呀，还有那么多战乱，战火都烧不塌。

师：那你想问李春什么呢？

生：我想问李春那些石头是怎么砌成的，怎么那么坚固，一般的石头只要一地震立马就碎了。

师：哦，还是有这么一个疑问，你用石头造出来的桥，怎么还是不会碎呀，怎么还不被河水冲毁呀，它是怎么设计和建造的？是吗？

生：是。

师：这答案恐怕就在我们课文的第二自然段。咱们要仔细地读一读，把李春设计的奥秘给找出来。拿起课本，一边默读，一边把有关的句子划下来。李春设计的奥秘在哪里呢,能够让桥这样牢固?

(生自己边默读边找。)

师巡视补充:把课文读完了,仔仔细细地读第二段,找一找。

(生自己默读)(大屏幕上出示整个第二自然段)

师:好,咱们来说一说吧。在说之前呢,咱们先来辨一下,哪一座是赵州桥?你先不急于判断选择,看清楚了,这是第一座。

生:不是。

师:不要着急,这是第二座。

生:不是。

师:这是第三座。

生:是。

师:这么肯定呀! 好,说说理由吧! 你说吧。

生:因为赵州桥有一个孔,然后两边还各有两个小孔。

师:那一共有几个孔呀?

生:五个。

师:好,这是一个理由。这两座桥,它有几个孔?

生:一个。

师:还有什么不一样?

生:还有一个不一样是,因为其他桥,像第一座桥是拱起来的,而第三座桥是平平坦坦,因为这样河水就可以流过去。

师:嗯,他刚才关注到了,这第一座桥是拱起来的,又高又陡,能行车吗?

生:不能。

师:赵州桥能行车吗?

生:能行车。

师:来,最后一个男孩子,哪句话告诉你能行车马?

生:中间能行车马。

师:把这句话读完整,从前面的那个句号开始读起。

生读:桥长五十多米,有九米多宽,中间行车马,两旁走人。

师:找到这句话了。你们有没有发现这句话?

生:发现了。

师:还发现这里又有两个数字。一个是——

生:五十多米。

师:还有一个是——

生:九米多。

师:前面一千四百多年这个数字告诉我们桥很古老,那这两个数字告诉我们什么呀?

生:桥很长,桥很宽。

师:又长又宽的石拱桥。五十多米有多少啊?

(生比画)

师:哦,这样长不止呀!想一想,就是我们的教室,可以有五六个连起来那么长,你想象一下。

(生发出"哇哇"的惊叹)

师:9米多宽是多少呢?就是从这到那。(师用手划范围示意)这在古代,能够造这么宽的桥已经是非常——

生:了不起了!

师:来,抓住这两个数字,谁读一读,读出它又宽又长。你来读。

生:桥长五十多米,有九米多宽,中间行车马,两旁走人。

师:只有又宽又长的桥才能中间行车马,两旁再走人。

师:同学们,刚才你们说第二座桥也不是赵州桥。为什么呢?

生:因为赵州桥一共有五个洞,它只有三个洞。

师:嗯,还有吗?

生:因为书上说赵州桥下面没有桥墩,而这座桥有两个桥墩。

师:哦,他说到了桥墩。桥墩在哪儿?谁上来指一指?哦,你们都知道,那你最近,你上来指一指。

(生上台用手指出桥墩)

师:对不?

生:对。

师:对了,好,谢谢这位同学!那桥墩有什么作用?

生:桥墩就是支撑住桥。

师:嗯,支撑住桥。

生:让桥身更坚固。

师:嗯,让桥身更牢固。那你们看,这也是桥墩呢,这是另外一座桥的桥墩,它怎么了?

生:倒了。

师:嗯,倒塌了。那说明桥墩有好处,也有——

生:坏处。

师:也有不利的地方。不利的地方是什么?

生:就是如果平常那种地震,因为这个桥是连牢地的,地震的时候,桥墩就会倒塌,桥也会倒的。

师:发洪水的时候呢?洪水把——

生:发洪水的时候,桥墩不牢固就会被冲掉,整座桥就会塌掉了,万一上面有人就淹死了。

师:是的呀,危害多大呀!你看,咱们的赵州桥有没有桥墩?

生:没有。

师:但是它那么长,又没有桥墩,这样架在河的两岸,这样的形态,课文里用了一个很好的词来说?找一找。那么长,跨度那么大。找到了把它圈出来。看看咱们找的是不是同一个词。

(生找并圈出来)

师:我们一起说出来,行不行?

(很多学生齐喊"创举")

师:有不一样的吗?你说。

生:我是圈了"横跨"。

师:说说理由。

生:因为它不是横着跨在湖面上吗?

师:对呀,直接说明赵州桥长架在河两岸的这个词,应该是——

生:横跨。

师:如果把这个词语写在我们的插图上,你想写在哪呢?

师:自己写,你想写哪就写哪,只要你有理由。把这两个字端端正正地写在插图上。

(学生自己在插图上书写"横跨")

师:好,你写在什么地方了?

生:我写在了赵州桥下面,因为横跨就是在上面跨过去了,所以应该写在它下面。

师:好,老师也跟你一样写在桥的下面。你写哪了?

生:我写在这里,因为我觉得横跨是这样跨过来的,写中间比较好。

师:哦,你是写在桥的身上的。你写哪的?

生:我是先画了一条线,在线的一头写个"横跨",再用箭头表示横跨是一个弧度。

师:哎呀,真好!她真的可以称得上是一个小小李春了,是吧?在设计了,从这头一直跨到那头。来,谁读一读课文里的这句话?好,这位男孩子。

生读:这么长的桥,全部用石头砌成,下面没有桥墩,只有一个拱形的大桥洞,横跨在三十七米多宽的河面上。

师:是呀,这句话也很长,很难读好。但是老师想呀,如果你一边读,一边展开想象,好像你的眼前就有一座这样横跨在那里的石拱桥,尤其是抓住这些词,帮助你想象,比如说"这么长",比如说"没有桥墩",比如说"只有一个",比如说"横跨"。来试试看,抓住这些词语,一边读一边想象,自己练练,开始吧。

(学生自由练读这句话)

师:谁来读一读?好,我选这位女孩子。

生1读:这么长的桥,全部用石头砌成,下面没有桥墩,只有一个拱形的大桥洞,横跨在三十七米多宽的河面上。

师:你们有没有感觉这桥呀,横跨过去了?

(学生摇头)

师:嗯,在摇头,没有。再来读,你来。

生2读:这么长的桥,全部用石头砌成,下面没有桥墩,只有一个拱形的大桥洞,横跨在三十七米多宽的河面上。

师:有没有跨过去?

生:跨过了一点了。

师:哦,有一点点跨过去了,跨度还不够。没有到五十多米,谁来读?

生3读:这么长的桥,全部用石头砌成,下面没有桥墩,只有一个拱形的大桥洞,横跨在三十七米多宽的河面上。

师:跨过去了吗?

(学生掌声响起来)

师:大家情不自禁地给你掌声来了。一起把这座横跨在洨河两岸的赵州桥给读出来。这么长的桥,预备,起——

生齐读:这么长的桥,全部用石头砌成,下面没有桥墩,只有一个拱形的大桥洞,横跨在三十七米多宽的河面上。

师:同学们,我们聊了那么多,好像还没有触及最关键的因素。好,你有问题,那你问吧!

生1:河面才三十七米,那它桥长五十多米,干吗用呀?

师:哎呀,这个问题问得太好了。你想想,要是桥的长度比河的长度短的话,那会怎么样?

生齐:掉下去了。

生1:可是长太多了呀!

师:好啊,你在研究这个李春究竟是怎么设计的,真是个奥秘!

生1:对呀,两边上还可以再短一点嘛!

师:还可以再短一点,但是如果两边放长一点,是不是跟牢固度有关呢?你们有没有想过这个问题。

生1:但是这样跟地面接触,还是会占大量面积。

师:嗯,你很有道理,我们可以在课后再去查查资料,究竟他怎么设计得那么完美的。但是课文里呀,还有一个很关键的地方没有找到,究竟为什么这么牢固的?你说。

生:我找到了这里,"这种设计,在建桥史上是一个创举"。

师:怎么样的设计?你还是没有找到呀!谁找到了?是怎么样的设计呀?来!

生:平时河水从大桥洞流过,发大水的时候,河水还可以从四个小桥洞流过。这种设计在建桥史上是一个创举。

师:那你还是没有说出是什么设计呀?来,你说,你找到了哪句?

生:既减轻了流水对桥身的冲击力,使桥不容易被大水冲毁,又减轻了桥身的重量,节省了石料。

师:你课文读得很好,可是这是优点、好处,还是没有说出什么设计呀?你看别的同学都着急了。你来读。

生:大桥洞顶上的两边,还各有两个拱形的小桥洞。

师:好啊,是这样一种设计,来,一起读。

生齐读:大桥洞顶上的左右两边,还各有两个拱形的小桥洞。

师:那如果老师这么说,你看行吗? 大桥洞顶上的左右两边,还有两个拱形的小桥洞。

生:不可以。

师:为什么?

生:这就只有三个桥洞了呀!

师:哦,它没有说两边,是这样吧? 课文用了一个"各"字。那既然是这样的话,我可不可以这样说:大桥洞顶上的左边有两个拱形的小桥洞,大桥洞顶上的右边也有两个拱形的小桥洞。(出示:大桥洞顶上的左边有两个拱形的小桥洞,大桥洞顶上的右边也有两个拱形的小桥洞。)

师:可不可以?

(有的学生说可以,有的学生说不可以)

师:哦,可是可以的,但是——

生:这样太啰唆了!

生:可是可以的,这样说起来的话,就是太啰唆了,可以省略掉,用"各"字。

师:是的呀,用一个"各"字就可以把重复的两个意思合起来说,这样说不仅清楚,而且——

生:简单。

师:简明呀。这个"各"字用得太好了,我们一起来读一读吧!

生齐读:大桥洞顶上的左边有两个拱形的小桥洞,大桥洞顶上的右边也有两个拱形的小桥洞。

师:这就是李春设计的秘密所在,你们都找出来了! 来,这样设计的好处有什么? 老师请你们两个人一起讨论讨论,这样设计的好处,这样设计的优点,如果你找到一个优点,就在这个优点的旁边圈一圈,这是①,找到两个,就圈②,或者有三个,就圈③。(师板书:①②③)自己先圈一圈,你找到几个这样设计的好处了? 然后跟同学讨论讨论。

(学生自己圈并讨论)

师巡视:哦,你有四个呀!

师:哪个是小小李春,告诉我们这样的设计的好处是什么? ①是什么,②是什么,谁来?(指名上台指着大屏幕图片介绍)

生1:①是……

师:我是这样设计的,大桥洞……这第一句话我们一起帮他读,预备,起——

生齐读:我是这样设计的,大桥洞顶上的左右两边还各有两个拱形的小桥洞。

师:会说了吧?

生1:嗯。

师:我是这样设计的——

生1:大桥洞顶上的左右两边还各有个小桥洞。

师:各有几个?

生1:各有两个。

师:嗯,这个数字要说清楚。

生1:这样设计的好处,第一是发大水,水冲过去的时候可以减轻流水对桥身的冲击力,使桥不被冲毁。

师:好,你看,发大水的时候,河水可以从大桥洞流过,还可以怎么样?

生1:还可以从小桥洞流过。

师:所以能够减轻——

生1:所以能够减轻流水对桥身的冲击力。

师:好,一个优点说出来了,是吧?还有第二个优点吗?

生1:第二个,因为这里空出了两个洞,所以石料也减少了。这些石料可以去干别的了。

(台下听课老师大笑)

师:老师告诉你啊,这里挖掉的石料呀,有500吨!

生惊叹:哇!

师:一辆小轿车大概是1吨重,那大概有多少辆小轿车放在一起的重量?

生:500辆小轿车。

师:是呀,相当于500辆小轿车叠在一起那么重的石料,可以节省出来了。

师:嗯,你还有没有第三个优点?他说节省了石料是第二个优点,有没有补充啊?

生:减轻了桥身的重量。

师:好,同学们,这样设计的好处有①是减轻流水对桥身——

生齐:减轻流水对桥身的冲击力。

师:②是——

生齐:节省了石料。

师:③是又减轻了——

生齐:桥身的重量。

师:刚才这个小李春设计得挺好,就是不太说得清楚。那我们的课文用了一组很好的关联词,把这三个好处给说出来了,把它圈出来。

(学生动笔圈关联词)

师:嗯,你找得最快了,最能干!我们一起说哪一组词语啊?

生:既……又……

师:我们一起来,这种设计的好处是——

生齐读:既减轻了流水对桥身的冲击力,使桥不容易被大水冲毁,又减轻了桥身的重量,节省了石料。

板块三:介绍"创举"

师:老师告你们呀,这种设计等赵州桥建了大约1000年后,世界上别的国家才建成类似的桥,厉害吧?

生：厉害！

师：你有什么想说的？想补充的？

生：应该是近一点的时间，外国才会建立起来的，因为这样子名声会传得越快。

师：哦，赵州桥建好了，别人就参照我们的赵州桥去建更多的桥，是吧？

生：嗯。

生：李春太了不起了，这是第一拱。

师：哦，你的意思是这是第一拱，是第一座这样设计的石拱桥，是吧？

生：是。

师：是呀，赵州桥就是这样非常雄伟，我们一起来读一读。（出示：第二自然段）

（生齐读第二自然段）

师：听你们的朗读，我的眼前就好像出现了这样一座赵州桥。（背景音乐响起，学生欣赏赵州桥实景图）

生发出惊叹："哇，李春！"

师：人们为了纪念李春，就把他的塑像放在河边。

（生齐发出"哇哇"的感叹声）

师：好宽呀，是吗？

（生又连连发出惊叹声）

师：如果有外国游客，踏上这座桥，他就会奇怪啊，怎么你们中国这座桥一千四百多年，怎么还没有塌呢？你想告诉他一句什么话？

生1：我想告诉外国游客说："这座桥是隋朝的石匠李春设计的，非常坚固！"

师：嗯，你想告诉他是李春设计的。你想告诉他？

生2：我想告诉他，这是我国古代人民用智慧和才干建造的。

师：是的，用智慧和才干建造的。你是不是也想告诉他这种设计，来，这句话谁会说？男孩子，你来！

生3：赵州桥的设计在建桥史上是一个创举！（师板书：设计）

师：真好！一起读——

生齐读：赵州桥的设计在建桥史上是一个创举。

师：那我们得夸一夸他的设计究竟好在哪里。现在请同学们在练习纸上，利用课文里的词语，把赵州桥的设计连起来填一填，然后来介绍介绍。

（生做练习纸，完成填空）

师：谁来介绍介绍？

生：赵州桥的设计在建桥史上是一个创举。它没有桥墩，只有一个拱形的大桥洞，（横跨）在河北省赵县的洨河上。大桥洞顶上的左右两边，还（各有）两个拱形的小桥洞。这样既能减轻流水对桥身的（冲击力），使桥不容易被大水冲毁，又减轻了桥身的重量，节省了石料，所以，赵州桥这么（坚固）、雄伟。

师：相信很多同学都和他一样填出来了！我们要感谢这一千多年前的李春，给我们留下了宝贵的历史遗产。

师:刚才有个同学还有问题,现在请你说。

生:刚才说的这样只能减轻洪水的危害,但是地震呢?

师:嗯,你很会思考。我们这节课领略了桥的雄伟,李春的绝妙设计,使我们看到了这样一座古老、雄伟、坚固的赵州桥。下节课我们再去领略桥的精美。当然也可以去了解这位同学说的,它的设计究竟还有哪些奥秘呢不仅防大水还能防震?今天我们的课就上到这里。同学们再见!

生:老师再见!

板书设计:

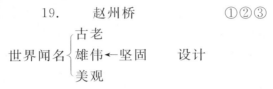

19. 赵州桥　　　　　①②③

世界闻名 { 古老　雄伟←坚固　　设计　美观 }

整理:长青小学　李慧霞

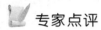

专家点评

主讲人:湖州市吴兴区教育局教师培训与研究中心　盛新凤

各位老师,非常高兴有这么个机会,到下城区来参加两位名师的展示活动。今天因为上午单位有点事情,所以赶过来已经晚了,汪燕宏老师的课和讲座就没有学习到,非常可惜,我想肯定是非常精彩。那么下午,来自义乌的金晓芳老师,她的课以及讲座,听了之后,我学习到现在,我想把学习的体会跟大家分享一下。

金晓芳老师其实我是不太熟悉,对她的了解来源于人教社的李云龙老师对她的称赞。李云龙老师说浙江义乌有个教低段的金晓芳老师,她的游戏教学非常成功,已经出了专著。所以可以说金晓芳老师的研究已经在我们浙江省乃至全国有一定的影响,所以今天在现场听了她的课,听了她的讲座。她的课,特别是她的讲座,信息量很大,我也来不及消化,所以我把我的感受,比较原生态地跟大家分享一下。

我觉得我真的要先称赞一下我们长青小学的孩子们,今天这个班的孩子太可爱了,让我们在这个课堂上找到了真正的儿童。那么天真,那么可爱,真的是原生态的,充满了灵性的儿童。所以我觉得这个学校了不起。有这样一个产品出来,就说明这个学校了不起。我们说教育教学的效果看什么,就看我们的孩子。我们的孩子这样灵动,这样可爱,我就觉得这个学校真的令我肃然起敬。

那么,金晓芳老师的讲座,她的课,让我感受到了她作为浙江省的一个名师的魅力。这种魅力来源于这个名师的眼光和视野。金晓芳老师的研究的眼光是独到的。为什么这么说呢?因为她选择了一个非常好的研究的领域,就是游戏教学。

我觉得游戏教学就是指向儿童的一种游戏方式。我们说我们教学要走向儿童、走向学生,我们前一阶段研究教什么。那么现在,我们在研究为谁教。我们为谁教,就是在为学生教,为儿童教。我觉得她的这个游戏教学的研究就是在努力地实现为学生而教。所以她研究的这个领域是非常有生命力的，有前景的，而且她在这个研究领域里一扎根就是十年。从理论到实践，先是在教研室研究了很长时间，然后再回到学校，进行实践研究，现在再回到教研室进行理论的总结和提升。我觉得她的这种研究的路径、研究的思路和勇气都是值得我学习的。

那么，作为一个名师，她能够形成自己的研究特色，我觉得这已经达到了一种很高的境界。一个老师有自己的研究领域，而且能够形成自己的研究特色，这不是每一个老师都能做到的。所以我非常佩服。那么，这是我所说的金晓芳老师作为一个名师，她的眼光很独到，选择了一个非常好的研究视角。

我还要说说她的研究的视野，作为一个名师，她的视野非常的开阔。

首先，我们来说说她的课程视野。刚才她说她的游戏教学，是一种教学手段，但是我们从她的介绍，从她的讲座当中，我们已经感受到了，她已经不知不觉地创造了一门属于她的游戏课程。所以她的研究不光光是一种方法论上的研究，她已经在创生自己的课程了。我们刚才看到，她已经主持创编了很多非常独到的儿歌、节律操，这种语文性很强的游戏内容，就是属于她自己的课程。所以她有一种非常开阔的课程视野。

还有，这种教学视野采用了一种游戏教学法。因为这样的教学化静为动，使得她的教学比别人多了一份情趣，可以说是一种情趣化的教学。她提出来的四种策略：叙、趣、静、融，也是四种境界。四种策略在她的教学当中也得到了很好的体现。所以，我们感受到她的课堂是灵动的，我们的孩子在她的课堂上是幸福的，这跟她的教学视野有关，她采用的方法是符合儿童特点的。

我还要称赞下金老师作为名师的魅力。她的课让我们感受到她站在台上非常朴实，她的教学风格处于一种朴实但又是非常亲和的状态。所以，在金老师的课堂上，我们的孩子是无拘无束的。我想，这是因为孩子们被她的笑容，还有她真诚的态度融化了，然后才会营造出这种比较安全的课堂场域。所以我们的孩子才会在课堂上这样的灵动，我觉得这种教学就是金老师的教学魅力，是属于她个人的。作为名师，她的这种视野，这种眼光，这种魅力，都是值得我们大家学习的。

然后，我再来说说金老师这节课。游戏教学作为金老师比较独到的研究领域，在理论上我们已经感受到她已经形成了比较系统的研究，今天，虽然时间比较匆忙，她很多东西都没有办法展开，但是我们已经感受到她的研究已形成了一个系统，研究成果非常丰厚。那么，她的这种理念，我们在她的课堂里也能比较充分地感受到。我经常说，我们的老师有一种理念、一种想法很难，但还不是最难的。最难的是什么？就是要把你自己的想法，用你自己的课做出来。我自己也是个教研员，当教研员也是近十年，十年不到一点。我觉得这么长的时间里面，我自己也没有停止过上课，每个学期至少要拿出一节课，我觉得我的体会就是上课是最难的。把自己的想法用自己的课做出来，真的是很难的。但是金老师今天着力把她的理念用课做出来。我想对她的课抓几个点，谈谈自己的感受。

第一个是基点。我觉得金老师的课的基点是两个词语：一是立足儿童，二是立足语文。

我想金老师心里是装着儿童的。从她的游戏教学，我们已经充分感受到。其实我们的教学最高的境界是回归儿童。我们主张教学要从儿童中来，到儿童中去，我们要以儿童的认知需求出发，去寻找教学的起点。今天金老师她是着力地在做这样的工作。

第一点，她是从儿童的兴趣出发，有游戏贯穿全程。我们发现在她的课堂上，游戏其实是贯穿始末的。当然，她也讲到了游戏不能太多，太多会泛滥。游戏就是点缀，但就是这么一点缀，这课味道就不一样了，我们的孩子在课堂上就动起来了，就开心起来了，我们的教学效果就出来了。所以，这是金老师的教学理念在指导她的教学实践，从儿童兴趣出发，游戏贯穿始末，这点我等下再展开讲。

第二点，她是从儿童的思维出发，引导质疑。我们说最高层级的教学，就是从学生的疑问出发。课堂上，这篇课文其实能让学生生疑的地方不多。但是，金老师千方百计地抓住各种切口，引导学生自己去质疑，比如说在学到小板凳很粗糙的时候，又学到他们两个在互相称赞的时候，金老师就问学生："学到这里，你们有什么问题吗？"学生回答："既然这个小板凳这么粗糙，那小刺猬为什么还要称赞小獾呢？"这个问题是学生自己提出来的，我觉得意义非常大，比我们老师抛出这个问题意义要大得多。所以老师们，我们不要小看一个教学细节，一个教学细节就可以看出这个老师的教学理念。从这个地方我们感受我们金老师的教学，是从学生自己的疑点出发的，这也说明她心中装着儿童，她的教学是以学生的起点为教学起点的。所以，从儿童的思维出发，引导质疑，也让我们看到她立足儿童这种理念。

第三点，从儿童的认知出发，着陆词句。我们知道，金老师今天教的是低段课文，我对低段的课文研究不多，我开发的课基本都是中高段，所以今天，金老师上的低段课文，我是要向她学习的。我们发现，金老师在教课文的时候，是遵照低年级教学的特点的，她把教学的重点放在了字、词、句上，而不是段、篇上。她着陆的是词和句，这就是她从低年级儿童的认知出发。所以，在金老师的课堂上，因为她立足儿童，所以她着力的是把学习的主动权还给学生，让给学生，她自己就成了助学者。所以我们说我们的教学要让学、还学、助学，就是这个道理。刚才我说金老师游戏教学最大的生命力在哪里？就是立足儿童，发现儿童，尊重儿童。

其实在人类思想和教育史上，真正发现儿童的是我们的大思想家卢梭，卢梭写过一本非常著名的教育著作，叫《爱弥儿》。在这本书中，卢梭告诉我们要尊重儿童，可谓发聋振聩。其实卢梭的这种教育观点是有革命性意义的，他是第一个提出尊重儿童的人。其后，在他提出这一观点后的250多年间，他的观点对世界的教育思想史产生了巨大的影响。卢梭曾经说过这样一段话："我们对于儿童是一点也不理解的，对他们的观念错了，所以愈走愈入歧途。最明智的人致力于研究成年人应该知道些什么，可是却不考虑孩子们按其能力可以学习到什么。他们总是把孩子们当大人看待，而不想想他还没成人嘞。"

第二个基点：立足语文

在金老师的课堂上语文味非常浓。金老师的课看似比较活跃，做动作，玩游戏，但在课堂教学的进程中，紧紧抓住了语言这个要素。比如语言文字的理解、积累、运用。

这个是基点也是亮点。

亮点一，游戏跟语言相融。说到游戏，我们很容易想到玩。游戏好像是我们课堂中的黏合剂、润滑油、辅助手段。今天课堂上，我们看到的游戏是语文游戏。可以用这样一句话来概括：金老师把文本当作游戏的基地，把字词句当作游戏的器材。

第一个，用教学中的"蹬、瞪、登"，编了一首儿歌，目的是让孩子们分清这三个字都由"登"做基础。

第二个，就是让孩子们读小刺猬和小獾互相称赞的话，把朗读的过程转化成了游戏，努力地尝试一个有趣的情境，把自己和学生当成文中的角色，用游戏代替语文的实践活动。

第三个，说话游戏，比较难。说一说"小獾，你真_____"。分两个层次，孩子们做小刺猬夸奖了小獾后，又把孩子们的话和课文中的内容进行了对比。这一对比就知道了，文中小刺猬夸奖小獾后，还说了原因，就是"一个做得比一个好"。在这一基础上，老师再进行拓展，请孩子们进行游戏式的语言训练。这次训练，金老师定的目标较高，意图要仿说"一_____比一_____。"这是这篇课文的课后练习。但是今天孩子们上不去，金老师根据学生的情况及时刹车，这也表现了课堂上，金老师尊重孩子，绝不拔苗助长。金老师创设的也是语文游戏，游戏教学与语文相融，这是她这堂课上呈现的第一个亮点。

第二亮点：游戏跟课境相容

金老师在课堂上努力地营造这种跟文本、课文内容、游戏的特性比较吻合的情境。课文是称赞，金老师经常跟孩子们在开玩笑，做游戏，如：一开始不着痕迹地称赞学生，再接下来又称赞学生一次比一次有进步，这是她在强化文本语言表达特点："一次比一次_____。"这种课堂小游戏，使师生之间的距离越来越近。

最后金老师还很谦虚地说："老师没你们王老师的字写得好。"孩子们又夸了金老师，金老师说："谢谢你们的称赞。"这看起来跟文本无关，其实跟文境紧紧地联系在一起，使教学发生了一种内隐的变化，这就与她创设的这种与文境相融的小游戏有关系。

第三亮点：游戏与文境相融

"称赞"这个主题在课堂中已经被老师用远了，金老师所有的游戏都是围绕"称赞"展开的，说明金老师有一个意识，游戏要与课文的文境相融，所以我们感觉这堂课是浑然一体的。

第四亮点：游戏和目标相融

游戏不是外加的调味品，也不是课堂教学的辅助手段，而是一种添加剂。这种游戏是达成三维目标的载体。孩子在游戏中读故事，学字词，在游戏中悟方法，在活动中培养道德悟人情，"称赞"是人际沟通的一种重要手段。这篇课文蕴含了很深的道理，金老师从游戏手段的运用中，教学过程的展开中很自然地让学生领悟到了。所以说她的游戏教学很大程度上充分利用了我们语文的内隐学习特性，这也是教学目标的一部分。

我们的教学多一点情趣，走向儿童，这是挡不住的去向，游戏教学是一种非常好的走向儿童的手段，语文学科游戏教学的生命力在哪里？学科特点如何体现？教学中游戏要和目标相融,在制订目标是否就要加入游戏目的? 游戏活动体现语文的张力,语文性是否要更强一些?

所有的研究都是走在路上,但是脚比路长。金老师的研究一定能结出丰硕的果实,她以后的路一定能越走越远。

整理:长青小学　张　瑜

主讲人:杭州市普通教育研究室　刘荣华

各位老师上午好! 非常高兴能和大家一起参加这个活动。我觉得今天的活动有三个好:第一个好是研讨形式好;第二个好是研讨主题好;第三个好是课堂教学好。

首先看今天的研讨形式。老师们发现没有,今天来给大家上课的两位老师都是教研员。教研员上课是中国特色的教研活动形式。这段时间,我们杭州都在学习袁微子先生的教学思想。在这里,杭州的每一位老师都应该记住,我们有两位前辈:一位是在理论上很有建树,引导我们浙江省杭州市小学语文教学的朱作仁先生;另一位就是我们桐庐的,后来去人教社工作,也是曾经的小语会会长袁微子先生。袁微子先生 1983 年在北京一所小学上了一堂《在仙台》,袁先生在课堂教学上的很多思想到现在都是值得我们学习的。袁先生上完课之后引起了日本等一些发达国家教育界的重视,他们觉得作为研究人员进到课堂,把教育理念、教学理论和课堂教学有机结合,这是一种非常好的研讨形式。所以我说今天我们两位教研员非常好,实践着这个研讨形式。

今天听了汪老师的课,我回想起曾经和汪燕宏老师一同在崇文实验学校上课,她上《花钟》,我上《桥》,但是很可惜,《桥》成了我最后一堂课,所以我很佩服汪老师仍然在课堂上进行教学,把研究和教学有机结合起来。可以说这些年来汪老师在我们杭州市区教研员中也是做得很好的一位,给我留下了很深的印象。有几点我觉得是在引领着我们老师的教学包括考试。汪老师这几年着重研究的是国际阅读测试对我们国家的一些影响,这是一个大的发展趋势,所以老师们刚才也看到了汪燕宏老师的讲座里面比较多的是介绍国际阅读测试和我们国家阅读教学改革的一些现状。我给她总结出来的是:汪老师从阅读考试入手改进阅读教学。汪老师研究的是国际阅读测试,可以这么说,每当有关于阅读测试的交流,我就力推汪老师去。刚才汪老师也谈到了,我们的很多阅读题目还比较侧重于学生的基础,而阅读要考的应该是学生的阅读能力,而国际阅读测试在这方面比我们做得更好。现在汪老师从这里入手,先研究考试,再发挥考试的"指挥棒"功能,正确地引领我们在课堂教学中关注阅读能力。我觉得这是一个非常好的途径。现在我外出讲课,有时候也是这样,把教学和考试联系起来。老师们关心最多的是考试,错不错? 我认为是不错的,关键是要把我们的教学和考试有机结合,什么叫作有效教学? 那就是把目标、教学、考试评价一致化,这样才能够达到真正的有效。所以,我觉得汪燕宏老师最近研究的这个方向是非常好的,也引领了我们下城区的课堂教学改革。所以,我是非常佩服我们的教研员仍然在上课,包括下午来我们杭州作交流的金老师,非常感谢。这是第一个好——研讨形式好!

第二个好是今天的研讨主题好。汪老师不仅上了课,还给我们讲了阅读教学的一个大的方向:那就是在阅读教学中要关注学生能力的培养。老师们,我们的阅读教学有三个指向:一是语言学习,二是能力培养,三是人文素养。这就是我们经常在说的"一个中心,两个基本点"。我们的语文教学要以语言文字学习为中心,要以能力培养和人文素养的提高为基本点。回顾我们国家从改革开放到现在,我们的教学改革往往在这三个点上进行摇摆。在 20 世纪 80 年代时,我们的阅读教学比较重视能力的培养,给我留下印象很深的,是那时候很多老师喜欢上《田忌赛马》这篇课文。因为这篇课文能培养学生的求异思维、创新思维等。当时国家正在提倡素质教育改革,所以提出要培养学生的创新思维等。但后来发现语文课光是培养学生的能力不行。于是,到了 90 年代,我们偏向于语言训练,整个 90 年代我们重在语言训练。但是训练下来,我们发现学生在课堂上情感没有了,所以到了 2001 年的时候,新课程改革开始,我们又强调人文素养,但是,我们对一轮课程改革反思时发现语文教学人文性过强,工具性削弱了。于是到了 2011 年课标修订版出来的时候,又回到了强调语言学习,当然现在的语言学习更强调了语言积累、语言理解和语言运用。现在,我们强调语言文字的运用,因为语文教学和语文学习的最终目的就是要让孩子学习用语言文字和别人进行交流、沟通。刚刚,带大家回顾了我们语言教学的整个三十年的历史,大家发现了语文教学就像钟摆一样,在这三个端点摆动。现在,强调了语言文字的运用。我很担心,因为我听了一些课,出现了一些在略读课上分析语言表达形式的现象。课堂教学的人文性又缺失了,没有情感,所以,语文教学的改革一定要处理好这三者关系,所以,我们要强调"一个中心,两个基本点"。

我们的阅读教学在课堂上一定既要关注语言教学又要关注能力,同时还要关注情感。所以,语文课越上越难,道理在这里,要这三方面的有机结合,当然,不同的课可以有所侧重,比如说像今天的《赵州桥》,这个文章可以说是有点说明性质的文章,也可以说是写景状物的文章,也可以说是写物散文性的文章。像这样的课我们可以比较侧重于学生的能力培养,但是在能力培养的时候,千万不要忘记语言学习和情感熏陶的关系。再比如说《桂花雨》和《梅花魂》这一类的课文,情感性比较强,所以可能比较侧重情感性体验,但在侧重情感体验的时候,老师们千万不要忘记语言学习和能力培养。因此,今天汪老师研究的是我们阅读教学中的一大指向,要跟汪老师商量的是,讲座的题目是不是可以改一改,汪老师的题目是"阅读教学指向能力培养",我觉得不妥,因为这样一来,就变得阅读教学只有能力培养。我觉得应该是"基于能力培养的阅读教学",也就是说这是一个方面的。今天课堂里也好还是汪老师的讲座也好,着重的是阅读能力的培养,这是符合国际阅读测试的一个发展的方向。包括这一次我们刚刚完成的浙江省中小学教学质量的综合评估,其中语文试卷也是侧重学生的能力培养,包括我们的2011 版课标里面的学段教学目标也是侧重于学生的能力培养。所以我认为汪老师的这个选题非常好,希望汪老师一定要继续做下去。

一说到阅读能力,难在哪里?阅读能力从国际阅读来说,刚才汪老师给大家介绍的时候说它有四种能力:第一种能力叫作直接提取信息能力;第二种能力叫作直接推论能力;第三种能力叫作解释整合信息能力;第四种能力叫作评价文本内容和形式的能力。

有的老师可能觉得好像不太容易理解,所以我们要加强能力的研究。那么,在杭州我们也做了能力培养的研究,我们也把它总结出了四种能力,可能比较贴近老师们:第一种能力叫作认读能力。那孩子要读懂一篇文章,那他可能需要认读一些字词、字音等。第二种能力叫作解释能力,那就是联系上下文解释关键字词意思的能力。第三种能力叫作概括能力。那就是概括文章的主要内容和思想情感。第四种能力叫作评价能力。这四种能力比较通俗易懂。所以一个学生的阅读能力到底要培养哪些,老师们心里一定要清楚。那不同年龄学段的孩子,我们的能力培养重点是不一样的。一、二年级侧重培养学生的直接提取信息能力,给他一个问题能够直接找到一些关键词句来回答问题。三、四年级的重点应该着重培养学生的解释能力,能联系上下文解释一些词句的意思等。到了高年级则应侧重培养学生的概括能力。

今天的课堂教学我觉得也很好。汪老师她不仅提出了自己的教学观点,还在课堂教学中积极地实践自己的观点。汪老师提出了课堂教学要注重学生的能力培养,那么如何在课堂上落实呢?所以她的整堂课分成了三个大板块。按照能力的高低来进行,今天的设计有她的特点。第一个板块主要是让学生初步读课文,来提取信息,整体把握课文。所以汪老师在这里面设计了两个小环节。第一个小环节设计了"赵州桥是一座怎么样的桥?从课文中提取关键词回答"。这就叫提取信息。学生提取到了"坚固、美丽、雄伟、世界闻名"等一些词语。第二,汪老师又让孩子做了三道选择题来判断赵州桥的基本信息,这也是提取信息,从课文中直接找到现成的句子来看这个说法是对还是不对,所以她第一个设计是了解孩子对赵州桥的一个基本把握,这是一个提取信息能力的培养。第二个层次那就是重点学习第二自然段,来培养学生的推论、整合信息的能力以及评价能力。所以今天汪老师在第二自然段教学里把各种能力有机融合。推论能力在于"请同学们看这三张图,你请来做一个简单的推论,这三座桥,哪一座桥是赵州桥?"当然这个环节有一个小毛病,就是最好我们教材里没有插图,那样呈现是非常好的。但是课文中有插图,我们也不得不怀疑有的学生是不是看了课文插图而没有看文章判断的。所以课文插图有好也有不好的,但是汪老师这个环节我认为还是比较适合低年级的学生。可能四五六年级的学生比较理性,一看插图就能判断出是哪座桥。所以,今天三年级的孩子还是适合的,第一个孩子的回答就是从文章文字入手而不是插图入手。不过汪老师你要设想好,如果第一个孩子以插图为判断依据,你该怎么解释。

第二个板块,让孩子来解释为什么有一个大桥洞的是赵州桥呢?让学生找出很多理由来解释,这就是解释能力。那么这样有什么好处呢,要综合这些信息,那就叫整合信息能力。所以老师们发现没有,能力培养在课堂上是看得见,摸得着的。所以,我们在教学设计的时候,也可以这样思考,这个板块或者这个环节,侧重于什么能力的培养。第二自然段教学里面,汪老师还有了学生评价能力的培养,比如大家看到了最精彩的是两处对语言的评价和欣赏,一处是"横跨"等重点词语的评价,还有一处是"既……又……"的关联句,让孩子感受语言的魅力。

第三个板块,那就是培养学生的语言运用能力。这就是我们新课程的一个理念,我们不仅要让孩子理解语言,还要会运用语言,也就是语用教学。如果说没有下一个环节,学生阅读只停留在理解水平上,没有上升到运用水平。所以汪老师后面设计这个作业环节,是让孩子走向运用。一个填空题,跟课文有所不同,又有所相同,这是针对三年级孩子的作业。而如果变化太大,那么难度就更大,所以针对三年级孩子,她设计了一个填空题,让孩子把今天学到的一些关键的语言用起来。如果说,在座的老师,你的班级学生基础比较好,你可以不用填空题,可以这样教学:同学们,今天我们学了赵州桥之后,你想想看,你想要用一句什么话来夸夸赵州桥? 能不能用上今天学到的词语,比如说"坚固"啊,"创举"啊,"横跨"呀,"既……又……"啊,你可以用上一到两个,千万不要都用! 因为小孩子,你让他用了,小孩子最高兴地把四个都用上去,那造出来的句子也不行。因为课后的第二道题目,就是要让孩子来夸夸赵州桥,这就是让课文的语言变成学生自己的语言。

汪老师除了关注国际阅读上的三种能力以外,老师们发现没有,汪老师还关注了学生的一种能力,那就是让孩子提出问题。我们的课标在三年级开始提出了一个要求,就是让孩子学会提问,课堂不仅是老师提问的舞台,更是学生学会提问的舞台。我们的课堂里孩子们有没有问号呢? 这就是现在中国的课堂跟国外课堂比较大的差异。国外的孩子是带着问号进课堂。我们的孩子是在学习中没有问号,也没有带问号进课堂,永远没有问号,我们课堂永远是句号或者感叹号。所以我们希望我们的课堂教学是多种形式的,能不能带着问号进课堂,带着问号出课堂呢? 能不能带着问号进课堂,带着省略号出课堂呢? 今天,我们看到汪老师说:孩子们你们读了这段话有什么问题呢? 学生就提出了一些问题,带着问题去学习。你给孩子一个提问的空间,你看孩子的潜能就得到发挥了。有一个男孩子,看汪老师说可以提问的,于是课堂上他不断地提问,到最后汪老师有点招架不住了。但是,汪老师今天非常非常好的一个举动,但如果说仅仅停留在前面,我现在就要大批特批了,但汪老师非常好,快下课了,教学任务基本完成了,汪老师再来问刚才提问的那个孩子:你刚才想提问,你想问什么呢? 老师们发现没有,最后一个环节,这叫既关注了个体又关注了群体,所以这个关系要处理好。如果说刚才上课的过程中一味地让一个孩子说,可能群体将受到影响,但是汪老师这时候可以送一句话:哦,你还有很多问题,非常好! 待会儿我再让你说。这么讲就保护他了! 总体来说,今天汪老师在课堂里真正让孩子发展能力,我觉得做得挺好的。如果还要培养学生能力,我觉得有一种能力还可以加强,那就是学生的预习自学能力。在杭州市的教研活动中,我多次强调,从三年级开始,我们要布置学生预习。我们的课堂教学要在学生预习的基础上展开教学,但是我到现在听课下来还有很多老师上课还是零起点。今天,我再次强调,杭州市三年级以上的语文课,不能零起点教学,各个学校需严格规定。今天,我看孩子们的书上都已经圈圈画画,我们的第一个问题是能不能不让孩子打开书——同学们,我们昨天已经预习过赵州桥了,赵州桥给你留下什么印象啊? 赵州桥是一座怎么样的桥啊? 是不是能够把孩子的预习成果用起来啊? 这样孩子回家才能够真预习。阅读教学,教是为了不需要教,学生阅读能力的最高境界是——自学能力。第二个能力要培养,我们还可以在学生整体把握方面做点功夫,今天这堂课,第二段的教学,我听下来总感觉到有点烦琐。所以,建议汪老师能不能把三幅图放大:同学们你们来看看看,这三幅图到底哪一幅上是赵州桥呢？孩子说那幅图是赵州桥，是一个大桥洞，那么让大家研究为什么说是一个大桥洞呢？联系文章再读读看，把其他特点做统整，不要先说特点，然后再来说它有什么好处，能不能设计得简洁一点呢？环节少了，课就大气了，学生就有自主学习的空间了，你就能关注学生了，你就能让每个孩子学到位了，学生的主动性就能发挥出来了。所以，在整体把握能力方面是不是可以再加强一点。

刚刚有的老师对今天的课提出了自己的问题，我就一边读这些问题，一边跟大家讨论。因为我们的教学，课堂是解决学生的问题，教研活动是解决谁的问题？对啊，是解决老师的问题。

"按阅读策略，二三学段应有何侧重？"戴老师提出来的。老师们，这就比较复杂了，第二段的主要策略是联系上下文理解关键词句，这是最重要的策略，理解关键词句里面既要理解它的思想情感，还要理解它的表达方法。原先我们比较重的是理解情感，不太关注了解方法，所以这是第二学段。第三学段，五六年级的阅读策略，除了继续做好抓关键词理解以外，还要联系时代背景来理解，来拓展学生的阅读，加深学生的阅读理解。除了抓住关键词句的理解外，还可以从篇章结构，为什么详写这个、略写那个等角度来进行思考，所以不同的学段，有不同的阅读策略，这位老师，我认为她的学段教学意识非常强，非常好。

有老师提出"教师如何在课堂上对提取信息弱的学生进行引领？"像这样的问题，希望加强个别辅导。当汪老师把那个填空作业抛下去的时候，学生在做作业了，汪老师赶紧走到那些能力比较弱的孩子身边，进行个别辅导，这是第一个办法。第二种办法，在国外做得比较多的，叫作提前学习。哪几个能力孩子比较弱的，我们在课前先让他把这几道题做一做，老师知道了学生掌握的难点在哪里，然后在课堂上就可以进行有针对性的指导。对基础比较弱的可以前置性学习。我们国内做得比较多的是课后补课。

有老师提出是否可以将语用能力与过去的语文双基同样理解？我认为不能这样理解，语文双基包括语文知识和语文能力，这是一个；第二，语文能力里面又包括学生的语文学习、语言积累、理解和应用，所以语文双基和语用能力的概念是不能等同起来的。

有老师提出来"如何实现在阅读教学中培养学生的语用能力，促使学生学习方式的转变？"这是一个非常大的问题，最近我就是在讲这两个专题，一个专题是语用能力培养，可以讲一天，一个是学习方式的转变，也可以讲一天，如果老师有需要，我可以单独给你补课。感谢汪老师给我们提供这样的学习机会，谢谢！

整理：长青小学　王君君　徐　晶

 前沿报告

小学语文低段游戏教学实践
金晓芳

幼小衔接时期是儿童从幼儿园迈向学校开始学习生活的一次人生转折，是生命成长过程中的一个重要阶段。

• 游戏是一种自愿的活动或消遣,这种活动或消遣是在某一固定的时空范围内进行的;其规则是游戏者自由接受的,但又有绝对约束力;它以自身为目的并又伴有一种紧张、愉快的情感以及对它"不同于""日常生活"的意识。

——赫伊津哈

• 学习和游戏的界限变得模糊,学生沉醉其中。学习变得看得见、摸得着、变得真实而有趣。Csikszentmihalyi(1993)将这种高峰体验理解为流的感觉。

• 芝加哥大学心理学家 ihalyCsikszentmihalyi 等人则称之为"畅快(flow)",并报告说"畅快(flow)"的有意识状态是最佳学习的主要判断标准。

• 在这样的情境里加工信息无疑是最快速便捷的,当挑战与学生能力水平相当时,学习进入最佳状态。

观点

游戏教学是指从人的角度出发,灵活把握教材特点和学生心理特征,合理创设宽松有趣的游戏情境,科学开发与学习内容紧密关联的教学游戏,系统组织适时适度的游戏活动,使学习与游戏和谐相融,是一种适合低龄儿童学习的有效教学方式。

游戏教学具体地说有以下四个特性:

合一性(教育功能)

活动性(运动功能)

愉悦性(体验功能)

交互性(社会功能)

我们对低年级语文内容进行选择和重构,提出四条教学策略:"序""趣""境""融"。

"序"——创设涨落有序的学习空间

"趣"——开发形式多样的游戏资源

"境"——唤醒孩子的"情节记忆"

"融"——实现游戏和学习的和谐交融

阅读教学指向能力培养

汪燕宏

背景

语文课程应致力于学生语文素养的形成和发展。语文素养是学生学好其他课程的基础,也是学生全面发展和终身发展的基础。

——《语文课程标准》2011 年修订版(以下简称《课标》)

正如《课标》所指出的,阅读是个人最基本的学习手段,也是现代人基本素养的体现,阅读能力已逐步成为国家和个人软实力的重要因素之一。但当下的阅读教学并未真正归于能力本体。

首先,由阅读测评现状发现,语文老师对于阅读能力内涵的认识非常模糊,导致了阅读教学过程中对能力培养的忽略。最重要的是阅读教学倡导"自主感悟",而课堂依然是以通过师生对答获得对课文主旨的认同为主。学生只是被动地识记和理解,没有学会怎样阅读、如何理解、评价文章,没有学会利用文章中的信息和结构解决学习、生活中的问题。

对照《课标》评价建议:"阅读的评价,要综合考查学生阅读过程中的感受、体验和理解,要关注其阅读兴趣与价值取向、阅读方法与习惯,也要关注其阅读面和阅读量,以及选择阅读材料的能力。重视对学生多角度、有创意阅读的评价。"更能确认,当下的阅读教学亟待回归到培养阅读能力这一基本任务。

观点

崔峦先生指示了当今阅读教学的走向:(1)阅读的策略化;(2)阅读的课程化;(3)阅读课内化;(4)阅读生活化。阅读的策略化即"由分析课文内容的教学,转向以策略为导向的教学,注重读法、写法、学法的指导,从而实现提升阅读理解能力、运用语言能力以及学习能力。"这指导我们探索构建一种以"阅读策略为导向、以能力培养为目标"的阅读教学新课堂。

《课标》对语文课程这样定义:"语文课是一门学习语言文字运用的实践性、综合性课程。"国际阅读素养进展研究 PIRLS(2011)对阅读素养的定义是:"个体理解和运用社会需要的或个人认为有价值的书面语言形式的能力。"两者多么相似。PIRLS 阅读能力评价中作为核心要素的"理解过程"包括"关注并提取明确陈述的信息""进行直接推论""解释并整合观点和信息""检视并评价内容、语言和文本成分"这四种由低到高逐级发展的能力要素。这恰好与《课标》"阅读教学应注重培养学生具有感受、理解、欣赏和评价的能力"建议相吻合。

因此,我们把 PIRLS 能力要素的描述与分解引到当下阅读教学中来,在实践中,随着对阅读能力内涵和层级的逐步明晰,我们确定了小学阶段阅读教学过程中四项主要的阅读能力领域,层次由低到高依次为:(1)提取信息与做出简单推论;(2)把握主要内容及表达顺序;(3)理解词句含义与文本内涵;(4)评鉴文本内容及表现方式。并探索其教学方法和学习策略,努力实现由主要分析课文内容的教学到重点培养阅读能力的教学的转向。

主要的教学策略:(1)教学目标凸显能力;(2)教学线索彰显能力;(3)作业设计检测能力;(4)拓展阅读发展能力。主要的学习环节:(1)把握主要内容,培养概括能力;(2)细品关键词句,提升理解能力;(3)体会文本内涵,发展分析能力;(4)述说个人看法,形成评鉴能力。主要的学习(阅读)策略:发现与比较、质疑和解疑、预测和判断、想象与推理、联系经验、区分重点、情境化的统整运用。

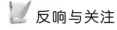 反响与关注

要让学生走出课堂时,带着省略号、感叹号、问号

三年级语文课《赵州桥》,上课开始学生就提出问题:赵州桥为什么会这么坚固?李春是怎么设计建造的?课上完了,学生还有问题:一个大桥洞顶的两边各有两个小桥洞,这样的设计能减轻洪水对桥的冲击力,那怎么保证桥在地震时也不会倒塌?执教者

是省教坛新秀、下城区教育研究发展中心的汪燕宏老师。"孩子是课堂学习的主人,真正的课堂就应该是学生带着问题来,最后带着省略号、感叹号、问号走出课堂。"省特级教师、市普通教育研究室刘荣华老师对该堂课点评说。

日前,第六期"名师好课堂"活动举行,来自杭州各区县市的200多位语文老师一起进行教学研讨活动。"名师好课堂"是由省中小学名师名校长工作站、下城区教育研究发展中心合作,全力打造的以教师专业化发展为目标、以名师作引领、以课堂为载体、以实现研训教一体化为主要功能的创新品牌。活动面向全省展示中小学各学科名师的教学风采,还邀请全国知名教育专家、特级教师点评与指导,引导广大教师深入探究新课程背景下的学科教学。

杭州日报 2013 年 12 月 5 日

"阅读奠基成长"下城区第六期"名师好课堂"开幕

金风送爽,丹桂飘香,11 月 5 日杭州市长青小学学术报告厅里座无虚席,第六期"名师好课堂"活动在这里隆重开幕了。浙江省教研室幼小部主任、浙江省语文教研员滕春友老师,下城区教育局副局长丁越女士,著名特级教师、杭州市普通教育研究室教研员刘荣华老师和浙江省功勋教师、特级教师盛新凤老师参加此次活动。同时参会的还有来自区内外的教研员、校长、教师 200 多人。开幕式上,丁越副局长和滕春友主任先后讲话,他们指出本次"名师好课堂"活动展示的两位老师都是浙江省教育厅"浙派名师名校长培养工程"首届培养人选,而且都是小学语文教研员,并期待他们在展示教学风采的同时,将先进的教育教学理念进行风格化的实践诠释,带给广大教师以启发。

上午为我们展示的是下城区教育研究发展中心小学语文教研员汪燕宏老师,她执教《赵州桥》一课,并进行了《阅读教学指向能力培养》的专题报告。汪老师带领孩子们从了解石桥到体验设计的精妙所在,再到最后的创举介绍,孩子们在一次次深入文本的同时,阅读的综合能力不知不觉得到了提升。汪老师的课堂不但得到了听课老师的一致赞赏,更是获得了刘荣华老师的首肯。刘老师认为这样的阅读教学既有利于孩子语文素养的形成和发展,又为孩子全面发展和终身发展奠定基础。下午则是来自义乌市教育研修院科研部副主任、教研员金晓芳老师执教的《称赞》一课以及《小学语文低段游戏教学实践》的主题报告。在金老师的启发下,孩子们一次次精彩的发言赢得了会场一阵阵掌声。盛新凤老师也是称赞有加,她认为金老师的游戏教学从儿童的兴趣出发,激发儿童;从儿童的思维出发,引导质疑;从儿童的认知出发,着陆词句。

本次活动,两位教研员挑战教学与研究的高难度——把自己的研究课题用课堂的形式呈现,进行了课堂实践与理论思考的立体展示;更有两位特级教师的点评,进一步指明了阅读教学的走向和语文教学的立足点,令与会者受益匪浅。

浙江教研网 2013 年 12 月 3 日、杭州教研网 2013 年 11 月 12 日、下城区教育信息网 2013 年 11 月 18 日

项目六

全国教育综合改革实验区第二届高质量课堂展示暨下城区"名师好课堂"初中数学课堂教学研训活动

活动简介

活动时间:2013 年 5 月 15—16 日

活动地点:杭州市安吉路实验学校武林校部(武林路 255 号)

参加人员:全国教改区初中数学骨干教师代表和省名师名校长工作站以及下城区全体数学教师

教学内容:

学校	姓名	课题	班级
成都市树德实验中学	曾波	探索勾股定理	7 年级
宁波市鄞州实验中学	张玲玲	认识事件的可能性	7 年级
大连开发区第十二中学	张厚东	探索一道几何题的奥秘	8 年级
广州市陈嘉庚纪念中学	胡妙婵	梯形(1)	8 年级
宁波市北仑区顾国和中学	陈波	二次函数	8 年级
重庆市渝高中学	席波	一次函数的应用	8 年级
深圳南山实验学校麒麟中学	姚慧玲	梯形(1)	8 年级
杭州市青春中学	李馨	变阵——图形的切割	8 年级

活动安排：

日期		活动时间	活动内容	活动地点
5月15日	上午	8：00	与会教师报到	安吉路实验学校武林校部
		8：30—8：55	开幕式	
		9：00—9：40	课堂教学展示一	
		9：50—10：30	课堂教学展示二	
		10：40—11：20	课堂教学展示三	
	下午	13：20—14：00	课堂教学展示四	
		14：10—14：50	课堂教学展示五	
		15：00—15：40	课堂教学展示六	
5月16日上午		8：30—9：10	课堂教学展示七	
		9：20—10：00	课堂教学展示八	
		10：00—11：30	专家评课、交流	

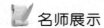 名师展示

【名师简介】

姓名	曾波		
性别	男	年龄	33
教龄	10	职称	中学二级
任教年级	初三年级		
所在学校	成都市树德实验中学		

【教学设计】

探索勾股定理

曾　波

一、学生状况分析

学生认知分析

（1）认知基础：学生掌握了直角三角形全等及角之间的关系，以及三角形三边之间关系；学生有多次拼图实践活动经验，并积累了一些用拼图验证数学知识的方法。

（2）认知水平与能力：学生能够熟悉运用整式乘法中完全平方公式化简和运算，之前教学中对数形结合的数学思想已有渗透，运算能力较强，具备一定的独立思考与合作交流的能力。

二、教学任务分析

1. 教材地位及作用

勾股定理是平面几何有关度量的最基本定理之一，它从边的角度进一步刻画了直角三角形的特征。学习勾股定理是进一步认识和理解直角三角形的需要，也是后续有关几何度量运算和代数学习必要的基础。本节课内容包括探索勾股定理、定理的证明及定理的简单应用。

2. 教学目标

知识与技能目标：

（1）经历探索勾股定理及验证勾股定理的过程，进一步发展学生的推理能力。

（2）鼓励用多角度和多种方法来验证勾股定理。

（3）掌握勾股定理，并能运用勾股定理解决一些实际问题。

过程与方法目标：

培养学生的识图能力、运算能力、数学语言表达能力。在学习中体会"数形结合数学思想"。

情感与态度目标：

（1）培养学生独立思考与合作交流的能力，在成功中获得自信。

（2）感受数学源于生活又高于生活。

3. 教学重点：探索、验证勾股定理和应用勾股定理解决一些实际问题。

教学难点：运用拼图验证勾股定理。

4. 教法：

根据前述教材分析，本节课采用"探究—验证—应用"的教学模式，学生采用"自主探究与合作交流相结合"的方式进行学习。教师通过设计拼图探究活动，为学生搭建了参与和展示的舞台。学生通过独立思考、小组讨论等方式获得知识和方法。

教学设备和教辅工具：电脑、课件、自制教具等。

学法：自主探究与合作交流。

学生课前准备：学习用具、自制教具、课前预习作业。

三、教学过程分析

教学流程：

（一）创设情境　自然引入

某网友在自己的微博中写道：我家门口一棵陪伴我多年的大树在这次强风中于离地面 8m 处折断倒下，树顶落在离树根 15m 处……

大树在折断之前高多少？

（二）实验探究　验证猜想

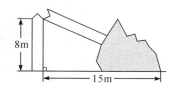

合作学习一：(数一数)

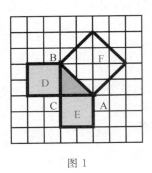

图1

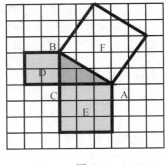

图2

(1)填表：

	D 的面积	E 的面积	F 的面积
图1			
图2			

(2)你发现正方形 D ,正方形 E,正方形 F 的面积有何关系？

(3)直角三角形 ABC 中三边有何关系？

(三)拼图活动 证明定理

合作学习二：

(1)拼一拼:请各小组利用准备的四个全等的直角三角形在 A4 纸上拼一个正方形.(允许中间为空心)

(2)你能利用拼图,证明直角三角形边的关系吗？

(四)例题讲解 练习反馈

练习1(算一算)

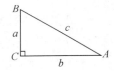

已知△ABC ,∠C＝90°。

(1) $a＝1,b＝2,c＝$ _____ 。

(2) $a＝\dfrac{3}{5},b＝\dfrac{4}{5},c＝$ _____ 。

(3) $a＝5,c＝13,b＝$ _____ 。

例题 如图,西湖有一块长方形绿地,有极少数人为了避开拐角而走捷径,踩伤了绿地,走出了一条"路",问他们这样做仅仅少走了几步路？

(假设 2 步为 1m)

(五)联系生活 灵活运用

关于手机屏幕尺寸大小的问题。

(六)互动交流 小结收获

教师提问：

通过这节课的学习,同学们都有哪些收获和体会？请与你的同伴交流。

【教学实录】

探索勾股定理

曾　波

师:大家玩过微博吗？你看今天现场就在微博直播。老师有一天在微博上发现一个问题:家门口一棵陪伴我多年的大树在强风中折断倒下,折断处离地面8m,树顶落在离树根15m处……这个人发表了对大树的感叹和依恋。(见图1)

师:这其实就是一个数学问题,那这个树有多高呢？为了测试一下大家的估算能力,所以我预设了三个问题。请拿出你的遥控器,选择你心中的答案。

师:结果值得期待,你选择的是什么呢？很多的同学都选择了2,少部分同学选择了1,3,那么这个问题的真理是掌握在少数人手里还是多数人手里呢？经过今天的学习,我们一定可以精确地解决这个问题。

图1

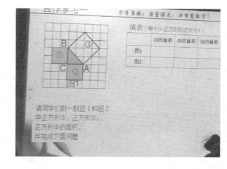
图2

今天我就带领大家走进勾股定理的世界。

老师给大家准备了两个合作学习的环节。第一个环节非常的简单——数格子。数一数在格点当中正方形的面积是多少？我们计时1分钟。(见图2)

师:时间到！拿出你的遥控器,第一份礼物等着你！

师:你说说看,1的面积是多少？

生:4 ;2的面积也是4 ;3的面积是8。

师:那我们再互动一下,我觉得1,2非常好算,格子数一数就出来了,3你是怎么算出来的呢？

(学生板书演示)

图3　　　　　　　　　　　　图4

师:非常棒。1分钟时间不仅算出来了,拼也拼出来了。那我们看一下第二个问题,还是抢答。(见图4)

生:1的面积是4,2的面积是9,3的面积是14。

师:我还是有疑问。我们看到这个图,1,2的面积很容易算,那3的面积你怎么算的呢?你来帮我分析一下。

(学生板演:这两块拼起来是6,那两块拼起来是6,6+6是12,再加上中间这一块,应该是13)。

师:这位同学刚刚出现了一个小小的问题,马上自我调整好了。第三个面积怎么算?

他用了割补的方法,请问,还有没有同学有其他的方法?还有没有同学?没有就我来展示。

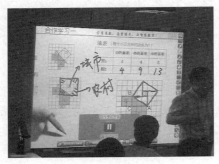
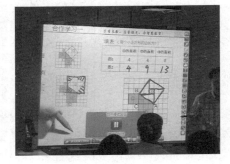

图5　　　　　　　　　　　　图6

师:(老师板演:除了这样做之外,还能不能这样做呢?)现在这个不规则面积的外面是一个规则的图形。它的外围是不是有四个三角形?这样的话,老师打的四个阴影中的三角形面积是不是规则的呢?容不容易算?你看,我们数一下格子。12345,12345,上山打老虎,算出来五五二十五,正方形面积25,然后再减掉4个三角形面积,四个三角形面积刚好是12。

师:这两个方法,在算不规则图形面积的时候是非常有用的。其中,这个方法,如果我们用规则图形表示一个农村,这不规则的图形表示城市,不规则图形面积不好算的时候,我们就农村包围城市,面积是不是OK了?

师：通过刚才的学习，我发现，得到这个关系。那请问第二个问题，我们还是抢答。

生：第一个正方形的面积加上第二个正方形的面积等于第三个正方形的面积。

师：第一个正方形的面积加上第二个正方形的面积等于第三个正方形的面积，对不对？

$S_1 + S_2 = S_3$，非常棒。

图 7

图 8

师：这个问题之后，请问三角形 ABC 的三条边有怎么样一个关系式呢？我们换一种方式。

师：这样，我给你一个机会，你可以求助现场的同学，也可以求助我。（选择老师）

师：那我发现了这是正方形，正方形面积可以用边长的平方表示。第一个面积我们可以写成 BC^2，第二个面积呢，应该是 CA^2，加上去，应该是等于 AB^2。

让我们再观察一下，这里的 BC 和 CA，我们称之为直角三角形的直角边，AB 称为斜边。那这三边的关系式就是：一个直角三角形它的两条直角边的平方和等于斜边的平方。但是，这个结论是我们在格点的三角形中推出来的。那请大家能否做出一个判断，在一般的直角三角形中也会成立。拿出你的投票器，选择你心目中的答案，1 还是 2？（见图9）

师：有很多的同学都选择了 1，一部分同学选择了 2。那这次，真理掌握在多数人的手里面。

师：那接下来，我们就进入第二个互动学习环节：我们来验证一下，在一般的直角三角形中，两条直角边的平方和与斜边的平方是什么关系。现在，你们桌上有三样东西，请你们拼一个正方形出来，允许中心是空心的，加油！各小组一起合作哦。（拼正方形）

师：现在，让我们来看一下这两种拼法。这是第一幅，这是第二幅。（见图10）

师：我们既然要去证明直角三角形三边的关系，我们就一定要将这个三角形的三边一般化。所以我就大胆的假设三角形的这条边是 a，这条边是 b……

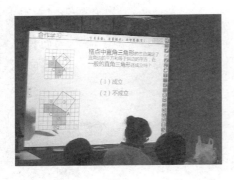

图 9

图 10

师：那你能不能结合这张图证明一下直角三角形三边的关系呢？讨论一下。（见图11）

生：$(a+b)^2-c^2=2ab$。

师：你能不能慢慢地说一下你是怎么得到这个式子的呢？

生：因为这个大的正方形的边长是 $a+b$，中间那个小的正方形的边长是 c。大的正方形的面积减掉小的正方形的面积就等于 4 个三角形的面积。

师：这 4 个三角形的面积加起来刚好等于 $2ab$，中间建立了一个等量关系。通过化简你得到了什么？

生：$a^2+b^2=c^2$。

师：这个同学她其实是用了两种方法表示了 4 个直角三角形的面积。那两种方法讲的是同样一个事情，它们之间构造了一个等量关系。那大家想一想，这是不是也可以说明我们也能用两种方法表示这个大正方形的面积呢？

图 11

图 12

第一种表示方法：$(a+b)^2$，第二种表示方法：c^2 加上 4 个三角形的面积。这样同样可以得到这个结论。我们也可以选择这个图形当中内部的正方形，用两种方法表示出来，同样也证明出来了，当然，我们的证明不是非常严格，因为大家还没学习全等，我们实际上还要证明这个角是直角，才能证明这是个正方形，学习全等之后，这个问题就非常容易。

那第二张图，课外大家可以去证明一下，可以用刚才老师所说的方法和刚才这位同学所说的方法。接下来到了关键的环节，这两个图案非常的美，但是我不好选择，我标

190

上 1 和 2,请选择你喜欢的图案。

通过刚才的证明,我们知道这个定理叫作"勾股定理",它的定理是,在直角三角形中,两直角边的平方和等于斜边的平方。(见图 12)(画一个直角三角形)用几何语言表示:

∵在 Rt△ABC 中,∠C＝90°,

∴$a^2+b^2=c^2$。

我们在书写勾股定理的时候,容易省略前提条件,这样的话,在我们答题的时候,很容易丢分的,我们要注意这个问题。

师:我想请问大家,为什么这个定理叫作勾股定理?今天,老师带领大家穿越时空,了解勾股定理的历史:我们先来到公元前一千一百年前的周朝,有两个人,商高和周公,有一天,商高在花园里看到一头牛,专门去测量了一下,从地面到牛屁股的距离是 4,两腿之间是 3。这就是商高著名的"勾三股四弦五"学说,所以,我们把这个定理称为勾股定理,也有人把它称为商高定理。这个定理还被收集在《周髀算经》当中。"髀"在古代就是大腿的意思,所以这个定理也称为"周大腿"定理。(见图 13)

我们再穿越到西方,有一个著名的数学家毕达哥拉斯。毕达哥拉斯学派用这样两个图形简单地证明了这个定理。所以,我们把它称为毕达哥拉斯定理。传说毕达哥拉斯学派杀了 100 头牛来庆祝,在西方,很多人把它称为"白牛定理"。

我们再穿越到我国古代,在东汉的时候,有人创造了这一幅图,我们把它称之为赵爽"勾股圆方图"。在 2012 年的中国数学家大会上,这个就是会标。

这个定理的证明,就连美国的总统都产生了兴趣。美国的总统,用这样一个简单的图形,同样证明了勾股定理。后来,我们把这个方法称为"总统证明法"。

我们了解了勾股定理的历史,接下来的环节会更精彩。请看大屏幕。(见图 14)

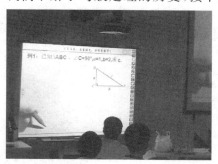

图 13

图 14

师:这是我要演示的例题。例 1 我们看下,非常简单。老师写一下格式:

∵在 $Rt\triangle ABC$ 中,∠C＝90°,

∴$c^2=a^2+b^2=1^2+2^2=5$,

∵$c>0$,

∴$c=\sqrt{5}$。

接下来是大家表现的环节。请在学案上面,快速地完成这道题。

师:我们看这位同学的解答。

图 15

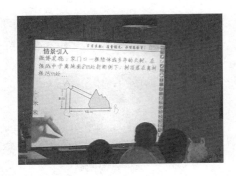

图 16

∵ 在 Rt△ABC 中,∠C=90°,∴$c^2=a^2+b^2=1$,

∵$c>0$,∴$c=1$

师:非常好! 接下来我们回到课堂开始时的问题。我们很多的同学都选择了 2,我们来看一下,老师如果标上字母 A,B,C,请问这个树倒下来,就变成了一个什么?

生:直角三角形。

师:那我们要知道这个树的高度是多少,最重要的是不是要算出它倒下的这部分 AB 啊? AB 在直角三角形当中充当了什么边的关系?(斜边)那已经知道了两条边,能不能算出斜边呢?(可以)。那 8+17,等于多少?(25)那第几个正确?(第 2 个)开始时很多同学都选择了 2,同学都太棒了!

师:接下来,我们再看一下有挑战性的问题,拿出你的遥控器,请做出你的选择。(图 17)……

(鼓励同学给他一点时间,16 号不要放过这个机会,奇迹就在你的手里面,大家都在等着你。16 号应该善于动脑筋,数学肯定非常棒,要相信自己)。

师:好,见证奇迹! 很多人都选 3。(请同学来回答)

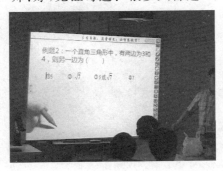

图 17

图 18

生:直角三角形两边是 3 和 4,那它的直角边是 3 和 4,利用勾股定理,可以算出斜边边长为 5。

师:好,这个想法有没有问题,哪位同学补充一下。

生:斜边是 4,一条直角边是 3,那另一条直角边是 $\sqrt{7}$。

师:这位同学帮你把它表述清楚了。题目当中告诉我们 3 和 4 的时候,我们发现,它完全没有说出 3 和 4 一定是直角边,还可能是斜边的长度,它设计了一个小小的陷阱。

师:接下来请大家把帮我解决这样一个问题。这是现在最流行的时尚的手机,它的主屏尺寸是 10 厘米,我的一个朋友拿回来测量了一下,测出这个主屏这条边为 6,这条边为 8,但是他怎么样都找不到 10 这个元素。他就打电话问我,手机出问题了吗?我还是求助你们,再次拿出你们的投票器,请选择。(见图 18)

师:这么多同学选择了 3,为什么选择 3 呢?大家都清楚,手机的主屏尺寸指的是什么长度?

师:你来说一下。

生:对角线的长度。

师:原来是这样。那我们想,这样的话,6,8,这条边是 10,原来这手机是没有问题的。主屏除了这个显示器,电脑,电视,它们的主屏显示尺寸,都是指的屏幕的什么线?(对角线)

师:接下来第三个问题,2012 年中国十佳优质生活城市,杭州和成都都名列其中。那我想问,你们觉得杭州会在这几个选项中的哪一个选项里面呢?拿出你们的投票器。(见图 19)

图 19

结果是怎么样的?很多同学都选择了第一和第二个选项,是不是这样呢?我们再看一下。齐齐哈尔排名第八,成都排名第二,杭州排名第一,你选对了吗?我发现我们生活在杭州和成都这样生活优质的城市,都特别幸福。于是我们就想,在地图上,这两个城市实际上都是点,我把它称为"幸福点",我把这两个城市连接在一起,我把它称为"幸福边",我再把这个联系在一起,这就是一个幸福的三角形。

在 Google 地图上,经过测量,发现一个有趣的现象,成都、齐齐哈尔、杭州,三个城市在地图上近似地构造了一个直角三角形。这是一个幸福的直角三角形,我把十大城市全部测完了,只有这三个城市构造了直角三角形。经过测量之后发现这样一个问题,请问一下,成都和杭州的幸福线 AC 为多少?

师:这题我留给大家思考,因为成都和杭州的距离要越来越近,不能在课堂上解决,还要课外慢慢地研究,这条幸福线是多少。但是可以提示大家一点,这会用到方程的思想。

师:接下来我们来点更精彩的,这节课你有哪些收获?请拿出你的投票器,我们进行抢答环节。

生:关于三角形的知识更加加深了。

师:说明这堂课我给你带来了收获。

师:这堂课结束时,老师送一个名人的话给大家,"只要思想不滑坡,方法总比困难多"，这个名人是在下，谢谢大家！

听课反思

1. 很实在。曾老师从生活问题中引入，符合数学教学的特点，也利于调动学生的积极性。诠释了数学来源于生活，又解决生活的问题。同时，积极引导学生参与课堂学习，一步步引导学生解决问题。

2. 有创新。他的课里面有很多东西值得我们学习。他讲到的例题，比如幸福边，幸福三角形，但这八堂课里面，教师的创新要多于孩子的创新，孩子的创新还不太够。另外，在鼓励上面，做得非常好。

3. 贴近学生。比如说，抢答、求助，还有及时奖励，调侃，这些东西像美食的调味料，如果做得好，可以使饭菜更加可口。当然，不能够牺牲数学的理性和严谨性来换取。

【名师简介】

姓名	张玲玲		
性别	女	年龄	29
教龄	5 年	职称	中教二级
任教年级	初二		
所在学校	宁波市鄞州实验中学		

【教学设计】

认识事件的可能性

张玲玲

教学目标

1. 通过实例进一步体验事件发生的可能性的意义；

2. 了解必然事件、不确定事件、不可能事件的概念；

3. 会根据经验判断一个事件是属于必然事件、不可能事件，还是不确定事件；

4. 会用列举法（枚举、列表、画树状图）统计简单事件发生的各种可能的结果数。

教学重点

事件发生的可能性的意义，包括事件发生的可能性对事件分类。

教学难点

用列举法（枚举、列表、画树状图）统计简单事件发生的各种可能的结果数。

教学过程

一、课前热身

游戏"石头、剪刀、布"

引出课题：认识事件的可能性

（设计意图：利用学生感兴趣的小游戏进行课前热身，可以激发学生的好奇心和学习兴趣，让学生参与到数学知识的学习中。）

二、新知探究应用

（一）发现新知

摸球游戏：

从放有 1 个白球和 2 个黄球的一个箱子里摸出两个球：

（1）其中有一个是黄球（必然会发生）

（2）其中有一个是黑球（必然不会发生）

（3）其中有一个是白球（可能发生，也可能不发生）

给出必然事件、不可能事件和不确定事件的概念：

在数学中，我们把在一定条件下必然会发生的事件叫作必然事件。

在一定条件下必然不会发生的事件叫作不可能事件。

在一定条件下可能发生、也可能不发生的事件叫作不确定事件（或随机事件）。

（二）应用新知

走进生活：说说这些事件各属于哪类事件。

1. 射击运动员射击一次，命中 10 环。

2. 在标准大气压下，温度降到 0℃ 以下时，水结成冰。

3. 现在打开电视正在报道有关 H7N9 的新闻。

4. 水中捞月。

走进数学：说说这些事件各属于哪类事件。

5. 两个边长都为 10cm 的正三角形全等。

6. 在一张纸上任意画两条线段，这两条线段相交。

7. 对于任意的两实数 a,b，有 $ab<0$。

8. 对于任意的两实数 a,b，_____，有 $ab<0$。

添加一个条件，使它成为必然事件。

添加一个条件，使它成为不可能事件。

（三）巩固新知

游戏"一问一答"

游戏规则：

箱子内有 1 黄 1 白两球，一位同学从箱子内摸球，若摸出黄球举出一个事件让老师判断，若摸出白球则由老师举出一个事件让同学判断。

（设计意图：这里用贴近学生生活的事例，数学中的知识以及游戏的形式展示，不但能激起学生学习的兴趣和热情，而且让学生感受到数学与现实生活是息息相关的，增强学生应用数学的意识）

（四）再探新知

摸球游戏：

游戏1:在一个箱子里放有1个白球和1个黄球,它们除颜色外都相同。请你先摸出一个球,放回,摇均匀后再摸出一个球。

思考:这样先后摸得的两球有几种不同的可能?

游戏2:在一个箱子里放有1个白球和2个黄球,它们除颜色外都相同。请你先摸出一个球,不放回,摇均匀后再摸出一个球。

思考:这样先后摸得的两球有几种不同的可能? 请用树状图(或列表法)列举出所有可能出现的结果。

(列表和画树状图是人们用来列出事件所有不同可能结果的常用方法,它可以帮助我们分析问题,而且可以避免重复和遗漏,既直观又形象。)

(设计意图:首先,学生在游戏1中体验摸球活动,得出可能的几种结果,然后再从分析的角度得到列表法和画树状图,让学生经历、感受事件发生的所有不同可能结果,体验枚举法、列表法、画树状图这三种方法。)

三、小谈收获

3种事件:必然事件、不可能事件、不确定事件

3种方法:枚举法、列表法、画树状图

四、应用提升

在一个箱子里放有3个球,分别标有数字1、2、3。先摸出一个球,放回,摇均匀后再摸出一个球。将连续摸出的两个球上的数字相加,若和为偶数则同学们赢,和为奇数则老师赢。可这办法公平吗?

(设计意图:借由是否公平的提问,让学生在巩固本节内容的同时,体会到事件可能性的大小,为下一节课做铺垫。)

五、布置作业

1. 完成课后习题。

2. 收集身边的一件随机事件,运用所学知识对可能的结果数进行分析。

六、板书设计

认识事件的可能性

1. 事件的分类:

必然事件:在一定条件下,必然会发生的事件。

不可能事件:在一定条件下,必然不会发生的事件。

不确定事件(随机事件):在一定条件下,可能发生,也可能不发生的事件。

2. 统计事件可能性的方法:枚举法,列表法,画树状图

【教学实录】

认识事件的可能性

张玲玲

师:同学们放轻松点,在接下来的上课过程中,我们要对表现好的同学加以鼓励,我

们大家来一点节奏,老师示范一下,"啪,啪,拍拍手"。

(师生互动拍拍手)

师:好,我们在上课过程中,如果同学们回答得很棒,需要给他掌声时,我们就用这个节奏,为他加油,为他鼓励。

师:在课堂上,老师设计了一个游戏,"石头、剪子、布",现在每个小组可以进入这个游戏了。

(教师在各小组巡回,做方法指导,学生做石头剪子布游戏)

生:(小组讨论)

师:在课的一开始,老师想请刚才在游戏当中优胜的六位同学站起来让大家认识一下。我们第一次给予掌声鼓励一下,来,(鼓掌)。对,很好。接下来,老师想从这六个优胜者当中选取其中的一位来进行采访。嗯,我挑选谁呢? 来,这位同学,对于老师挑选谁,你紧张吗?

生:不紧张。

师:哦? 不紧张?

生:因为我不是优胜者,老师不会选择我。

师:哦,是因为一定不会挑选到你的? 来,好,请坐。这位优胜者,对于老师等一下挑选谁你紧张吗?

生:有一些紧张。

师:有一些? 为什么呢?

生:因为我有可能被选中。

师:哦,就是说,你是会有被挑中这个的概率存在,对吗? 可能会被挑到。我想好了,我挑选的是第三组的优胜者,哪位? 哦,这边,来,这位同学,老师想问此时的你紧张吗?

生:紧张。

师:为什么紧张?

生:因为我已经被选中了。

师:哦,已经被挑中了,是吗? 来,那你来谈一谈吧,在刚才的游戏当中,优胜的秘诀是什么?

生:运气好。

师:哦,运气好。好,看来这六位是今天这一堂课一开始的幸运儿,非常感谢你们。来,请坐。我们发现事物的发生是存在不同的可能性的,那今天我们就一起来认识一下事件的可能性。

(板书:认识事件的可能性)

师:好,让我们先从一个摸球游戏来拉开本堂课的序幕。在这里有一个空箱子,我们往里面放1个白球2个黄球,那么现在老师要从这个箱子里摸出两个球,我说其中有一个是黄球,大家觉得呢?

生:有可能。

师:一定是? 还是可能的?

生:一定是!

师:嗯,是一定会发生这件事情,对不对? 也就是说它属于必然会发生的。

(板书:必然会发生)

师:我说其中有一个是黑球,大家觉得呢?

生:不可能!

师:不可能,也就是说必然是不会发生的,对吗?

(板书:必然不会发生)

师:我说其中有一个是白球,大家觉得呢?

生:可能有。

师:可能会发生,当然也有可能不发生。

(板书:可能发生,也可能不发生)

师:可能发生,可能不发生。在数学当中,我们将必然会发生的事件(板书)给它一个名称,称为——

生:必然事件。

师:哎,这个同学回答很好,称为必然事件(板书)。我们将必然不会发生的事件称为什么?

生:不可能事件。

师:嗯,很好,不可能事件(板书)。

师:当然还有一类事件是可能事件,是可能发生也可能不发生的事件,这个结果没有确定下来,所以我们给它一个名称叫不确定事件,或者说它发生的情况是随机性的,我们也称之为随机事件。好,我们将事件就分为这样的三类(板书)……那么按照它发生的可能性,认识了事件的分类,我们到生活中去辨别一下,请回答问题的同学先进行判断。

生:确定事件。

师:好,确定事件! 请坐,来,这位。

生:(读题)应该是必然事件。

师:对吗? 必然事件,来,这位男生……

生:我觉得是确定事件。

师:非常好,这位女生,"水中捞月"你觉得……

生:不可能……

师:呵,是一个不可能事件。在现实生活中,做不到。好,我们再到我们的数学世界中去看看它的身影。

师:第一个,请这位同学。

生:(读题)必然事件。

师:好,必然事件,下一位女生……

生:不确定事件。

师：嗯，这是一个不确定事件，很好，回答正确。第三个，这位女生……

生：对于任意两实数 a、b，则 $ab<0$ 是不确定事件。

生：嗯，这是一个不确定事件。现在请大家来看题 4，你能不能添加一个条件，使它成为必然事件？好，这位男生……

生：a、b 均不为负数。

师：好，他添加的条件是"a、b 均不为负数"。

生：我觉得他的条件错误，我觉得应该是"a、b 不同号"。

师：你觉得"a、b 不同号"，也就是异号，对吗？这位男生……

生：a、b 当中有一个为负数。

师：a、b 当中有一个为负数，那么你对另一个有补充吗？

生：另外一个数不等于零。

师：另外一个不等于零，好，我们来看一下这三位同学的答案，第一组同学说 a、b 两数都不为负数，对吗？那老师有一个疑问，如果都为整数，这是一个必然事件吗？

生：……

师：所以第一个回答就有点欠缺，第二位同学说 a、b 两数不同号，也就是异号，正确吗？

生：不正确，如果 a、b 当中有一个为 0，ab 的乘积就为零了。

师：如果有一个为零的话就等于零了，那把两个答案给综合一下，把零这个数考虑过去，我们前面没有说这个符号的正负性，对不对？所以应该完整地说，两个非零数 a、b 两数为异号，是不是？第三位同学说，其中一个为负数，大家觉得这个回答完整吗？

生：（摇头）不完整。

师：有点什么欠缺？

生：他没有说另一个。

师：对，没有对另一个数给出一定的限制，好，非常棒，那么，我们添加的条件是……

师：这两个非零数为异号，对吗？能不能再添加一个条件，使它成为一个不可能事件？

生：a、b 中其中有一个数等于零，或者说 a、b 中 a、b 两数同号。

师：还有吗？

生：a、b 两数为非负数。

师：她把刚才那些同学说的配合在一起了，非负数什么意思啊？

生：正数和零。

师：那么也使这个事件成为一个不可能事件，还有吗？

生：……

师：没有了？那我们发现啊，其实添加的条件不同，这个事件的类别是不是也发生了改变，对不对？因此在判断一个事件属于哪类事件的时候，应该是要在一定的条件下进行判断。今天啊，有两位朋友到我们课堂上来做客，我们来听一听他们之间的小插曲……

生：(读题)亲爱的老婆大人，别生气了，明天杭州武林广场大减价，我带你去逛一逛，瞧一瞧。那就看你明天的表现吧。

视频录音：

一大清早，灰太狼夫妻俩有说有笑地出发了……

灰太狼：瞧！你一来，太阳都打西边升起了。

红太狼：这傻瓜……

走着走着，两人来到了一条小河边。灰太狼捡起路边的石头投入河中。只听"扑通"一声，石头沉入河底。无聊的灰太狼突然看见河中有鱼，心想：嘿嘿，本大王正好可以来个一箭双雕，饱餐一顿。

路上，灰太狼看到蚂蚁在搬家……今天可能要下雨，等下买把伞吧！红太狼：这家伙还是挺聪明的！

不知不觉中，两人已经来到了武林广场附近的电子屏幕……快看，那速度该有100米/秒吧！红太狼用怀疑的眼光打量着他……

师：从刚才的这个故事当中，大家寻找一下，有没有今天这堂课所学的三类事件。

师：来，这位男生。

生：开始，太阳打西边升起，这是不可能事件。

师：这是一个不可能事件，对吗？大家觉得这个对吗？嗯，很好，还有吗？

生：嗯，还有灰太狼捡起路边的石头投入河中。只听"扑通"一声，石头沉入河底。

师：这是一个必然事件，还有吗？

生：然后灰太狼看到蚂蚁在搬家……今天可能要下雨，等下买把伞吧！这是不确定事件。

师：这个是不确定事件，他说看到蚂蚁在搬家，他觉得可能要下雨，是不确定事件。

生：然后不知不觉中，两人已经来到了武林广场附近的电子屏幕……快看，那速度该有100米/秒吧！

师：嗯，你觉得这个事件是什么事件？

生：可能事件。

师：你觉得马的速度该有100m/s，这是一个不确定事件，蹭蹭一下，嗖的一下它跑100米？可能不可能？

生：是不可能事件。

师：他改过来了，大家觉得应该是什么事件？

生：不可能事件。(齐答)

师：这是一个不可能事件，还有吗？

生：还有漏掉的。

师：哦，漏掉了。

生：无聊的灰太狼突然看见河中有鱼，心想：嘿嘿，本大王正好可以来个一箭双雕，饱餐一顿。这是不确定事件。

师：对，当中的哪一个是不确定事件？

生:一箭双雕。

师:嗯,很好,对于这个一箭双雕,这是个不确定事件,大家觉得他回答得完整且正确吗?

师:还有没有补充?

生:……

师:好,没有! 来,给他掌声表示鼓励,好吗?

生:(鼓掌)

师:这位同学很棒! 改正得也很及时! 他找到了所有的事件并进行了正确的判断,看来大家对于事件的分类掌握得准确到位。那接下来的这个"一问一答"的游戏,大家是否也能玩得得心应手呢? 我们看一下游戏规则:现在箱子里放有一个白球和一个黄球,由第一组的幸运儿先进行摸球,先与老师进行游戏,如果摸出黄球,请你举出一个事件让对方判断;如果摸出的是白球,那么由对方举出一个事件,由你们小组来判断。那么接着由第一个小组和第二个小组进行游戏,第二个小组进行摸球,大家有明白这个规则吗?

生:明白!

师:好! 那接下去给每个小组一点考虑时间,请大家在小组内讨论出三个不同类别的事件,并将它记录下来,在小组内先进行判断。开始!

(学生开始讨论,老师巡回,观察学生情况,或适时参与其中)

师:接下去我们开始游戏,(拿起盒子),现在老师向第一组同学挑战。刚才那位幸运儿是谁?

生:(上前摸球)

师:黄球。请你出题吧。

生:天气预报说明天会下雨。

师:这在生活中是一个不确定事件。谢谢,请坐,下一组。

生:(上前摸球)

师:白球,你们组提问。

生:月球围着地球转是必然事件。

师:对吗? 给她掌声! 下一组。

生:(上前摸球)

师:白球。

生:他今天可能会迟到,是不确定事件。

师:分析合理,下一组。

生:(上前摸球)

师:黄球。

生:水在100摄氏度会沸腾是不确定事件,因为必须是一个标准大气压下。

师:正确,掌声鼓励,下一组。

生:(摸球)

师:黄球。

生：在一个标准大气压下，水在 100 摄氏度不会沸腾是不可能事件。

师：正确吗？ 正确！ 来，最后一次游戏……

【名师简介】

姓名	张厚东		
性别	男	年龄	43
教龄	22	职称	中学高级
任教年级	初二		
所在学校	大连开发区第十二中学		

【教学设计】

探索一道几何题的奥秘

张厚东

教学任务分析

教学目标	知识技能	1.理解正方形中一类线段相等的证明思路 2.会证明正方形中一类线段相等的题目
	数学思考	1.站在全等变换的角度和高度去认识问题和解决问题 2.经过观察、比较、联想、类比等数学活动过程，进一步发展思维能力 3.学会独立思考，体会数学的基本思想和思维方式
	解决问题	1.获得分析问题和解决问题的一些基本方法，体验解决问题方法的多样性，发展创新意识 2.学会与他人合作交流 3.初步形成评价与反思意识
	情感态度	1.学生经历猜测、课件验证、论证三个过程体会解决数学问题之道 2.充分体会几何变化之美妙，几何变换之精巧 3.体验转化的数学思想
重点	在正方形中证明两条线段相等	
难点	总结出解题方法和积累解题经验	

教学过程设计

问题与情境	师生行为	设计意图
【活动1】问题1: 已知:如图,四边形 *ABCD* 是正方形,点 *E* 是边 *BC* 上一点,$\angle AEF=90°$,且 *EF* 交正方形外角的平分线 *CF* 于点 *F*,在不添加辅助线的前提下你能得出哪些结论? 时间2分钟 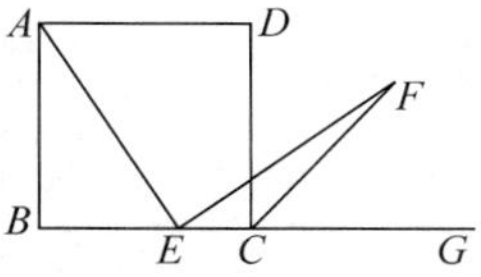 结论:	教师提问正方形的边、角、对角线的性质 学生思考并回答问题	由学生熟悉的内容入手可以使学生很快进入学习状态,也符合"最近发展区"理论 迅速引入本课
【活动2】问题2: 如果我们给出这道题要求证的是:$AE=EF$。要证明两条线段相等有哪些方法? 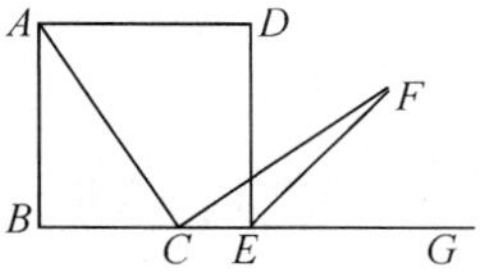 解题方法:	教师出示问题 师生共同回顾常见的证明两条线段相等的解题思路:构造全等三角形,等量代换,构造等腰三角形,等等	问题驱动 激发起学生的求知欲 搭建脚手架 明确解题的基本思路,便于选择运用

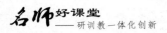
问题与情境	师生行为	设计意图
下面请同学们根据证明两条线段相等的方法独立解决此题,要求:做出相应的辅助线即可,看看你能有几种想法? 时间 3 分钟。 解题思路: 构造等腰三角形: 图 3 构造全等三角形: 图 4	师:看看同学们对本题能研究出多少种解法?一定要争取超越老师!学生有了想法直接到黑板上画出图形并写出辅助线的做法,争取展示自己的机会。 如图 3,构造等腰三角形, 如图 4,构造全等三角形, 如图 5,连接 AC,则可得 $\angle ACD=\angle ACB = 45°$,若延长则可得 $\angle GCM = 45°$,那么 CG 是 $\angle FCM$ 的角平分线,即出现了常见的基本图形:轴对称,此时,只需引导学生截得 $CM = CF$,连接 EM 可使问题得解,此解法基本思想就是构造全等三角形,可以看成将 $\triangle FEC$ 沿 BC 所在直线翻折得到 $\triangle MEC$,是轴对称的一个简单运用。 当然也可以通过类似的分析,得到另一方法,如图 6,延长 FC、AB 交于点 M,连接 ME 也可使问题得解	一题多解 明确解题的基本思路,便于选择运用。 基本方法 1:构造等腰三角形 基本方法 2:构造全等三角形 站在全等变换的角度和高度去认识问题
等量代换(轴对称): 图 5	师:我们经常说:图形的变化的基本形式有平移、旋转、轴对称,你还有其他的想法吗? 学生们的思维被激活了,很快就会有学生说由于正方形自身的特性及 CF 是 $\angle DCG$ 的角平分线,连接 AC 则会得 $AC \perp CF$,又由旋转的基本条件——共点、等角、等线段,可以尝试把 $\triangle ECF$ 旋转 90° 如图 7,从而使问题解决	运用学过的轴对称变换

问题与情境	师生行为	设计意图
 图 6	还可以将△AEC 绕着点 E 顺时针旋转 90°而使问题解决（图略）	
旋转： 图 7	虽然我们总结出了 7 种解法，但在实际解题过程中我们还要有一个能力，就是能从多种解法中快速选择出最简洁的方法来解决问题，那么你们认为本题最好的解题方法是哪种？（第一种）	思维升华
【活动 3】问题 3： 如图，四边形 ABCD 是正方形，点 E 是边 BC 延长线上的一点，∠AEF＝90°，且 EF 交正方形外角的平分线 CF 于点 F，那么 AE 与 EF 还相等吗？ 图 9 解题思路： ①解题方法：_____ ②辅助线：_____ ③条件：_____	师：结合你对问题 3 的理解，选择你认为最好的解题方法先独立思考挑战，再小组交流你的做法和心得，一会大家除了说明本题的解题思路外，还要谈谈你的心得，时间 5 分钟 学生经历猜测、教师课件验证、学生论证三个过程完成此题 教师可演示课件（将点 E 向右拖拽）	中国式的变式练习，发展思维的灵活性和发散性 变式的一个方面：点移动

项目六　全国教育综合改革实验区第二届高质量课堂展示暨下城区「名师好课堂」初中数学课堂教学研训活动

续表

问题与情境	师生行为	设计意图
【活动4】问题4： 如图，四边形 $ABCD$ 是正方形，点 E 是边 BC 延长线上的一点，$\angle AEF=90°$，且 EF 交正方形外角的平分线 CF 于点 F，那么 AE 与 EF 还相等吗？ 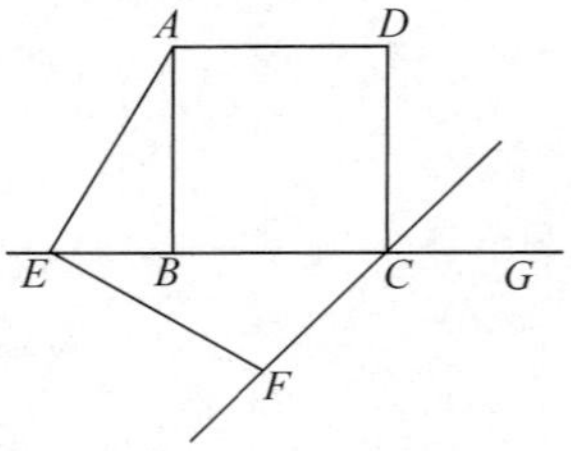 图10 解题思路： ①解题方法： ②辅助线： ③条件：_____	师：通过对问题3和问题4的学习，我们已经形成了此类问题的解题经验，所以我相信同学们能独立完成这个问题的证明，时间5分钟，完成后小组同学结合白板上老师给出的答案互相检查 学生先猜测、再验证、后论证 如果学生决定继续探究，教师可演示课件（多法题5－4，将点 E 向左拖拽）	用来检验学习成果 一起分享成功的经验和总结失败的教训
【活动5】自主评测： 如图，四边形 $ABCD$ 是正方形，点 E 是边 BC 上一点，$\angle AEF=90°$，且 $AE=EF$，求证：CF 平分$\angle DCG$。 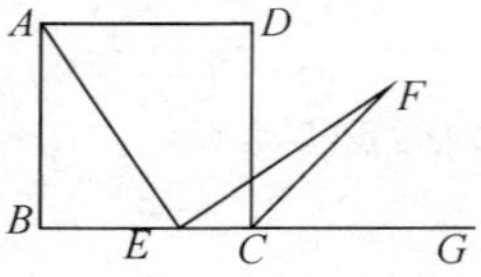 图10 2. 如图，四边形 $ABCD$ 是正方形，点 E 是边 BC 上一点，且 EF 交正方形外角的平分线 CF 于点 F，$AE=EF$，求证：$\angle AEF=90°$。 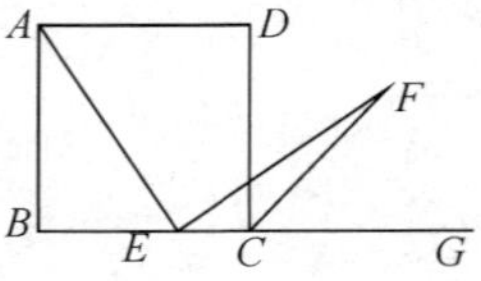 图11	师：请同学们根据自己的实际能力选择一题完成 学生根据自己的实际能力选择一题 教师可适时、适当点拨（第二题较难，需要构造两对全等三角形）	用来发展逆向思维 变式的另一方面：题设结论互换

问题与情境	师生行为	设计意图
【活动7】课堂小结： 通过本节课的学习： 对自己说，你有哪些收获？ 对同学说，你有哪些温馨提示？ 对老师说，你有哪些疑惑？	师生互动，生生互动，总结出此类题的解题方法和积累解题经验，教师在学生总结的基础上进行概括、完善	通过互动，较全面地总结解题方法和积累解题经验，有助于学生记忆、理解和应用
【活动8】学以致用（作业）： 三角形△ABC是等边三角形，点E是直线BC上任意一点，∠$AEF=60°$，EF交等边三角形外角的平分线CH于F，求证：$AE=EF$。请同学们自行画出不同位置的图形，并完成证明。	教师布置课后作业，学生记录作业.	用平行练习，类比正方形，达到触类旁通、举一反三的目的。 变式的又一个方面：图形变化用来巩固本节课的学习成果

【教学实录】

探索一道几何题的奥妙

张厚东

师：给大家一个话题，希望大家放开喉咙喊好吗？

生：好的。

师：选一选我们班的帅哥。

生：王××，王××。

师：大家不用急，你们小组先讨论。

生：王××，王××。

师：谁是王××啊。

生：陈老师是帅哥。

师：哦，陈老师不算，再给你们一次选择的机会。

生：王××，王××。

师：那我们再选一下我们班的靓女吧。

生：王××，王××。

师：靓女啊，不是帅哥。

生：王××，王××。

师：还是王××啊，（握手）你太有人缘了。把你的人缘给我点，上课和我好好配合。

生:(笑)好的。

师:那给大家唱首歌好吗?(给话筒)

生:我邀请一个同学好吗?

师:好啊,你邀请吧。

(邀请了他的女同桌,一起唱宫的主题歌)

主持人:来自大连的老师果然大方,爽朗。课前活动已经精彩纷呈,让我们对他这节课也充满了期待哦,也谢谢我们刚才八(1)班同学的精彩配合,来点掌声鼓励一下自己(鼓掌)

师:上课。

生:起立。

师:同学们好。

生:老师好。

师:请坐,正方形我们学过了没有?

生:学过了。

师:正方形有哪些性质?(提问)

生:四个角相等,四条边相等。

师:哦,很好,请坐,我们给另外的同学一次机会。

生:正方形的对角线相等平分且互相垂直。

师:好请坐,还有同学要补充的吗?

生:正方形是轴对称图形,而且也是中心对称图形。

师:非常好,请坐,今天老师想和同学们探讨一个问题,也是有关正方形的问题,希望同学们在解决老师给你们提出问题的同时,也能给老师提出问题,好吗?

生:好。

师:请看,进入问题一(看大屏幕)已知条件有几个,分别是什么?

生:已知条件有四个,一个是已知四边形 $ABCD$ 是正方形,一个是点 E 在 BC 上,一个是 $\angle AEF$ 是 $90°$,一个是 EF 交 $\angle DCG$ 的平分线于点 F。

师:请坐,对不对,其中 CF 是 $\angle DCG$ 的角平分线,那么除了已知条件本身具有的性质以外,你还发现了哪些性质呢?

生:$\angle 3$ 等于 $\angle 1$。

师:哦,老师为了方便,在图形上添上了一些标注,大家都认为 $\angle 3$ 等于 $\angle 1$ 吗?你怎么得到的,你说。

生:因为正方形的一组对边是平行线,所以 $\angle 2$ 等于 $\angle 4$,又因为 $\angle 1$ 加 $\angle 2$ 是 $90°$ $\angle 3$ 加 $\angle 4$ 是 $90°$,所以 $\angle 1$ 等于 $\angle 3$。

师:非常好,请坐,他用了等角的余角相等,得到了 $\angle 1$ 等于 $\angle 3$。还有吗?

生:AE 等于 EF。

师:AE 等于 EF,太聪明了,他已经把我的第二个问题都说出来了。怎么再往下说,说完了再说问题 2 好吗?先请坐,还有吗?哦,还是你,请说。

生：∠2 等于∠4。

师：哦，刚才那位同学说过了，请坐。

生：∠5 等于∠6。

师：等于多少度？

生：45°。

师：哦，很好，请坐，还有吗？我有，∠ECF 等于多少度？

生：135°。

师：哦，这个角也是可以知道的，对吧，谢谢刚才那位同学，进入我们的问题二，我今天真正让你完成的是 AE 等于 EF，先问同学们一个问题，你学过的证明两条线段相等的方法有哪些？

生：构造全等三角形。

师：哦，很好，构造全等三角形，你说。

生：线段间的等量代换。

师：哦，等量代换，请坐，你说。

生：构造特殊的平行四边形。

师：哦，构造特殊的平行四边形，那么构造平行四边形行不行？

生：行。

师：哦，它的对边相等，很好，请坐，你说。

生：构造特殊的三角形，如等腰三角形，或等边三角形。

师：构造等腰三角形，真聪明。请坐，下面同学们根据刚才总结的方法，探究一下 AE 到底等于 EF 吗？在试卷上完成。（学生在试卷上完成，老师来回观察，一个学生上面板演）

师：好，请同学们坐好了，刚才找了四位同学，把他们的想法展示在了大屏幕上，看了刚才下面的同学还有另外的想法，现在我们让这四位同学把他们的想法说一说，说说他们为什么这么做。

生：过 F 作 FH 垂直 BG 交 BG 于点 H，证明△ABE≌△EFH。

师：好，这个同学是通过构造全等三角形来说明，第二个同学说说看。

生：连接 AF，构造等腰三角形。

师：哪一个是等腰三角形？

生：三角形 AEF。

师：很好，请坐，辅助线应该用虚线来画，我本来想把它擦成虚线，越擦越乱，哦，先不管它了，第三个同学说一下。

生：作 AH 垂直 AE，且 AH 等于 AE，然后连接 HF，证明四边形 AHFE 是正方形。

师：哦，很好，请坐，第四位同学说说看。

生说：在 AB 上取 BH 等于 BE，证明三角形 AHE 全等于三角形 EFC。

师说：好，请坐，四位同学的想法非常好，但是我们平时做题的时候会发现，并不是每一个想法都是可行的,我们还有能力在众多的方法中把可行的方法找出来,对不对?现在以分组合作的方法,用我们集体的智慧,看看黑板上的四种方法谁行谁不行,为什么?(学生开始讨论)

师:好,坐好了,大家迅速地从讨论到了独立思考,非常好,我问问大家,有没有选择第一个的?(没有)为什么不选择它呢?

生:缺条件。

师:缺什么?

生:少边。

师:少边,对吧,挺聪明,有没有选择第二个的?也没有啊!为什么不选它?你说。

生:要证明等腰三角形,就要证明两条边相等,现在要证边相等,就要证两个角相等。

师:哦,要证明这两个角相等,又要证明两条边相等,是不是又回去了?很好,请坐,那么有没有选择第三个的呢?也没有,为什么呢?你们组讨论到哪一步了呢?

生:说明它是矩形。

师:哦,我们只能说明它是矩形,而不能说明它是正方形。选择第四个的举手看一看。看来大家都选择对了,这四种方法还就第四种方法是可行的,说明大家都很聪明,谁讲讲它怎么证?是不是你一个想的,你上来说说看。

生:之前已经证明 $\angle 1 = \angle 3$ 了,现在作了 $BE = BH$,则 $\triangle BHE$ 是等腰直角三角形,$\angle BHE = \angle BEH = 45°$,所以 $\angle AHE = \angle ECF = 135°$,又因为四边形 $ABCD$ 是正方形,所以 AB 等于 BC,那么可以得到 $AH = CE$,所以通过角边角证明 $\triangle AHE \cong \triangle ECF$,可以证明 $AE = EF$。

师:听明白了吗?

生:听明白了。

师:那大家给他鼓鼓掌,我觉得他讲得非常好,是吧。我把它理解为什么呢,这个同学选择的证题方法非常好,是构造全等三角形,对吧。他做的辅助线,也可以像老师这么做,他是为了构造全等三角形,他做的是 BE 等于 BH,对吧。我也可以作 $AH = CE$,但是他作 $BE = BH$ 的时候,根据正方形的性质,$AB = BC$,再根据等式的性质,能证出来 $AH = EC$,那我作 $AH = CE$,同学们想,能证出来 $BH = BE$ 吗?能不能?

生:能。

师:那好,下面我们寻找证明 $\triangle AHE \cong \triangle ECF$ 的条件,有一个我们在分析条件的时候就找到了的,$\angle 1 = \angle 3$,分析题目是不是非常重要,还有一个是我做的,我做的是 $AH = EC$,再根据我们这边有一个 $\angle ECF = 135°$,这我就可以把它转化为证明 $\angle AHE = 135°$,我们又把它转化为它的补角 $\angle BHE$ 等于多少度的问题呢?

生:$45°$。

师:我们又可以把它转化为证明 $\triangle BHE$ 属于什么三角形?

生:等腰直角三角形。

师:就是证 $BH = BE$,刚才同学们说得非常好,希望同学们接下来的讲解和书写啊,能够仿照老师的解题思路来写,给同学们思考一下。

师:好了,请问同学们,你们底下的同学们还有没有其他已经证明了是正确的方法?有没有办法是可行的?举手告诉我,哎,老师这有,现在给同学们一个选择的机会,是你们继续探究呢,还是求助老师呢?

生:自己探究。

师:开始探究,有结论的同学可以举手示意。

师:同学们,坐好了,我给你们独立探究的时间到了,有没有同学做出来?有没有?那我再给你们一个选择,是求助你的同伴呢,还是求助老师?

生:求助同伴。

师:哦,就是不求助我啊,那好,开始。

生:(讨论声)

师:要不求助怎么办?你看。来,坐好,求助的时间到了,现在只能求助我,求不求助我?还有同学不情愿,没办法,就得求助我了,来,抬头看,我不都讲给你,我给你讲透露点信息,在正方形中,有条非常重要的线段,是什么?对角线,我们把 AC 连起来看一看,希望这个图给力啊,你看,我用着就很好,是吧,我把 AC 连起来看,有想法吗?再往下来,$\angle ACF$ 等多少?$\angle ACF=90°$ 没问题吧?两 $45°$ 的和,这个 $\angle E$ 这也是 90 度吧,是吧?对角线相等,这样 $\angle F$ 和这个角我写上角 2,$\angle F$ 和 $\angle EAC$ 怎么样?再想想看。

师:来,坐好同学们,有同学有想法啊,你说一下。

生:在 AC 上做 $HE \perp BC$,$\angle ACB=45°$,$\angle HEC=90°$,所以,$\triangle HEC$ 为等腰直角三角形,所以 $HE=EC$,$\angle EHC=45°$,所以,$\angle AHE=135°$,又因为 $\angle ECF=135°$,$\angle EAC=\angle EFC$,所以可以证两个三角形全等。

师:听明白了吗?谢谢,她讲的你们都听懂了是吧,我不重复了,非常好,非常棒,仍然是在构造全等三角形。刚才那个同学,也有一个想法,他说他没证出来,他是延长 FC 和延长 AE,相交于那个 H 点,能不能看清,他的目的呢,是想证 $\triangle FEH$ 和 $\triangle AEC$ 全等,跟刚才那个同学的证明完全一样,大家看一下,在这,这个 $\angle F$ 等于 $\angle EAC$ 我们已经证出来了对不对,已经知道 $\triangle ECF$ 是等腰直角三角形,同样能证出这个角是 $135°$,好,这两个我们先放这,老师这还有方法想学吗?想学吗?

生:想。

师:但是咱们时间有限,我再给大家提示一点,刚才我们这些方法都是直接证明了这两条直线相等吧,刚才我们在做的这个方法叫等量代换,从这个角度上我再给大家举个例子好不好?

师:好吧,回去。

师:好,坐好,刚才有几个同学有很好的想法,但是我们总结以后好像都差不多,因为这节课时间有限,我给同学一个想法,同学们看老师有个想法跟这个同学探讨的结论有什么不同?这位同学是把它倍长出来,然后证它是等腰直角三角形,结果证不了它是直角三角形。我现在把这个对角线延长出来,比方说延长到点 H,使这两段相等,连接 GH,同学们看 EH 和 EF 什么关系?这两个三角形全等相等吧,跟刚才这位同学的思路有什么不同？这样我们就把线段 EF 转化成 EH，那再证谁和谁相等就行了？EH 和 AE 相等吗？这个角和这个角相等我们证过了吧，它俩全等，这个角和角 H 也相等了吧？好，在这不证明了。有同学好像是觉得，老师，你这有公共边，有角相等，你这俩角相等吗？上面这 135° 是为什么？下面 $\angle ECH = 135°$，因为这是对顶角相等，多少度呢？45° 吧。同学们不要气馁，老师是研究了几十年才有这么多种方法，你们几十分钟就快战胜我了。好，老师还有一种方法介绍给大家好不好，刚才我给同学讲过这种方法——翻折，我是把 EF 所在的 $\triangle EFC$ 翻折，把 $\triangle ACE$ 也翻折过去，挺好，这是我们学过的轴对称。再呢，刚才那个同学所做的，这叫什么呀？把 $\triangle ABE$ 做了旋转，也能证明这个问题，还有刚才那个同学所做的，同学们看了之后，学过的全等和轴对称我们都是全等变换对不对呀？是不是从全等变换的角度上又可以解决这个问题呀，这是个新的思想，我们往往可以通过我们学过的平移、翻折、旋转这些全等变换来讨论全等问题，进而解决一些等量问题，希望这些方法对同学们有帮助。后面几种方法我们没有深入探讨它怎么解，我把它作为作业让同学们课后去思考。那么到现在为止，我们有几种证明 AE 等于 EF 的方法了？加上前面一种至少 6 种了，真正做题的时候不是 6 种都做吧，你更喜欢哪一种？你说说。

生说：第一种。

师说：第一种是吧，好，咱们做题都选择了第一种，下面就请同学们从这美妙的几何变换中走出来吧，进入问题三，你们猜测一下结论 AE 和 EF 还相等吗？相等吗？好，那我给大家作个验证，现在是在 BC 上相等我们已经证过了啊，对不对，大家看它俩长度的变化，现在要转化到什么上？延长线上。我们验证的结果是什么？相等。那么咱们就一起探究一下，能不能够证明这个问题，用我们刚才的第一种方法，同学们选择的是构造全等三角形，把辅助线找出来。请你来说一下。

生：画不出来。

师：画不了，算了，老师原来试验时能画，他画不了，我手比画好不好？因为黑板上画起来很费劲，我发现我原来呀是真的发自内心地想赞美你们，没有一个我想要的辅助线画错的，都画得很好，那有的同学就往里截了，我找了一圈没找着一个，他很聪明，在 BA 的怎么说呢，画不出来太费事了，在 BA 的什么上？

生：延长线上。

师：延长线上截取一段 AH 和谁等？

生：CE。

师：和 CE 相等对不对？然后连接哪条线段呀？HE，来证明这个问题。总结一下这道题，跟问题二比较什么变化了，什么没有变？

生：点 E 的位置发生了变化。

师：好，请坐，他说的点 E 的位置发生了变化，什么没变，他也说了一下，你说。

生说：思路没变。

师：还有这个问题的解题思路没变是吧？好，咱们进入问题四，问题四实质是问题二和问题三的一个延伸和巩固，这时候的点 B 跑到它的反向延长线上去了对吧，好，老师也做一个演示，大家猜测一下 AE 和 EF 的关系？相等吗?，我给大家作个验证，看到了吗？由于时间关系我把问题四也作为今天的一个作业题，还想告诉你们一声，实质上问题二的那 6 种解题方法对问题三和问题四都好用，等你们到了初三的时候学了相似和圆时也能证明这个问题。所以希望同学们在今后要努力学习好吧，那么今天这节课的小结我想这么来做，由于时间关系呢，我们就不在课堂上来做，我想同学们在我给你们的自主学习笔记的背面用三个方式来进行你的小结。

第一个，对自己说，你有哪些收获；第二个，对你的同伴说，有哪些经验值得大家借鉴的；第三个，对老师我说，还有哪些困惑。记录下来好吗？

好，课后留给我好吧，下课。

师：谢谢同学们。

生：谢谢老师。

师：同学们再见。

生：老师再见。

听课反思

（杭州市明珠实验学校叶青）

张厚东老师的这堂课，很有嚼头。

首先是课前热身活动，气氛很活跃。男女两个同学对唱将原本紧张的空气驱散得一干二净，无形中拉近了老师和学生之间的距离。所谓"亲其师而信其道"，平易近人的张老师深谙这个道理。

其次是张老师选的这道几何题，很典型，很有研究价值。不仅考察了学生的三角形全等知识和正方形的相关性质，更重要的是考查学生做辅助线的方法和构造全等三角形的能力。其后，张老师做了必要的补充和延伸，从轴对称（或翻转）的角度来解决问题，进而将题目外延到动点问题，酣畅淋漓地将这道几何题的内涵和外延发挥到极致，令人叹为观止。

最后，张老师非常注重课堂上学生的参与度，用他循循善诱的语言激发学生对数学的求知欲望。在他的启发下，学生们大胆发言，大胆尝试，大胆创新。师生互动良好有序，真正做到人人学数学，人人在数学上都有所收获。张老师就像引路人，引领着学生叩开数学殿堂的大门。

张厚东老师的这堂课，真的很精彩。

【名师简介】

姓名	胡妙婵			
性别	女	年龄	37	
教龄	16	职称	中学高级	
任教年级	七年级			
所在学校	广州市陈嘉庚纪念中学			

【教学设计】

6.4 梯形(1)

胡妙婵

一、教学内容解析

四边形既是几何中的基本图形,也是"空间与图形"领域的主要研究对象之一,它在生活中有着十分广泛的应用。作为特殊的四边形之一的梯形应用也很广,这不仅表现在日常生活中有许多梯形的图案,还包含其性质在生产、生活各领域的实际应用。

梯形从属于四边形,所以一般四边形所具有的性质它都具有,如:内角和是 $360°$,外角和为 $360°$,四边形的不稳定性等。同时,它还具有自己特有的性质,梯形是建立在前面学习了平行四边形及特殊的平行四边形的概念、性质和判定的基础之上,将要学习的特殊的四边形。梯形是与平行四边形并列的另一类特殊四边形,它有一组对边平行、另一组对边不平行。本节课是梯形的第一课时,主要研究梯形的概念和等腰梯形的定义和性质。

在教材的编写上,本课还注重了使学生经历充分的观察、猜想、验证、推理、交流、应用等数学活动后获得结论,这对于培养学生的观察能力、推理能力、图形处理能力、探索及解决问题的能力等方面,都起着较为重要的作用。

基于教学内容的地位和作用,本节课的教学重点确定为:

等腰梯形的性质及其应用。

二、教学目标设置

1. 经历从现实情景中抽象出梯形的过程,发展学生的形象思维与抽象思维,探索并掌握梯形、等腰梯形的有关概念,等腰梯形的性质。

2. 经历利用平移、轴对称的有关知识探究等腰梯形的性质过程,使学生经历观察、分析、猜想、验证、归纳、概括的认知过程,体会数学中的转化思想。

3. 能够运用梯形的有关概念和性质进行有关问题的论证和计算,进一步培养学生的分析问题能力和计算能力。

4. 通过添加辅助线,把梯形的问题转化为平行四边形和三角形的问题,使学生体会图形变换的方法和转化的思想。

三、学生学情分析

八年级的学生,已具备了一定的观察、分析、动手操作、语言表达及逻辑推理能力,通过前面对平行四边形及特殊平行四边形的概念、性质、判定定理的学习,基本上掌握了研究特殊四边形的一些方法和思路。对于等腰梯形性质的证明过程,一般学生都能理解,但对于为什么要添加辅助线,如何作辅助线,理解起来会有些困难。这属于思想方法方面的问题,学生往往只停留在能听懂,但不能内化的层面,需要我们进行精心的设计,充分展示"将梯形转化为平行四边形和三角形"问题的过程,讲清楚添加辅助线的目的、作用和意义。

本节课的难点为:等腰梯形性质证明过程中蕴涵的基本思想方法;解决梯形问题的

基本方法(将梯形转化为平行四边形和三角形及正确运用辅助线)。

四、教学策略分析

基于对教学内容和学生学情的分析,我们采取以下的教学策略:

策略1:"先行组织者"教学策略。利用先行组织者,引导学生开展"类比—探究"的教学设计思路,通过回顾和类比平行四边形及特殊的平行四边形的学习过程,让学生了解,对于梯形及等腰梯形的学习也要经历这样的过程:给概念下定义,探索其性质,研究其判定方法。对于等腰梯形性质和判定方法的研究,主要是针对图形中特殊线段、特殊角的关系进行研究,为新知学习提供研究线索和研究方法,让学生进一步体会几何研究中理性思维的基本过程。

策略2:"分层递进"教学策略。为了帮助学生探索并掌握梯形、等腰梯形的有关概念、等腰梯形的性质,突破解决梯形问题的基本方法(将梯形转化为平行四边形和三角形及正确运用辅助线)难点,遵循循序渐进的教学设计原则,在探究等腰梯形的性质环节,设计了观察、猜想、验证三个环节。在充分利用教材的基础上,做适当处理,突出本节教学重点,帮助学生突破难点。

下面结合具体的教学过程,对"问题"设置、学生学习机会创设和学习反馈处理进行分析:

五、教学过程设计

(一)创设情景,引入新课

1. 问题1:前面我们学习了平行四边形,学习了哪些内容?是怎样学习的?通过归纳得到:

平行四边形的定义(概念,组成要素,对角线等相关元素)

⟶ 平行四边形的性质、判定

⟶ 特殊平行四边形的研究(按角的特殊、边的特殊分类),研究的内容也是性质、判定。

教师总结:通过"定义",我们获得研究对象,认识了它的组成要素和相关元素。平行四边形的性质是对图形本身性质的研究,研究边、角、线。对特殊平行四边形的研究,体现了考察"特例"的重要性,这是数学研究的"基本套路"。"特殊性"可以从角的特殊和边的特殊两个角度入手。"性质"和"判定"是对平行四边形及特殊平行四边形的两大研究主题。

2. 问题2:类比平行四边形的研究,你能勾画一下本节课如何研究"梯形"这一节知识吗?

通过归纳得到:

梯形的定义(概念,组成要素,对角线等相关元素)

⟶ 梯形的基本性质

⟶ 特殊梯形的研究(按角的特殊、边的特殊分类),研究的内容也是性质、判定。

师生总结:边的特殊型,可以从"大小关系"和"位置关系"两个角度入手,一组对边平行,另一组对边不平行,这就是我们研究的梯形。特殊的梯形则有:直角梯形——角的特殊,等腰梯形——边的特殊,研究的基本内容也是性质和判定。

3.(1)问题1:给出一个任意△*EBC*,在 *EB* 上任意取一点 *A*,过点 *A* 作 *BC* 的平行线,交 *EC* 于点 *D*,得到的四边形 *ABCD* 是什么图形呢?若过点 *A* 作 *EC* 的平行线,交 *BC* 于点 *D*,得到的四边形 *ADCE* 是什么图形呢?四边形 *ABCD* 和四边形 *ADCE* 有什么共同的特点?

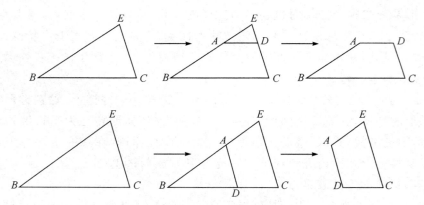

(结合图形,教师引导学生注意四边形 *ABCD* 和四边形 *ADCE* 的共同特征:一组对边平行而另一组对边不平行。)

问题2:一个四边形具备了什么特征才是梯形呢?

教师引导学生观察、总结共同特点:一组对边平行,另一组对边不平行。

【设计意图】 1.让学生明确一个类比对象,使他们逐步养成用几何研究的"基本套路"思考问题的习惯。2.通过类比,先让学生对本节的研究内容有一个整体认识,在后续研究给学生提供基本思想方法,从而增强学习主动性,引出本节学习内容。3.通过作三角形一边的平行线截取这个三角形得到梯形引出本课主题。通过学生观察图形和归纳图形的特点,培养学生的观察、概括能力。让学生能够描述出梯形的特征,弄清四边形与梯形的从属关系,明确四边形与梯形的异同点,平行四边形与梯形的异同点、为概念的形成做好铺垫。

(二)观察感知,形成概念

1.问题1:比较平行四边形和梯形的不同。如果从"对边"的位置关系入手,你认为什么样的四边形是梯形呢?

梯形定义:一组对边平行而另一组对边不平行的四边形叫作梯形。

2.问题2:梯形的组成元素有哪些?

一些基本概念

(1)如图:底边、腰、高。

(2)等腰梯形:两腰相等的梯形叫作等腰梯形。

【设计意图】 1.通过类比平行四边形的定义,突出梯形概念本质,深化对定义的理解,培养学生归纳、总结的能力。2.熟悉图形,明确概念,为探究图形性质做准备。

(三)引导实验,探索新知

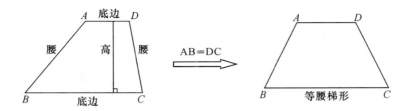

探究等腰梯形的性质

1.如图:观察等腰梯形 $ABCD$，$AD \parallel BC$。

2.猜想:请同学们类比平行四边形，动手操作，利用量角器、三角板、直尺等工具自主探究等腰梯形可能具有的性质。

师生共同归纳:

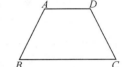

①等腰梯形是轴对称图形，上下底中点连线所在的直线是对称轴。

②等腰梯形两腰相等。

③等腰梯形同一底上的两个底角相等。

④等腰梯形的两条对角线相等。

3.所有的等腰梯形是否都具有上述的结论？你能利用学过的知识证明这个结论吗？

教师提出问题，进行适当引导，让学生自己发现:证明线段相等、角相等通常是利用全等的方法，或者利用平行四边形的性质，而图形中没有三角形也没有平行四边形，只有梯形，可见需添加辅助线，构造三角形和平行四边形，将梯形问题转化为三角形和平行四边形问题来解决，使难点得以突破。

教学中要注意引导学生证明等腰梯形的性质，尤其在证明"等腰梯形同一底上的两个角相等"这条性质时，"平移腰"和"作高"这两种常见的辅助线，在教学中头一次出现，可以借此机会，给学生介绍这两种辅助线的添加方法。

【设计意图】　以学生原有知识为出发点，引导学生通过观察、猜想、动手实践、合作交流等方式主动获取知识，获得解决问题的方法。同时，在学生亲历知识的发生、发展与形成过程中使学生获得富有成效的学习体验，发展探究与合作意识，培养逻辑思维能力；在解决问题过程中体会合情推理的作用，从而学会观察、猜想、验证等解决问题的方法，感受到数学结论的确定性和证明的必要性。

（四）巩固概念，应用拓展

1. 基础训练:

（1）在等腰梯形 $ABCD$ 中，$AD \parallel BC$，若 $\angle B = 70°$，则 $\angle C = $ _____，$\angle D = $ _____。

（2）如图，已知等腰梯形的上、下底边长分别是 2cm，8cm，腰长是 5cm，则这个梯形的高为 _____，面积为 _____。

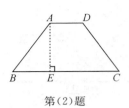

第(1)题　　　　　　　第(2)题

2. 灵活运用：

例1.如图，四边形 $ABCD$ 是等腰梯形，$AD/\!/BC$，已知∠$B=60°$，$AD=5$，$AB=14$，求 BC 的长。

思考：

(1)对于梯形的问题，将它转化成什么图形的问题？

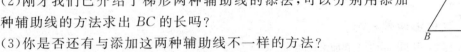

(2)刚才我们已介绍了梯形两种辅助线的添法，可以分别用添加这两种辅助线的方法求出 BC 的长吗？

(3)你是否还有与添加这两种辅助线不一样的方法？

归纳辅助线的作法：

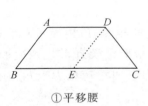
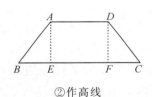
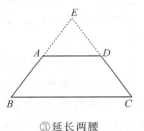

①平移腰　　　　　　　②作高线　　　　　　　③延长两腰

【设计意图】 通过一系列的练习，可以实现知识向能力的转化。学生在尝试运用梯形的概念和性质解决上述问题的过程中，进一步加深了对梯形性质的理解。通过题目的练习与讲解应让学生知道：解决梯形问题的基本思想和方法就是通过添加适当的辅助线，把梯形问题转化为已经熟悉的平行四边形和三角形问题来解决。在教学时应让学生注意它们的作用，掌握这些辅助线的使用对于学好梯形内容很有帮助。

(五)归纳小结，反思提高

本节课里，你学到了什么？

1.知识点：

(1)等腰梯形的定义；

(2)等腰梯形的性质定理。

2.数学思想方法：梯形问题转化为平行四边形和三角形的问题解决。

3.常用辅助线添法：平移一腰，作高线，延长两腰。

【设计意图】 教师引导学生归纳本节课的知识要点和思想方法，使学生对梯形的概念和等腰梯形有一个整体全面认识，同时培养学生自我反馈、自主评价的意识，促进

218

学生可持续地、和谐地发展。

（六）合作探究：

先任意画一个梯形 $ABCD$，连结两腰的中点 E，F，线段 EF 叫作梯形的中位线。

测量中位线 EF 和梯形的两底 AB，CD 的长度，看一看它们有什么关系。再画几个梯形试一试，说出你的猜想，并予以证明。用你的猜想能简化梯形的面积公式吗？

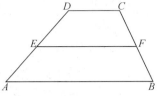

【设计意图】　引导学生类比三角形中位线的性质开展探究猜想活动。通过探究活动引导学生运用所学的知识解决问题，培养学习探索能力，拓展学生的思维。

（七）目标检测（题目略）

【教学实录】

6.4 梯形（1）

胡妙婵

师：我来自哪里？看我这样子我来自哪里？我以前去读书的时候，同学来自全国各地。他说，看你头这么大，一定来自广西。

师：我的头是很大，对不对？这是广西人一个典型的特征。那我来自哪里？（看投影）

师：看到你们的偶像，十六届亚运会，猜到我来自哪里了吗？还没猜到啊？

师：北京？上海？

生：广州。

师：有没有信心回答问题声音大一点？

生：有。

主持：最后一节课堂展示的是来自我们广州瑞湾的胡妙婵老师，和她一起参与课堂的是我们安吉路实验学校 802 班的同学。同学们，你们好。

生：老师好。

主持：同学们，你们刚才的表现很亲和，展示了我们杭州人应有的风采。那么接下来也给自己一点掌声，为自己作助力吧。好，课堂就交给我们胡老师了。

师：还有一分钟，教大家讲几句广州话吧。你好。我们初次见面你们见到我打招呼就会说：你好，阿姨。但是去到广州千万不要这样讲，这样讲会显得我很老哦，五六十岁才叫阿姨。见到我要叫靓女。广州话怎么说？见到靓仔怎么说，见到帅哥怎么说？所以你见到四五十岁的阿姨，你别叫她阿姨哦，你叫她靓姐，靓姐什么意思？

生：靓姐。

师：聪明，聪明的孩子们我们一起今天来进入我们数学的学习。要把你们最好的一面展现给我们在座的老师们。

师：同学们，我们前面学习过平行四边形的，对不对？那你研究平行四边形的什么东西?

生:边、角、线。

师:边、角、对角线,这是研究它的性质和判定,对不对? 你还研究了特殊的平行四边形。那你研究了特殊平行四边形的什么东西?

生:边、角、线。

师:哦,也是边、角、线,也是它的性质跟判定对不对? 今天,我就和同学们一起来学习梯形。那同学们,你勾画一下,我们今天我们梯形将要怎么展开呢? 我们是不是也要研究它的性质跟判定呢? 那当我们研究它的性质跟判定,我们从哪些方面展开?

生:边、角。

师:特别聪明。有大局的观念,很多同学自己都可以做一个小结哦。那么同学们接着来看,我随意地画一个三角形。我这里任意取一点,我过这里作 BC 的平行线,这样推上去。好的。那同学们看这是什么图形?

生:梯形。

师:很好。由我这个任意的三角形,我同样地作这边的平行线,这边擦掉,这是什么?

生:梯形。

师:很好。我们再来看,这个平行四边形,我作这样的移动,是什么?

生:梯形。

师:哎,还是梯形,对。那么请同学们类比平行四边形的定义,给梯形下个定义啊,它的特点就是什么?

生:一组对边平行,另一组对边不平行。

师:聪明的孩子们,你们说得真好! 好的,那么我们小学里也接触过梯形,对不对? 那么对于这个梯形,这两条叫什么? 这两条对边是……

生:上底,下底。

师:很好,有短的,有长的,短的就是上底。这两条呢?

生:腰。

师:很好,这些小学都学过了。来,这是什么?

生:高。

师:高,应该是这两条平行线之间的什么?

生:距离。

师:哎,距离,很好。那么今天呢我们要重点研究一样特殊的梯形,怎么样的梯形你觉得会特殊啊?

生:等腰梯形。

师:哦,等腰梯形,还有呢? 其他的?

生:直角梯形。

师:哦,直角梯形也是特殊的。那今天这节课我们主要研究等腰梯形它的一些性质。好,请同学们拿出刚才我发给你的那个等腰梯形的这一张纸,你去研究一下,这个等腰梯形它会有什么样的一些性质呢？我们就先想，从哪些角度去进行这些研究？我们先观察这个图形的特征，图形有什么特征啊？首先，它是什么样的图形？

生：轴对称图形。

师：哎，轴对称，对不对？我们可以尝试对折一下，好了，那我们开展研究的时候就要想了，仿照前面的类似平行四边形的，我们应该从边、角、线去开展研究。好了，那么同学们沿着这个思考的方式，请你填一填学案，你会猜想到它有什么样的一些性质？

（教师板书：梯形（1），一、梯形定义，二、等腰梯形）

师：好了，我们同学都有一些结论了，你们小组的同学互相看看，先研讨一下看看，边会怎么样？角会怎么样？线会怎么样？

（教师巡视）

师：好的，有结论了。请数学课代表今天打响头炮，来，有请！数学课代表！咱们的数学课代表有三个？哦，那你是课代精英哦！你的结论？

生：结论是：$\angle B = \angle C$。

师：$\angle B = \angle C$，好的，我就写在这里了，猜想的，对不对？好的，$\angle B = \angle C$，这是从"角"的角度。

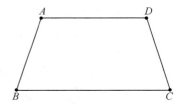

（教师板书）

生：$AC = BD$。

师：什么？

生：$AC = BD$。

师：$AC = BD$，这两条？对角线，好的，我把对角线连上。

（教师板书）

师：还有呢？

生：$\angle A = \angle D$。

师：$\angle A$，哦这个角写上面来，$\angle A = \angle D$，还有呢？

生：$AB = CD$。

师：AB 与哪条线相等呢？

生：$AB = CD$。

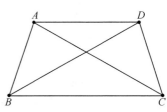

师：$AB = CD$。好的，同学们，看，我连了 A、C、B、D 以后，这样写会怎样？如果我不连线，这样写就 OK；如果我连了线，那就不能这样写了，好的。边、角、线，同学们会猜想到这样一些结论。好我们看，这个边相等，是不是很显然的？

生：是。

师：我们的定义已经给了。那么，这两个角相等，是因为我们对折，感受到它相等对不对？

生：嗯。

师：哎，那这是你观察你的这个图形是这样的，其他同学的图形是不是这样？那么还有许多的等腰图形是不是也有这样的结论呢？我们应该怎么样？

生：证明。

师：证明一下对不对？好的，那接下来呢，就请同学们先独立思考，怎么样去证明这个角相等。首先独立思考。

（学生动笔、思考）

师：好的，都有思路了，有的同学已经在书写了，小组的同学交流一下，看看你们的思路是不是一致的，可能有同学有不同的思路，在这里交流一下。把你的想法跟你的同伴分享一下。

（学生互相讨论，表达想法，教师巡视，有同学得出三种方法）

师：好了，跟同伴交流了一下，我们现在跟全班同学分享一下。刚才是数学课代表，接下来，谁？来，刚才同学们都说："我！"胆子很大的。我刚才发现每个小组都有两种方法或三种方法，都很棒！不愿意分享吗？又不是秘密。分享一下吧！好，你们组，请一个代表来分享一下，好的，很好，有请！

生：可以上去吗？

师：可以，就是希望你上来，跟大家一起分享。

生：先作 AE 平行 DC，然后因为这个是等腰梯形，所以 AD 平行 BC，所以四边形 $AECD$ 是一个平行四边形。所以 $\angle AEB = \angle C$，$AE = DC$，又因为它是等腰梯形，所以 $AB = DC$，所以 $AB = AE$，所以 $\angle B = \angle AEB$。又因为 $\angle AEB = \angle C$，所以 $\angle B = \angle C$，这是一种方法。还有一种方法，就是作 AE 垂直 BC，作 DF 垂直 BC，因为 $\angle AEB = \angle DFB = 90°$，所以 AE 平行 DF，又因为 AD 平行 EF，所以四边形 $AEFD$ 是一个矩形，所以 $AE = DF$。又因为它是等腰梯形，所以 $AB = DC$，又有一个直角相等，可以用 HL 来证这两个三角形全等，所以 $\angle B = \angle C$。就是这两种方法。

师：听清楚了吗？

生：听清楚了。

师：怎么样？掌声啊！

（学生鼓掌）

师：这么好的思路跟大家一起分享了，掌声是免不了的。你们也是这样做的吗？好了，我们这位同学呢，把她的思路跟大家分享了，我还想问你一个问题，你怎么样想到的呢？你为什么会想去作 DC 的平行线？去作两条高？

生：因为它是让我证 $\angle B = \angle C$，可是 $\angle B$ 和 $\angle C$ 我无法直接找到它们的数量关系，所以说要再找一个角和它们两个都相等，这样我就想到了两直线平行，同位角相等。

师：哦。很好，她说直接找找不到相等的关系，然后记住一个角，在这里做一个等量代换对不对？很好，请坐！那，其他同学呢？我刚才巡视的时候也看到很多同学是这样的思路，那么我们来回顾一下，接着这个同学说的，我们一开始要证 $\angle B$ 和 $\angle C$ 相等，我们找不到思路是不是，直接看着图对不对？如果我们不借助这样的辅助线我们没办法证。我们在前面学习的时候证角相等有什么方法？回顾一下。

生：全等。

师：全等，哎，很好！还有呢？

生：等腰三角形。

师：等腰三角形，很好！还有没有？

生：平行线。

师：哦，平行线中有同位角、内错角还有同旁内角。那么这个梯形里面，无法找到全等的东西，也没有等腰三角形……

生：构造一个三角形。

师：哎，同学们都很聪明，你们想到了构造，通过作腰的平行线，作高，去构造了全等的三角形，后者构造了等腰三角形，这样就将我们不知道的东西，没能解决的问题转化为我们前面学习过的知识来解决，这是一种转化的思想。我们今后遇到可能不懂的问题或者一些不太明确的图形，我们可以将其转化为一些熟悉的东西。好，刚才这组的同学有第三种方法对不对？来，分享一下。掌声。来，有请！同学们刚才在别人发言的时候都听得很专心，你们的注意力很好，你们要继续发扬哦！来，我帮你拿话筒，今天你们做明星，我做绿叶。

生：过 A、D 两点分别作 BC 的垂线，垂足分别为 H、E，然后延长 AD，过 B 点作 AD 的垂线，垂足为 F，然后证明三角形 DEC 和三角形 BFA 全等，然后就可以证出 $\angle C = \angle BAF$，因为 AH 和 BF 是平行的，$\angle ABH = \angle BAF$，所以 $\angle C = \angle ABH$。

师：听清楚了吗？

生：嗯。

师：可行吗？可不可行？

生：可以。

师：哎，她也是转化的一种思想，好，很好，掌声。

师：同学们，分享了这么好的方法，不用我叫你也要主动把掌声送给我们这么棒的同学。还有没有其他思路？有了三种方法对不对？好了，那么请你在这三种方法中选择一种方法，把证明过程在你的学案上写清楚。额，提醒一句哦，我们作辅助线要注意什么？

生：虚线。

师：嗯，虚线。提醒一下，要画虚线。

（学生书写，教师巡视）

师：很好，很多同学已经写完了，有的同学已经开始写第二种方法，但我们还有一些细节需要注意。接下来我们一起来分享一下这些细节。

（选取两位学生的作业）我们看一下这两位同学的猜想与证明。

（1）第一位同学选取腰的平行线作为辅助线。

学习过程：

1. 探究等腰梯形的性质

下图为等腰梯形 $ABCD$，$AD /\!/ BC$

猜想等腰梯形的性质有：$AB /\!/ CD$，$\angle B = \angle C$，$\angle B + \angle A = 180°$

请证明你的猜想：

作 DE 平行 AB，交 BC 于 E 点；

∵ 等腰梯形 $ABCD$；

∴ $AB=CD$，$AD/\!/BC$；

∵ $AB/\!/DE$

∴ $ABED$ 为平行四边形

∴ $\angle B=\angle DEC$ 且 $AB=DE$

（以下省略）

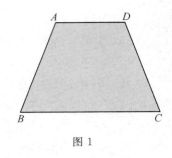

图1

点评该同学证明过程：

①提示作辅助线的时候要用虚线表示；

②要交代清楚题目所给出的条件；

③用数学符号"$/\!/$"来表示平行；

④第一句应该改成"过 AD 作 $DE/\!/AB$，交 BC 于 E 点"，强调规范格式。

（2）第二位同学选取与底边垂直的两条高作为辅助线。

学习过程：

2．探究等腰梯形的性质

下图为等腰梯形 $ABCD$，$AD/\!/BC$

猜想等腰梯形的性质有：两腰相等，两对角线相等，底边平行，两对角分别相等

请证明你的猜想：

作 $AE\perp BC$，$DF\perp BC$；

∵ $AE\perp BC$，$DF\perp BC$；

∴ $AE/\!/DF$；

又∵ $AD/\!/BC$ 即 $AD/\!/EF$

∴ 四边形 $AEFD$ 为矩形

（以下省略）

点评该同学证明过程：

①第一句应该改成"过点 A 作 $AE\perp BC$，过点 D 作 $DF\perp BC$，分别交 BC 于 E、F 两点，垂足为 E、F"，强调规范格式；

表扬该同学其他格式都很规范，证明过程正确无误。

师：接下来请同学们完成学案基础练习的第一题。（环顾学生完成情况，大多数同学做完的情况下开始讲解）第一题是不是涉及对角线的问题，我们对它进行证明。第一题较为简单，我们回到刚才提到的等腰梯形的第一个性质是什么？

生：等边对等角。

师：很好，同一底边上的两个角相等（快速浏览等边对等角的证明过程）。接下来我们对等腰梯形的对角线加以研究。刚才我们猜想等腰梯形的对角线有什么关系？

生：对角线相等。

师：等腰梯形对角线相等，但我们还没有对它进行证明，接下来我们就证明这一性质。那么我们该怎么样来证明呢？

224

生：添辅助线……平行……全等。

师：有同学说根据全等来证明，怎么样通过全等来进行证明呢？请这位同学来讲一下。

生：证明$\triangle ABC\cong\triangle DCB$。

师：那么条件是否都符合呢？下面的同学帮她一起看一下。

生：$\because AB=DC$，又$\because\angle ABC=\angle DCB$，$BC$为公共边，$\therefore\triangle ABC\cong\triangle DCB$。

师：这位同学很流利地证出了对角线相等。那么我们关于等腰梯形的性质已经从边、角、线三个方面来进行证明了，我们来总结一下今后证明过程中可以用到的等腰三角形的性质。

生：同一底边上的两个角相等；两条对角线相等……

师：还有，等腰梯形是一个什么样的图形啊？

生：轴对称图形。

师：很好，轴对称图形。这些是我们得到的等腰梯形的性质，那么我们在证明过程中用到的证明方法有哪些呢？比如，做辅助线的时候包含了哪些方法？

生：作平行于腰的平行线……

师：很好，还有呢？

生：垂直……

师：很好，作垂直于底边的两条高，还有呢？

生：对角线……

师：在数学中，我们有一种思想称为转化的思想，将我们没有学过的知识转化为我们学过的知识来解决，比如今天等腰梯形的问题，我们转化成平行四边形、矩形的问题以及三角形的问题来解决，这就是一种转化的思想，接下来请同学完成学案纸上的第三题，做得快的同学可以先思考例1。

（教师深入学生中与学生讨论问题，为做对的同学批改）

师：做例1的时候请同学们仔细想想，能不能用多种方法来解决这个问题？可以不用写详细过程，先将思路记下来。我们来比比哪个小组的同学用的方法多。

（教师继续为做对的同学批改）

师：我们一起来交流一下。每个小组里可以找到几种方法来求解例1？好，第一小组有两种，第一小组做的是哪两种？

生：一个是作平行线，一个是作垂直线。

师：其他小组看看有没有其他的方法？

（到第二小组深入讨论）

师：第二小组除了垂直和平行外有新的方法。

（到第三组深入讨论）

师：第三小组除了作高、作平行线还可以用补全法来证明。好，大家一起来交流一下证明的方法。作高，作平行线我们就不讲了。先请第三组的同学来讲一下。

生：延长AB和CD交于点E，$\because AD/\!/BC$，$\angle B=60°$，$\therefore\angle EAD=60°$，又$\because$四边形

$ABCD$ 是等腰梯形，$\therefore \angle C = 60°$，进而 $\angle ADE = 60°$，$\angle E = 60°$，$\triangle AED$、$\triangle EBC$ 为等边三角形，$\because AD = 5$，$\therefore ED = 5$，又 $\because DC = 14$，$\therefore EC = 19$，$\therefore$ 等边 $\triangle BEC$ 中，$BC = 19$。

师：很好，大家的方法都很好，用到了转化思想，这一题中这位同学看到底角是 60°，马上想到了等边三角形的知识。所以在梯形的证明题中，我们可以将梯形转化为我们学过的知识来求解，转化成三角形、平行四边形。我们在求解梯形问题时，拿到梯形的图，我们就可以想想是否可以用转化的思想，将梯形进行转化。好，接下来请同学将学案翻到反面，有一个合作探究的内容。老师分了几个步骤请你来探究，读题的时候请看清，第一步要做什么，第二步要做什么，第三步要做什么，按照所给的步骤来。

（环视学生的解题步骤与思路，适时给予提示）

师：看到了梯形的中位线，请大家想一想，什么时候用到过中位线的概念？

生：三角形的中位线……

师：很好，在学习三角形的时候接触过中位线的概念。那你们有什么猜想呢？有猜想的同学试着证明一下你们的猜想是否正确。找不到思路的同学可以同桌互相交流一下。

（环视学生的解题步骤与思路）

师：很多都已经知道需要转化了，那么究竟如何转化呢？这个问题请同学们回去探究一下。老师在这里做一个提示，我们不妨连接 EC，并将 EC 延长，其延长线与 AB 相交于点 G，我们要求的梯形的中位线就变成三角形的中位线了。我们也可以过点 E 作 $EG \perp DC$，过 F 作 $FI \perp CI$。

同学们可以循着这些思路回去和同伴们进行交流。刚才还有同学用到了对角线的方法求解这个问题，但要用到初三的知识来解决，可是老师提供的两种方法可以用我们现在学过的知识来解决。同学们在这节课学习了等腰梯形的定义、性质，我们还学了什么？

生：转化……

师：转化，我们将梯形转化为什么？

生：三角形、平行四边形……

师：很好，这是一种很重要的方法，还有添辅助线的方法请同学们回去再思考一下，进行归纳整理，以便以后解题。那这节课就上到这里。

听课反思：

本节课是节新授课，胡老师在课堂设计上比较巧妙，由于学生在小学已经接触过梯形，故在概念方面，胡老师没有过多纠缠，直接要求学生动手发现等腰梯形的性质，从边上、角上、对角线三个方面进行了探究，由学生自己证明，充分调动了学生的积极性，锻炼了学生动手能力，同时培养了学生发现和探究的能力。

【名师简介】

姓名	陈 波			(照片无)
性别	女	年龄	35	
教龄	12	职称	中学高级	
任教年级	八年级			
所在学校	宁波市北仑区顾国和中学			

【教学设计】

2.1 二次函数

陈 波

教学目标：

1. 从实际情景中让学生经历探索分析和建立两个变量之间的二次函数关系的过程，进一步体验如何用数学的方法去描述变量之间的数量关系。

2. 理解二次函数的概念，掌握二次函数的形式。

3. 会建立简单的二次函数的模型，并能根据实际问题确定自变量的取值范围。

4. 会用待定系数法求二次函数的解析式。

教学重点：二次函数的概念和解析式

教学难点：本节"合作学习"涉及的实际问题有的较为复杂，要求学生有较强的概括能力。

教学过程：

一、创设情境，引入新知

以"世界水日，中国水周"为背景，以水精灵引领参与节水宣传为线索，展开系列宣传活动。

活动 1、2、3

1. 要制作一个如图所示的正方形标语牌，设正方形的边长为 x(cm)，则它的周长 y(cm) 与 x(cm) 之间的关系为＿＿＿＿；它的面积为 s(cm²) 与 x(cm) 之间的关系为＿＿＿＿。

2. 宣传板画的统一规格如图所示，宣传板的外围是一个长方形，周长为 120cm，空白部分的尺寸如图。设外围的一条边长为 x(cm)，宣传画的 BC 边长为 y(cm)，则 y 与 x 之间的关系式为＿＿＿＿；设宣传画的面积为 s(cm²)，则 s 与 x 之间的关系式为＿＿＿＿。

3. 喷水池中原有水 10 吨，可以重复利用，每次利用的损耗

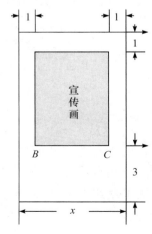

率为 x，经过一次重复利用后，水池中剩余的水为 w（吨），则 w 与 x 之间的关系式为_____；经过两次重复利用后，水池中剩余的水为 y（吨），则 y 与 x 之间的关系式为_____。

二、进行类比，探索新知

1. 观察前面所列出的 6 个函数式，其中有你熟悉的函数吗？

$$y=4x, s=x^2, y=x-2, s=-x^2+58x-112, w=10-10x, y=10x^2-20x+10$$

2. 将一次函数集中在一起，回顾一次函数的概念及其一般式 $y=kx+b$（k,b 是常数，且 $k\neq0$），以此进行类比，对另外的函数尝试命名，并说明如此命名的原因。由此揭题并板书课题。

3. 形成二次函数的概念

归纳总结：上述三个函数解析式经化简后都具 $y=ax^2+bx+c$（a,b,c 是常数，$a\neq0$）的形式。

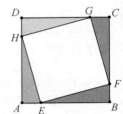

板书：我们把形如 $y=ax^2+bx+c$（其中 a,b,c 是常数，$a\neq0$）的函数叫作二次函数（quadratic function），称 a 为二次项系数，b 为一次项系数，c 为常数项。

4. 进行辨析，巩固概念

下列函数中，哪些是二次函数？若是，分别指出二次项系数、一次项系数、常数项。

(1) $s=3-2t^2$，(2) $y=x+\dfrac{1}{x}$，(3) $y=(x+3)^2-x^2$，(4) $y=ax^2+bx+c$

经学生口答后，将其中的二次函数通过列表呈现二次项系数、一次项系数和常数项，并点悟：(1)要确定二次函数的各项系数，必须先将二次函数化简为 $y=ax^2+bx+c$ 形式。

(2) 二次函数的二次项系数不能为零，而一次项系数和常数项可以为零。

三、例题示范，应用新知

例 1 为了制作节水宣传单，学校买来一批边长为 10cm 的正方形彩纸。因为阴雨天气加上保存不当，彩纸四周都有不同程度的损坏。将它剪去 4 个全等的直角三角形后，中间的部分还能利用。设 $AE=BF=CG=DH=x$（cm），四边形 $EFGH$ 的面积为 y（cm^2）。

求：(1) y 关于 x 的函数解析式和自变量 x 的取值范围。

(2) 求当 x 分别为 3,4,5,6,7 时，对应的四边形 $EFGH$ 的面积，并列表表示。

教学处理：

(1) 引导学生分析，对于四边形 $EFGH$ 的面积，可以考虑下面两种思路：

① 求差法：四边形 $EFGH$ 的面积＝正方形 $ABCD$ 的面积－直角三角形 AEH 的面积的 4 倍。

② 直接法：四边形 $EFGH$ 为正方形，所以其面积等于 EH^2，但由于正方形的知识尚未系统学习，所以如何证明四边形 $EFGH$ 为正方形是一个知识空缺，所以，不考虑此法。

（2）师生共同完成求解过程；

（3）引导学生根据实际情境列不等式组求自变量的取值范围。

（4）分组完成求值，填入表格，引导学生观察后发现：①函数值随自变量值的增大，先减小，再增大；②函数值具有对称性；③最小值（在给定范围内）；……

例 2 社区的喷水池中，喷水龙头喷出的水离地面的高度 y（米）与喷水离喷水龙头的水平距离 x（米）之间满足函数式 $y=-x^2+px+q$，有关的数据如下表：

水喷出的水平距离 x（米）	0.5	1.5
水喷出的高度 y（米）	2	3

（1）求出这个函数解析式；

（2）求当水喷出的水平距离为 3 米时，喷水的高度；

（3）求当喷水的高度为 2.75 米时，水喷出的水平距离。

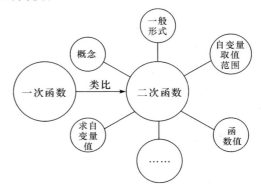

分析处理：（1）本小题的实质是用待定系数法求二次函数的解析式，可一边让学生说，教师一边板书示范，强调书写格式和思考方法，指出自变量的取值范围为 $x>0$。回顾和提炼"待定系数法"，其基本步骤为"设、代、解、返"。

（2）已知自变量的值求函数值。

（3）已知函数值求自变量的值。

四、归纳小结，反思提高

在这次节水宣传活动背景下，我学到的数学知识有……

五、布置作业

课本 P28—29 作业（A 组必做，B 组选做）。

延伸拓展：

请设计一个二次函数，使得函数的二次项系数为 1，且当 $x=1$ 时，$y=2$。

【教学实录】

2.1 二次函数

陈 波

师：有一句广告语，它说道："如果地球上剩下了最后一滴水，那么将是人类的眼泪。"这句发人深省的广告语无时无刻不在提醒着我们要节约用水。学校里为了响应节约用水的号召，举行了一系列节水宣传活动。其实节水宣传活动中也蕴含着很多数学知识，那么下面就让水精灵带领我们一起参与到节水宣传活动中来。

活动1:制作标语,要制作一个如图所示的正方形标语牌,设正方形的边长为 x,则它的周长与 x 之间的关系为? 你说。

生:$y＝4x$。

师:请坐。$y＝4x$。它的面积为 S 与 x 之间的关系为? 请你来说吧。

生:$S＝x^2$。

师:好,请坐。$S＝x^2$,正方形的面积等于边长的平方。

活动2:制作板画,宣传板画的规格如图所示,宣传板的外围是一个长方形,周长为120cm,空白部分的尺寸如图所示。这两个是1,这个是1,这个是3。设外围的其中一条边长为 x,宣传画 BC 的边长为 y,则 y 与 x 之间的关系为? 请你来说。

生:$x＝y+2$。

师:$x＝y+2$,反之 y 就等于?

生:$x-2$。

师:好的,请坐。$y＝x-2$。如果设宣传画的面积为 S,黄色部分的面积为 S,则 S 与 x 之间的关系? 我们来看一下宣传画是什么形状?

生:长方形。

师:长方形。长方形的面积怎么求? 长乘以宽,其中一条边长已经求得是 $x-2$,那么另外一条边长如何来表达呢? 大家可以动手计算一下。

(学生思考计算)

师:好,说你的答案试一下。

生:$56-x$。

师:$56-x$,因为?

生:因为周长是120厘米,一条长加一条宽就是60厘米,然后长就是 $60-x$。

师:嗯,$60-x$,很好。

生:然后再减掉4,所以就……

师:就是 $56-x$,非常好,请坐! 所以它的面积 S 就可以表达成 $(x-2)\times(56-x)$。我们将它展开得到 $56x-x^2+112+2x$,然后我们将它进行合并同类项,并且按照 x 的降幂进行排列可以得到 S 等于 $-x^2+58x+112$。活动在校园里开展得丰富多彩的同时,学校还要求大家将活动带入周边的社区。

活动3:节水进社区。喷水池中原有水10吨,可以重复利用。每次利用的损耗率为 x,经过一次重复利用后,水池中剩余的水为 w 吨,则 w 与 x 之间的关系为? 我们先来分析一下,剩余的水跟原来水之间有什么关系? 剩余的水等于? 请你来说说看。

生:原来的水减去损耗的水。

师:原来的水减去损耗的水,非常好。那么损耗的水怎么来算呢? 等于 $10x$,好的。所以大家来看一下 w 应该等于多少?

生:等于原来的水减去损耗的水,$10-10x$。

师：非常好。其实这个式子也可以写成 w 等于 $10(1-x)$。如果经过两次重复利用之后，水池中剩余的水为 w 吨，则 w 与 x 之间的关系是？两次利用这是在一次的基础上再重复利用一次。这位女生你的答案是？

生：$y=10-20x$。

师：$10-20x$？一次的基础上再重复利用一次。好，你先请坐，有不同答案的同学吗？她的答案是 $y=10-20x$。好，你的答案？

生：$y=10(1-x)^2$。

师：非常好，请坐。y 应该是在原来的基础上再重复利用一次，其实我们也可以写成 $y=10(1-x)(1-x)$。好，现在我们把这个式子展开，并且按照 x 的降幂进行排列可以得到 $y=10(1-2x+x^2)$，去括号并且按照 x 的降幂进行排列，$10x^2-20x+10$。经过刚才的一系列活动，我们得到了如下 6 个函数，在这 6 个函数中哪些是我们学习过的呢？来，这边这位女生，来说说看。

生：$y=4x$。

师：好的，$y=4x$，还有？

生：$S=x^2$。

师：$S=x^2$？有没有不同意见。这个函数我们原来有学过么？$S=x^2$ 是正比例函数，大家赞同么？哦，你发现了，不是。好，继续。

生：$y=x-2$。

师：$y=x-2$，还有么？

生：还有 $w=10-10x$。

师：$w=10-10x$，非常好，请坐。它们都是什么函数啊？一次函数，那么我们还记得一次函数的一般形式么？

生：$y=kx+b$。

师：哦，$y=kx+b$，此时 k 和 b 都要求是常数，并且 k 不等于 0。好，那剩下的这些函数呢？有没有共同特点呢？我们来给它们命个名吧，叫作二次函数。好，今天这节课我们一起来学习二次函数。为什么叫它们二次函数呢？好，你来说。

生：……

师：哦，自变量 x 的最高次数都是几次啊？二次，非常好，请坐。也就是说二次函数式关于自变量的最高次数是两次的一个整式。那么我们能不能类比一次函数的一般的形式得到二次函数的一般的形式呢？y 等于？哦，大家都说出来了，大家都说出来等于多少？ax^2+bx+c，那么 a,b,c 也要是常数，并且 a 要怎么样？a 不等于零。如果 a 等于零了，那么它就没有二次项了。好，那么大家在讲义纸上找到二次函数的概念，并且把它画起来。

（板书）

师：好，这里的二次函数中 a 和 b 都有它们的名称，我们把 a 叫作二次项系数，b 就叫作一次项系数，那么 c 就叫作常数项。好，我们现在再来认真研读一下刚才得出的几个二次函数中它们的各项系数分别是多少？第一个，$S=x^2$。好，这位男生。

生：……

师：二次项系数是 1，非常好，请坐。也就是说二次函数中 a 不能等于零，b 和 c 可以等于零。第二个函数 $S=-x^2+58x+112$，来，你说说看。

生：二次项系数是 -1，一次项系数是 58，常数项是 112。

师：非常棒，请坐。我们说二次函数各项系数的时候应该连同它前面的符号。好，最后一个，来，后面这位女生。

生：二次项系数是 11，一次项系数是 -21，常数项是 20。

师：好，请坐。在知道了二次函数的概念之后，水精灵想要考考大家，下列函数中哪些是二次函数？如果是，分别指出二次函数的各项系数。第一个 $y=3(x^2-x)+1$。嗯，你觉得第一个是吗？那么他们各项系数分别是？嗯，二次项系数是 3。那一次项系数？-3？常数项是 1。好，你请稍等，你在说出各项系数之前你的脑海里出现了一个怎么样的式子？能告诉大家么？$y=3x^2-3x+1$，非常好，请坐。水精灵提示大家要确定二次函数各项系数必须先将这个二次函数化为 $y=ax^2+bx+c$ 的一般形式。好，第二个？好，你来说说看。

生：……

师：那么它的各项系数分别是？

生：……

师：非常好，请坐。$y=x+\dfrac{1}{x}$？好，你来说。

生：这个不是。

师：理由？

生：因为它自变量的最高次是 1 次。

师：哦，它的自变量的最高次数是一次。那如果是这样子呢？哦，最关键的原因在于 $\dfrac{1}{x}$ 不是整式。好，请坐。它不是二次函数。我们一起来看，$S=\pi r^2$，它表示什么？圆的面积。那么作为圆的面积，π 就是圆周率。好，大家一起来说它是不是二次函数？是，那么它的二次项系数 π，一次项系数 0，常数项 0。好，第五个 $y=(x+3)^2-x^2$？好，你来说。它不是，好，你把化简结果说一下。$y=6x+9$，那么它应该是一个一次函数，非常好，请坐。我们看问题的时候不能看问题的表象，要通过表面看到问题的实质，它不是二次函数。最后一个 $y=ax^2+bx+c$？好，这位女生。你的理由是？哦，它没有说 a 是否等于 0，也就是说刚才我们强调二次函数中 a 一定要不等于 0。好，你能不能继续来回答一下 a 如果不等于 0，那么它就是？恩，那反之呢？反之也就是什么情况？a 等于 0。那么请大家考虑一下此时它是一个什么函数？你先请坐，大家来考虑一下。此时它是一个什么函数？好，你来说。哦，还要继续再看 b 是不是等于 0。好，我们继续往下分析，如果 b 不等于 0，它是一次函数；那么如果等于 0，那么它就是一个常数。好，非常棒，请坐。在这个问题的分析过程当中我们体现了一个什么思想？分类的思想。

水精灵在节水宣传活动中遇到了一些麻烦，想要来求助大家，我们一起来看一下。

为了制作节水宣传单,学校买了一批边长为 10 厘米的正方形彩纸。因为连续的阴雨天气,加上保存不当,彩纸的四周都有不同程度的损坏。如图,现在将它剪去四个全等的直角三角形后,剩余的也就是中间的部分还是能利用的。设 $AE=BF=CG=DH=x$,四边形 $EFGH$ 的面积为 y,求 y 关于 x 的函数解析式以及自变量 x 的取值范围。大家考虑一下。

师:好,我们请同学分析一下思路。这一个四边形 $EFGH$ 的面积该怎么来求呢?谁来分析一下。哦,还是你。

生:因为 $CD=10$。

师:因为 $CD=10$。

生:$CG=x$。

师:$CG=x$。

生:$DG=10-x$。

师:哦,所以 $DG=10-x$。

生:然后根据勾股定理。

师:根据勾股定理可以得到?

生:所以 $S_{正方形HEFG}=x^2+(10-x)^2$。

师:哦,这个正方形的面积就可以利用勾股定理,即这个边长的平方可以得到。那么老师这里有个疑问,要说它是正方形的面积必须先证它这个四边形是一个正方形。能不能证?可以?你来说,怎么证。

生:因为它们四个是全等的直角三角形,所以它四条边相等。因为……

师:互余,得到中间这个角等于 90 度,四条边相等得到它是一个菱形,然后菱形加一个角是直角,那么它就是一个正方形,还有不同的方法么?来求这个中间四边形的面积还有不同的方法么?好,来,前面的这位女生。利用大的四边形的面积减去四个直角三角形的面积,可以吗?

生:可以。

师:非常好,请坐。那么介于这种方法不需要去证明里面这个四边形是正方形,我们采用第二个同学的方法,$S_{四边形EFGH}$ 就等于大的正方形的面积减去四个直角三角形的面积,我们来写一下。y 就等于大正方形的面积,边长是 10,所以面积是 10^2。$S_{□EFGH}$ 的面积是 $10^2-4\times\frac{1}{2}x(10-x)$。按照 x 的降幂进行排列可以得到 $y=2x^2-20x+100$。好,现在我们再来关注一下自变量 x 的取值范围。老师请大家先来看一个演示,CG 这条边的长度是 x,点 G 如果往这边走,跟点 C 无限接近,但是不能跟点 C 重合,因为跟点 C 重合的时候旁边四个直角三角形不存在了。此时 x 应该跟谁接近啊?跟 0,好。现在点 G 往这边走,跟点 B 无限接近,但是也一样不能跟点 B 重合,此时 x 的取值小于 10,好,非常好。有刚才的动画演示,我们很快得到了 x 的取值范围大于 0 小于 10。好,其实这个问题我们也可以这样考虑,作为直角三角形的两条边,其中的一条直角边长是 x,另外一条直角边长是 $10-x$,都应该满足怎样的条件啊?大于 0,好的。那么我们解这个不等式组可以得到 x 的取值范围大于 0 小于 10。要值得大家注意的是自变量的取值不仅要使代数式有意义,而且要符合实际情况。第二小题,求当 x 分别为 3,4,5,6,7 时对应的 y 的值,并列表格表示。好,那我们一起来求一下当 x 等于 3 的时候 y 的值,那只要把 $x=3$ 代进去就可以了。刚才已经求得 $y=2x^2-20x+100$,所以当 $x=3$ 时,$y=2\times9-20\times3+100$ 所以等于 18 减 60 再加 100,等于多少?等于 58。现在我们来分组求一下,这两个小组求 x 等于 4 的时候的 y 值,你们这小组求 x 等于 5 的时候的 y 值,你们这小组求 x 等于 6 的时候的 y 值,你们这两个小组求 x 等于 7 的时候 y 的值。好,现在开始。好,我看很多同学都已经算完了。为了将这些数据更加直观地表现出来我们将它放在表格中,刚才已经求得当 x 等于 3 的时候,y 等于 58。那么 x 等于 4 的时候,这边的同学等于?52。x 等于 5 的时候?等于 50。x 等于 6 的时候,多少,你们算出来等于多少?好,52。那么 x 等于 7 的时候,那两组同学?58。好,现在我们再来认真地看一下这些表格中的数据,你发现了什么?可以小组讨论一下,两分钟的时间。

师:好,我们来听一听个别小组的意见。来,这个小组。你们小组的发现是?哦,你们发现数据具有一定的对称性,怎么样的对称性呢,能不能跟大家解释一下?哦,50 这里在中间,然后呢?当 x 等于 3 的时候和 x 等于 7 的时候,y 的值一样。还有呢?$x=4$ 和等于 6 的时候函数的值也相等。好的,请坐。他们发现这些数据具有一定的对称性。你们这小组呢?刚才我看到这位男生都画出了一个图形,你能不能把你的图形用手指比画一下?大家能看到他的图形么?这是怎么样的感觉啊?Y 的值随着 x 的增大先减小然后呢?再增大。大家能不能伸出你的手指把这个图形比画一下,是怎么样一个图形啊?先减小再增大,是一个大大的 U 字形。好,其实啊,在这个表格中存在的奥妙非常非常的多,那么大家在下课之后还可以互相去探讨一下。在刚才的节水宣传活动中水精灵还有一个问题,我们得到 $S=-x^2+58x-112$ 是通过将下面这个函数化简得到的,此时自变量 x 的取值范围该如何来确定呢?大家还是可以小组合作讨论一下。

师:好,请这位女生,说一下你们小组讨论的结果。

生:x 大于 2 小于 56。

师:x 大于 2 小于 56,你是怎么得到的呢?

生:……

师:非常好,请坐。她说作为这个矩形的两组边都应该满足怎么样的条件啊?大于 0,所以得到了一个不等式组是 x 减 2 大于 0 和 56 减 x 也要大于 0,所以最后得到 x 的取值范围应该大于 2 小于 56。她的分析很到位,那你们的掌声呢?好,刚才这一系列的二次函数的解析式我们都是充分挖掘图形中隐含的数量关系来得到的。可是有些时候啊,我们不能通过挖掘图形中隐含的数量关系来得到函数的解析式,那该怎么办呢?请语文课代表朗读一下这一段话。

语文课代表:……

师:谢谢!要求这个二次函数的解析式只要知道谁的值?p,q 的值,那么如何求得 p,q 的值?只要把两组 x,y 的值代入,好,大家动笔代代看。这就是解一个关于 p,q 的二元一次方程组。好,这位同学已经解得 p 和 q 的值,$p=3$,$q=0.75$,然后我们把 p 和 q 的值代回到这个函数的解析式,所以 $y=-x^2+3x+0.75$。刚才这个求二次函数解析式的方法其实我们在学一次函数的时候就经历过,叫什么方法啊?

生:待定系数法。

师:好,那现在我们以二次函数为例来复习一下用待定系数法求解析式的方法。如果没有二次函数的解析式,我们第一步应该先干什么? 先设这个二次函数的解析式,然后呢? 第二步怎么样? 把值代入。第三步呢? 解出 p 和 q 的值,最后一步再把 p 和 q 的值代回到原来的解析式。所以我们可以归纳为四步:一设二代三解四返。第二小题,求当喷出的水离喷水口的水平距离是 3 米时,喷出的水平高度,喷出的水离地面的高度。这个 3 米表示的是谁的值? x 的值,那么大家来看一下要求的是 y 的值,我们把 x 等于 3 代入这个式子得到 $y=-9+9+0.75$,所以 y 等于 0.75。求当喷出的水离地面的高度为 2.75 米时,喷出的水离喷水口的水平距离为多少? 这个 2.75 表示什么? y 的值,要求的是什么? x 的值,来代一下,y 的值是 2.75,$2.75=-x^2+3x+0.75$,移项可以得到 $x^2-3x+2=0$,十字相乘可以得到 $(x-1)(x-2)=0$,$x_1=1$,$x_2=2$。

师:节水宣传活动还在继续,那么今天我们的这个课堂将告一段落,今天这节课当中你学到的数学知识有哪些呢? 我们请数学课代表来说一下吧,你来说说吧!

生:学习了二次函数的基本性质,二次函数的一般形式……

师:还有么?

生:自变量的取值范围该如何来求,还有用待定系数法来求二次函数的解析式。

师:好,请坐。今天这堂课我们通过与一次函数类比得出二次函数的概念、一般形式,自变量取值范围,求函数值,以及求自变量的值。其实二次函数上面值得大家去学习的东西还有非常非常多,二次函数来源于生活实际,又将服务于生活实际。

师:那么今天这堂课就到此为止。大家可以在讲义纸的 28 页和 29 页看一下相应的练习。好,谢谢大家!

【名师简介】

姓名	席 波		
性别	女	年龄	33
教龄	11	职称	中教一级
任教年级	八年级		
所在学校	重庆市渝高中学		

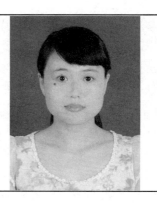

【教学设计】

一次函数的应用——方案选择

席 波

教学目标

知识技能：

1. 体验从实际问题中建立一次函数模型的过程。

2. 掌握用一次函数的性质解决实际问题的方法。

数学思考

1. 通过用一次函数表述数量关系的过程，体会模型的思想。

2. 能独立思考，体会数学的基本思想和思维方式。

问题解决

1. 初步学会在实际问题中从一次函数的角度发现问题，并综合应用一次函数的性质解决简单的实际问题。

2. 学会在与他人合作交流过程中较好地理解他人思考问题的方法。

情感态度

1. 在解决实际问题的过程中，认识数学具有应用广泛的特点，体会数学的价值。

2. 感受成功的快乐，体验克服困难的勇气。

教学重点

1. 建立函数模型。

2. 灵活运用数学模型解决实际问题。

教学难点

1. 从实际问题中抽象出一次函数模型。

2. 确定实际问题中函数自变量的取值范围。

教学过程

一、激趣导入

与学生观看"新重庆"鸟瞰片，感受重庆直辖后的巨大变化，了解重庆的变迁。

板书课题：一次函数的应用——选择方案

【设计意图】 通过观看视频，感受重庆的魅力，激发学生对重庆的好奇心，为后面例题作铺垫；接着提问并展示图片，吸引学生的注意力，调动学生参与学习活动的积极性。

二、合作探究

情境一：咨询对比、最优选择

杭州某学校安排 14 名同学和 2 个老师到重庆九龙坡区进行友好交流学习 4 天，现在同学们到杭州两家旅行社咨询杭州到重庆的总费用信息：中国旅行社、中国青年旅行社从杭州到重庆的总费用均为 a 元/人。

中国旅行社的优惠方案为：教师全额，其余按全额的 7 折优惠。

中国青年旅行社的优惠方案为:学生和教师一律按全额的 8 折优惠。

请问他们该选择哪家旅行社?

解:中旅:$2 \times a + 14 \times 0.7a = 11.8a$

中青旅:$(14+2) \times 0.8a = 12.8a$

$\because 11.8a < 12.8a$

$\therefore$ 选择中国旅行社。

先让学生独立完成,请一生讲解自己的过程。

情境二:交流学习,合理安排

第二天,师生们到重庆市渝高中学校进行参观交流,学校领导介绍学校情况需要 60 分钟,然后师生座谈交流,发言代表每人发言 5 分钟。

(1)当天参观交流所需时间 y(分钟)与发言代表人数 x 之间的函数关系式为:_____

_____

(2)如果 $5 \leqslant x \leqslant 15$,则当天访问交流最少所需时间为_____分钟;最多所需时间为_____分钟。

解:(1) $y = 5x + 60$

(2) $\because y = 5x + 60$ 中,$k = 5 > 0$

$\therefore y$ 随着 x 的增大而增大

$\therefore$ 当 $x = 5$ 时,y 有最小值 $= 5 \times 5 + 60 = 85$

当 $x = 15$ 时,y 有最大值 $= 5 \times 15 + 60 = 135$

$\therefore$ 当天最少需要 85 分钟,最多需要 135 分钟。

【设计意图】 通过此题的解答,让学生复习一次函数的性质,明确一次函数在全体实数范围没有最值,只有在确定范围内才可能出现最大或最小值。

情境三:夜游两江,欣赏美景

第三天晚上,参观访问交流的 16 名师生在渝高中学 14 名学生和 2 名老师的陪同下一起开展"夜游两江,欣赏美景"活动。现有两种游艇可租用:大游艇每艘可坐 9 人,小游艇每艘可坐 5 人。(每人都有座位,且尽量坐满)

(1)最少要租_____艘游艇,最多要租_____艘游艇。

(2)若每艘游艇至少需要一名老师,则有几种租用方案?

解:(2)两种方案:

①租用 4 艘 9 人座游艇

②租用 3 艘 9 人座游艇,再租用 1 艘 5 人座游艇

设计意图:让学生学会在实际问题中,根据题意,确定变量的取值范围。

情境四:游览主城,触摸红岩

第四天,访问交流的 14 名学生和 2 名老师与重庆市渝高中学校初二年级 220 名学生和 4 名老师一起参加"游览山城,触摸红岩"实践活动。学校计划在总费用 2300 元的限额内,利用汽车接送师生。要求每辆汽车上至少有 1 名教师。现有甲、乙两种大客车(为保证交通安全,不允许超载且尽量坐满),它们的载客量和租金如下表:

	甲种客车	乙种客车
载客量(单位:人/辆)	45	30
租金(单位:元/辆)	400	280

1. 共需租多少辆汽车?

2. 给出最节省费用的租车方案,并求出最节省的费用。

解:设租用 x 辆甲种客车,租用乙种客车($6-x$)辆,

则租车费用 y(单位:元)是 x 的函数:

$y=400x+280(6-x)$

化简为:$y=120x+1680$

∵ $45x+30(6-x) \geqslant 240$

$120x+1680 \leqslant 2300$

∴ $4 \leqslant x \leqslant 5\dfrac{1}{6}$　∵ x 为正整数

∴ x 的取值是 4 或 5

∵ $y=120x+1680$ 中,$k=120 > 0$

∴ y 随着 x 的增大而增大

∴ 当 $x=4$ 时,y 有最小值$=120 \times 4+1680=2160$

∴ 当甲种客车 4 辆、乙种客车 2 辆时最节省费用,最节省的费用为 2160 元。

【设计意图】　掌握分析问题和解决问题的基本方法,让学生体会在实际问题中建立数学模型的思想以及函数变化的思想在解决实际问题时的重要性,同时感受成功的快乐,体验独自克服困难、解决数学问题的过程,有克服困难的勇气,具备学好数学的信心。当然此题还可以用分类讨论的方法来得出结论。

三、总结归纳

1. 一次函数的性质

2. 利用一次函数求实际问题中的最值的步骤

3. 数学思想

课堂延伸:红岩精神,永驻心中

同学们参观完白公馆、渣滓洞后,为革命先烈的精神所感动,准备买《红岩》和《在烈火中永生》两种小说细读,进一步了解、宣传红岩精神。同学们共有 270 元钱,准备买两种小说共 14 本,已知《红岩》每本 18 元,《在烈火中永生》每本 20 元,同学们希望《在烈火中永生》这本小说至少买 5 本。那么两种书各买几本时最节省费用?

解:设买 x 本《红岩》,那么《在烈火中永生》买($14-x$)本,

则所需费用 y(单位:元)是 x 的函数,即:

$y=18x+20(14-x)$　化简为:$y=-2x+280$

∵ $-2x+280 \leqslant 270$

$14-x \geqslant 5$

$\therefore 5 \leqslant x \leqslant 9$

$\because y = -2x + 280$ 中,$k = -2 < 0$

$\therefore y$ 随着 x 的增大而减小

$\therefore$ 当 $x = 9$ 时,y 有最小值 $= -2 \times 9 + 280 = 262$

$\therefore$ 当《红岩》买 9 本、《在烈火中永生》买 5 本时最节省费用,最节省的费用为 262 元。

【设计意图】 通过此题,让学生再次体会利用一次函数性质求实际问题最值的 4 个步骤,同时认识数学具有应用广泛的特点,体会数学的价值。

四、布置作业

完成课后思考题。

1. 某服装厂现有 A 种布料 70 米,B 种布料 52 米,计划用这两种布料生产 M、N 两种型号的运动装 80 套。已知做一套 M 型号的运动装需要 A 种布料 0.6 米,B 种布料 0.9 米,可获利 45 元;做一套 N 型号的运动装需要 A 种布料 1.1 米,B 种布料 0.4 米,可获利 50 元。

问:怎样生产使得利润最大?

2. 某蔬菜加工厂承担出口蔬菜加工任务,有一批蔬菜产品需要装入某一规格的纸箱。供应这种纸箱有两种方案可供选择:

方案一:从纸箱厂定制购买,每个纸箱价格为 4 元;

方案二:由蔬菜加工厂租赁机器自己加工制作这种纸箱,机器租赁费按生产纸箱数收取。工厂需要一次性投入机器安装等费用 16000 元,每加工一个纸箱还需成本费 2.4 元。

(1)若需要这种规格的纸箱 x 个,请分别写出从纸箱厂购买纸箱的费用(元)和蔬菜加工厂自己加工制作纸箱的费用(元)关于 x(个)的函数关系式;

(2)假设你是决策者,你认为应该选择哪种方案?并说明理由。

五、结束语

【教学实录】

一次函数的应用

席 波

师:同学们,学校准备组织同学们进行野外拓展活动,跟旅行社协商后,有两个方案,谁愿意上来展示你是怎么选择的?

生:因为它是 14 名同学和两位老师,然后中国旅行社的话,老师是全额的,价格是 a 元。两位老师的价格是 $2a$,学生 7 折,14 名学生加起来是 $9.8a$ 元,一共 $11.8a$ 元。中国青年旅行社,老师学生都是 8 折,一共 $12.8a$ 元,算起来中国旅行社比较便宜。

师:好,谢谢。如果这个地方再写个"解"字,再写清楚这个是中国旅行社,这个是中青旅行社,就更加完美了,对吗?同学们,你的选择呢?

生：中国旅行社。

师：同意她的选择是吗？我也同意她的选择。那么我们的重庆之旅就开始了。首先我带同学们去我所在的重庆市渝高中学校参观交流，它和你们的学校一样也非常美丽，请看，当天参观交流所需时间 y 与发言代表人数之间的函数关系是什么？

师：是什么？大声一点！

生：$y=5x+60$。

师：很好！请同学们自己完成第二问，然后再在小组内讨论，与同伴们分享自己的方法。

师：好了，哪个小组告诉我，好，请你。

生：所需时间最少是 85 分钟，最多是 135 分钟。

师：小组内有补充么？

生：没有。

师：其他小组的意见呢？

生：一样的。

师：哦，那告诉我，为什么？

生：利用一次函数的性质。

师：很好，请坐。一次函数的性质：$y=kx+b$，当 $k>0$……

生：y 随 x 的增大而增大。

师：当 $k<0$……

生：y 随 x 的增大而减小。

师：同学们对一次函数的性质掌握得非常好，那么刚才交流的时候有没有其他的方法呢？

师：都没有了？每个小组都没有了？代表人数是 x，取的是正整数，那么我们从 5，6，7 一直到 15 挨着算出来，再比较可以吗？

生：可以，但是太麻烦了。

师：我说的是列表格，列举法，但是肯定都不会选择对不对，因为太麻烦了！好，那继续我们的重庆之旅。在重庆主城，我觉得最值得一看的是重庆的夜景！而观看夜景的最佳之处是朝天门码头，它位于嘉陵江与长江的交汇处。夜幕降临时，万家灯火宛若天上的繁星，两江的碧波倒映出满城的灯火，极为美丽！

师：同学们，那快跟着我，乘着游艇去欣赏美丽的夜景吧。现在有两种游艇可租用，九人座和五人座，请同学们帮忙解决最少要租多少艘，最多要租多少艘？好，哪个小组告诉我？

生：最少要租 4 艘，最多要租 7 艘。

师：那你来讲解一下为什么。

生：因为 32 个人，然后最少的话就是尽量坐大的游艇所以是 32 除以 9 等于 3 艘余 5，剩下的 5 个人再坐一艘。最多的话就是尽量坐小的游艇就是 32 除以 5 等于 6 余 2，所以需要 7 艘游艇！

师：非常好,掌声。接下来来看第二问,如果每艘游艇至少需要一名老师,那么有几种不同的方案呢?请同学们小组交流。

师：好,你来回答一下!

生：一共有两种方案,一共是4名老师,所以最多只能租四艘游艇,所以第一个方案是全部租9人租四艘,因为全部租大游艇可以坐36个人而现在只有32个人,所以可以把一艘9人座的大游艇换成5人座的小游艇,这就是第二种方案!

师：同意吗? 很棒,我也同意这位同学的方案。欣赏完重庆的夜景之后,我带同学们去感受重庆的灵魂,红岩文化! 红岩文化广场位于重庆西北郊的歌乐山下,这里长眠着为新中国英勇献身的革命烈士。在广场周围有很多历史遗迹,我校初二年级师生要开展游览山城,触摸红岩的实践活动,邀请到访的16名师生一同参加。学校该租用多少汽车来接送师生呢? 请同学们讨论完成,然后推选一名代表发言!

师：请这个小组推选一名代表发言,鼓励一下。

生：我觉得应该先设一个未知量,未知数,设 x,y,根据题目已知的条件列出不等式。然后根据不等式推算出大致的范围,然后就根据这个范围求解。

师：这个同学帮我们第二问都要做完了,很好,那现在第一问呢?

生：它有很多种情况,不是一个定值!

师：小组有没有补充?

生：没有。

师：那其他小组来帮忙一下,来,这个小组。

生：最多租6辆,如果租5辆甲种车,也不能把所有人带走,所以要租6辆车!

师：同学们来看,其实这个问题和刚刚的租船是不是非常类似? 我们要考虑几个因素?

生：三个。

师：三个? 第一我得考虑6个老师,每个车上至少一名老师是吧?

生：嗯。

师：然后我还得考虑钱,就是我租多少辆车和钱有关系么?

生：没有关系。

师：那还和什么有关?

生：人。

师：对了,我得保证每个人都有位置! 所以就是从这两方面考虑,所以最后租六辆汽车! 紧接着我们来看第二问,求出最节省的租车方案以及租车费用。

师：我们请哪个小组上来展示你们的成果? 谁愿意? 大胆一点,再给你一个机会如何? 你愿意吗? 来,加油!

(生鼓掌)

生：设租用甲种汽车 x 辆,因为上一问已经算出一共要租6辆车,所以乙种汽车要租 $(6-x)$ 辆! 列出 $45x+30(6-x) \geqslant 240$,方程的意义是所有的学生和老师都可以有一个位置,然后算出 $x \geqslant 4$。

然后算出所需要的费用 $y=120x+1680$，所以 $y\leqslant2300$，因此 x 只能为 4 或者 5，因为 k 大于 0，所以 y 随着 x 的增大而增大。又因为要是最节省的费用，所以 x 要尽量的小，所以 $x=4$，最小费用为 2160 元。

师：同意吗？

生：同意。

师：很好，我再来展示一个同学的方案，这个同学用了列举的方法同时算出最小费用为 2160！前面的同学用的是一次函数的性质来解决这个问题，体现他们学数学用数学，应用能力非常强！而这一组的同学用了列表的方法来解决这个问题，他们的逻辑推理以及思维的严密性非常强，都是非常不错的方法！把掌声送给他们！同学们，今天重庆的数学之旅就要结束了，请问这节课你有什么收获？

生：这节课知道了方案的选择。

师：很好，其他同学呢？

生：可以用适当的方法去选出最节省的方案。

师：嗯，很好，请坐，其他同学呢？对这种解题思路有一定的了解了吗？我相信重庆会和杭州一样越来越好，同学们离开重庆时，被红岩精神所感动，想把红岩精神带回家，决定购买两种小说，那么两种小说购买多少本时最省钱呢？那就请同学们下课后自己去完成！

师：谢谢同学们的精彩表现。

【名师简介】

姓名	姚慧玲		
性别	女	年龄	38
教龄	15	职称	中学中级
任教年级	八年级		
所在学校	深圳南山实验学校麒麟中学		

【教学设计】

6.4 梯形(1)

姚慧玲

教学目标

1.探索并掌握梯形的有关概念和基本性质，探索、了解并掌握等腰梯形的性质。

2.能够运用梯形的有关概念和性质进行有关问题的论证和计算，进一步培养学生的分析问题能力和计算能力。

3.通过添加辅助线,把梯形的问题转化成平行四边形或三角形问题,使学生体会图形变换的方法和转化的思想。

重点难点

1.重点:等腰梯形的性质及其应用。

2.难点:学习解决梯形问题的基本方法(将梯形转化为平行四边形和三角形及正确运用辅助线),及梯形有关知识的应用。

教学方法

以讲授法、发现法、探究法为主,以谈话法为辅。

教学过程

(一)情境引入

展示生活中的梯形,并请同学补充生活中还有哪些物体是梯形。

要求同学在已经准备好的矩形、三角形纸片上剪出梯形,引出梯形定义。

(二)概念学习

1.梯形定义:一组对边平行而另一组对边不平行的四边形叫作梯形。

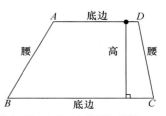

(另:一组对边平行且不相等的四边形叫作梯形。)

图形符号语言:在四边形 $ABCD$ 中,若 $AD/\!/BC$,且 AB 不平行 DC,则四边形 $ABCD$ 为梯形。

2.认识梯形:平行的两边叫作梯形的底边(AD,BC);不平行的两边叫作梯形的两腰(AB,CD);夹在两底间的垂线段叫作梯形的高。如图所示。

3.直角梯形:有一个角是直角的梯形叫作直角梯形。

等腰梯形:两腰相等的梯形叫作等腰梯形。

(三)探究活动一:

1.等腰梯形性质定理:等腰梯形同一底上的两个底角相等,两条对角线相等。(请注意定理中的关键字"同一底上")

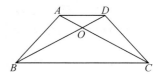

已知:在梯形 $ABCD$ 中,$AD/\!/BC$,$AB=DC$。

求证:(1)$\angle ABC=\angle DCB$,$\angle BAD=\angle CDA$;

(2)$AC=BD$。

由学生思考解题方法并板书解题过程,然后引导学生思考多种解法,在总结的过程中归纳出梯形的常用辅助线作法,渗透转化的数学思想。

证:(1)$\angle ABC=\angle DCB$,$\angle BAD=\angle CDA$ 时,

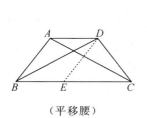

(平移腰)

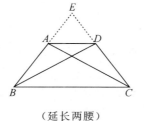

(延长两腰)

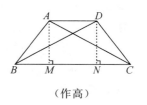

(作高)

证：(2)$AC=BD$ 时，

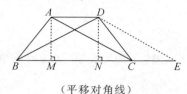 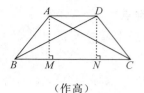

（平移对角线）　　　　　　　　　　　　　　（作高）

……

回顾：你还可以得到哪些相等的线段和角？事实上，等腰梯形是轴对称图形，你能画出它的对称轴吗？

2. 例1：四边形 $ABCD$ 是等腰梯形，$AD /\!/ BC$，$AB=DC$。$\angle B=60°$，$AD=15$，$AB=45$，求 BC 的长。

分析与解：如图

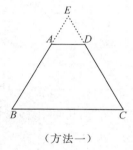 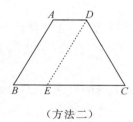 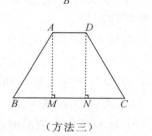

（方法一）　　　　　　　　（方法二）　　　　　　　　（方法三）

板书其中一种方法的解题过程，并引导学生思考其他解法。学生可能不会想到所有解法，故可以根据情况适当引导，不必强求。

（四）课内练习

1. 已知等腰梯形的上、下底边长分别是 2cm，8cm，腰长是 5cm，求这个梯形的高。

2. 在梯形 $ABCD$ 中，$AB /\!/ DC$，E，F 分别是对角线 AC、BD 的中点。已知 $AB=10$，$CD=4$，求 EF 的长。

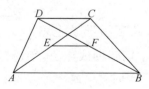 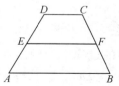

（五）探究活动二：

探究梯形中位线定理：任意画一个梯形 $ABCD$，连接两腰的中点 E，F，线段 EF 叫做梯形 $ABCD$ 的中位线，测量中位线 EF 和梯形的两底 AB、CD 的长度，看看它们有什么关系。再画几个梯形试试，说出猜想并证明。并用猜想简化梯形的面积公式。

分析：联想三角形的中位线定理，梯形的中位线可以做怎样的转化呢？

如图所示。

结论:梯形的中位线平行于两底,且等于两底和的一半(类比于三角形中位线定理,既有数量关系也有位置关系)。

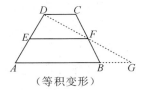
(等积变形)

符号语言:在梯形 $ABCD$ 中,E,F 分别是两腰的中点,则 EF // AB // CD,$EF=\dfrac{1}{2}(CD+AB)$

若梯形的高为 h,则 $S_{梯形}=\dfrac{1}{2}(CD+AB)\,h=EFh$

(六)小结归纳

1. 梯形的定义,直角梯形,等腰梯形

2. 研究了等腰梯形的性质,在研究的过程中,体会到梯形问题可以转化成平行四边形、三角形问题解决。体会几种常用的梯形辅助线作法,感悟数学的转化思想。

3. 类比三角形中位线定理探究了梯形的中位线定理,并得到梯形面积的另一种算法。

【教学实录】

6.4 梯形(1)

姚慧玲

师:梯形,大家一定不陌生。生活中随处可见。现在就用你手中的剪刀还有纸片剪出一个梯形。

(学生开始活动)

师:剪好的,就举起来给我看一下。

师:很好!

师:来,这位男同学请你站起来说一下。说一下你剪的梯形,它具有什么特征。

生:这两条边平行。

师:这两条边平行,那么另外两条边呢?

生:另外两条边怎么样都行。

师:另外两条边怎么样都行吗?

生(私底下):另外两条边不平行。

师:这就对了,我们同学说了。这就是梯形的定义:一组边平行,另一组边不平行的四边形叫作梯形。为了方便,我们给梯形各边取个名,平行的一组对边叫作底边。不平行的一组边,叫作?

生(齐):腰。

师:夹在两条底边间的垂线段叫作?

生(齐):高。

师:有多少条高?

生(齐):有无数条。

师:有无数条,任意两条夹在底边之间的垂线段都是梯形的高。

师:同学们来看一下这个图形,有一个角是直角的梯形,我们称之为直角梯形。那还有一个梯形……

生(齐):是等腰梯形。

师(故作惊讶):啊? 你们学过的吗?

生(齐):没有!

师:有两条腰相等的梯形叫作等腰梯形。那么这堂课我们主要就研究从等腰梯形得到一般梯形的方法。它的角有什么特点?

生:它是两个底角相等。

师:他说两个底角相等,对不对?

生(私底下):不对。

师:不对啊? 有几个同学补充了。同一底上的两个底角相等。为什么要说同一底上的两个底角相等?(面对一个学生)你来说说?

生:因为……如果是……之所以……你懂的。(哄堂大笑)

师:你故意卖个关子。(拿出图片)这两个是不是底角? 相等吗?

生:不相等。

师:所以这个条件对于这个性质来说非常重要。接下来我们来证明这个性质。这个命题的条件是什么? 先看命题的条件是什么?

生:等腰梯形。

师:结论呢?

生(部分):两个底角相等。

师:同一底上的两个底角相等。我们把它转化成图形,符号语言。请你拿出学习单。

(学生准备解答)

师:第一个问题,我们发现等腰梯形的两个底角相等,是怎么证明的?

(生开始解答)

(教师在黑板上画出 4 个等腰梯形,然后下组巡视)

师:我们找一个同学来说说他的证明方法。不要我喊了,举手。来这位男同学来说一下。

生:我的方法是作两条高。

师:咦,你这种方法挺好玩的。这样作的辅助线怎样啊? 把这个梯形分割成一个矩形和两个直角三角形。然后通过两个三角形的全等,证明$\angle B = \angle C$。

生:我还有第二种方法。

师:好的,要不把机会留给别人? 来,那位男同学。

生:在 BC 上取一点 E……

师:大声一点,让大家都听见。

生:在 BC 上取一点 E,使 $CE = AD$。

师:没听懂,你是说杭州话吗?

生:啊?有么?(学生笑)

师:取什么来着?

生:取 $CE=AD$。

师:哦,AD,懂了。(在黑板上画出辅助线)让它俩相等,对不?

生:然后因为 AD 平行于 BC,然后 $AD=CE$,然后……

师:(打断)然后他们都清楚了。

师:我感谢一下你啊,感谢一下你!

师:有没有清楚?我们就是通过作什么?平行线是吧?作平行线把这个梯形怎样?

生:(小声嘀咕)

师:又怎样了?分割成什么?分割成平行四边形和三角形。相当于把这个问题转化。将分散的边和角集中到一个等腰三角形中去。

师:还有没有别的方法?(面对一学生说)你还有与别人不一样的?我怎么没发现呢?来来来,说说!

生:过点 B 作 BE 平行于 CD。

师:哦,你是在外面作的啊?(师在黑板上作出辅助线)

生:然后……

师:然后让他们自己想。(停顿)是不是很 OK?其实我们在解的过程中就有过这样转化了,你是用平行四边形解梯形,是不是?从 B 点作一条 DC 的平行线,这样就构造了一个什么图形了?回归了平行四边形,由此使 $\angle C$ 转移到 $\angle E$ 的位置,这是一个什么样的三角形?

生:这是一个等腰三角形。

师:这两种方法我们统称为平移,(板书)平移啥?

生:腰。

师:对了,平移了腰。(板书),不过我作辅助线的时候,是用了作平行线的方式来体现平移腰。一个是分割,这个是把它怎样啊?是割的吗?

生:不是的。

师:对了,是补形。你没有把这梯形切成其他图形,还把这个梯形给补一块。所以我们把这种方法叫作补形。

师:难道还有别的方法?好吧,先告一段落了。我们通过分割补形的方法证明等腰梯形同一底上的两个底角相等。再来观察一下等腰梯形,(拿出图片),我们在研究四边形时,除了研究边和角,还有一条什么线段?

生:对角线。

师:(展示一个等腰梯形)现做的,对角线有什么关系?

生:相等。(师:相等)

师:能证明吗?

生:能。

师:太简单了,是吗?我们只需要证明这个三角形和这个三角形全等(比画一下)。用什么方法证明?

生:(杂乱回答)

师:(指着图片)边角边,是不是?第一个命题的结论,第二个命题可以用。

等腰梯形的两条对角线相等。你们是不是应该把这个过程在学习单上写一下呀?

(过3分钟)

师:都写好了吗?

师:我们来小小地概括一下,到现在我得到了梯形的一个重要的性质。有没有考虑过梯形的对称性?

师:(强调)它的对称性。

生:是轴对称图形。

师:确定?

生:确定。

师:(对幻灯片)它是轴对称图形。它的性质定理:同一底上的两个底角相等,对角线相等。更重要的是我们学会了用分割补形的方法将梯形的问题转化成我们熟悉的三角形和四边形。好,现在用你掌握的方法来小试牛刀,不是剪刀啊。

(学生开始练习)

(教师在各小组之间巡视指导,过三分钟,请一位学生上讲台板书)(共用时6分30秒左右)

师:同学们努力!这位同学已经做完了,她用的是什么方法?

生:……

师:能把它概括一下吗,给它起个名,叫平移腰,对不?在里面平移的,通过平移腰,把60度的角转移到这个位置,对不对?这样就得到什么三角形?正三角形,那当然每条边长都一样,等于多少啊?15,那这个 EC 的长度等于多少?这个45,对吧?这个长度跟谁一样?

生:AD。

师:跟上面 AD 一样,是多少?

生:15。

师:所以 BC 就等于多少?

师生共同回答:60。

师:当然我看到有些同学用作高的方法,行不行?好,做对的请举手。好,放下来。

师:看这个图啊,这是梯形对不对?最开始它是一个三角形,是这样的。后来你把它变成梯形了,对不对?那我们能不能把这个问题回归到三角形?我看有没有人知道这个方法啊?那个高伟同学洋洋得意呢,还有那个后面有个同学不知道我让你做一些什么?这是什么图形?

生:三角形。

师:角1和谁相等?

生:角 B。

师:角 2 呢?

生:(齐)角 C。

师:对了,这是一个正三角形,BC 的长度跟谁相等? BE 吧? AB 是多少?

生:15。

师:AE 呢?

生:45。

师:所以 BE 是多少?

师生:60。

师:那我们又积累一种解决梯形问题的方法。这种方法叫作延长两腰。(师在黑板上板书)(说道:在你的备用书上画,不要看着我啊)(看着我干啥呀? 我又不好看)(学生哄堂大笑)

师:还有几道题目,看你做得还不错,第一个是 12 厘米。第二道是选? 做对的举手。好,放下来。最后一个,高为几厘米?

生:4 厘米。

师:好,我们研究梯形的对角线还有它的底角,还有一种重要的线段,在三角形中曾经研究过。

生:(议论)

师:三角形有一条线段,它跟第三边既有数量关系,又有位置关系。梯形也有这样一条线段,这就是梯形的中位线。那你从直观上看梯形的中位线跟这两底有什么关系?

生:等于上下底和的一半。

师:(提高语调)从位置上讲。

生:平行。

师:平行,对不对? 别看着我,动笔去学习单上填写,梯形的中位线平行于梯形的两底。(停顿,弄几何画板)从数量上看,看大屏幕。中位线的长度用几何画板测出来了,5.5 厘米,上下底一个 4 厘米,一个 7 厘米,看这三个数有什么关系?

生:(杂乱说)上底加下底的二分之一。

师:上底加下底和的二分之一,是吧? 我们也可以认为把中位线乘以 2,刚好等于什么啊? 上、下底之和。这个图形比较特殊,我们换一个图形看看。

生:哇!

师:哇啥哇呀,就变个样呗。快点算,两倍是多少?

生:9.62。

师:这两个加起来是多少?

生:9.62。

使:再换一个,两倍。

生:11.28。

师:这个。

生：11.28。

师：好，这个图形随意给的，我们用数学实验的方法说明梯形的中位线平行于两底，且(停顿)，且等于上下底和的一半。

师：(都开始看着我了)这个命题应该怎么办啊？

生：要证明。

师：对，要证明，是吧？首先得把文字语言转化成图形符号语言，应该怎么写？我给你写好了，是吧？求证呢？自己写！第一条是什么？一边写一边告诉我，EF 怎样？

生：EF 平行于 AB。

师：EF 平行于 AB，EF 也平行于 CD，是证明了一个，另外一个就很容易吧？第二条我们怎么写？

师：EF 等于二分之一括号 AB 加上 CD. 那你证一证吧。

(学生开始证明)(历时 3 分 30 秒)

师：你来讲讲思路过程。

生：连接 DF。

师：连接什么？

生：连接 DF。

师：哦，连接 DF。

生：然后延长 DF，交 AB 的延长线于 D'。三角形 DCF 与三角形 BFD' 全等。$CD = BD'$。

师：对，这样就把线段 CD 转化下来，转化到 BD' 的位置。

师：就将梯形的中位线转化为三角形 ADD' 的中位线。这是不是就很容易证明了？好，请坐！

师：我们得到了另外一种转化的方法。有的学生说用旋转，用中点将这一块怎样啊？切下来，把它补到这儿来，这样叫作等积变形。这是另外一种转化方法。还有没有其他方法？想想呗，好东西跟大家分享呗。

师：有没有方法跟他不一样的？

师：谁是转的？(看了一个学生)不是你。(指着另一个学生)你吧？唉，那是谁呀？茫茫人海就找不着了？谁是旋转的？我看到有个同学就是不说话，他将这个梯形绕着这个点转到这儿来了。

生：哦。

师：谁嘛？举下手。天哪！可以是吧？但是叙述相对麻烦一些，还有一个同学用这种办法，(师在黑板上作辅助线)，你怎么就藏着，跟我们分享一下呗。(画好辅助线)行不行？过 E 点作平行线，又将它用割补的方法将它转化成什么图形啊？

生：(议论)

师：我们把这两种方法合到一起称为等积变形。其实有一个小窍门，不知道你们发现没有？

师：两根平行线，我中间随意画一条直线段，这儿有个中点，构造全等是不是非常简单啊？

师：我们来概括一下这节课学习的内容,学了一些什么？我们只有五分钟缘分了,赶紧把握,还有机会。

生：等腰梯形同一底上两个底角的关系。

师：什么关系你都没有告诉我呢。

生：哦,它们两个相等。

师：对。

生：以及等腰梯形的对角线的关系,它们相等。

师：很好。这就没了？

师：强调这个梯形是什么梯形啊？

生（齐）：等腰梯形。

师：而一般的梯形具备不具备？ 当然不具备呢。还有补充没？

生：还有梯形的定义。

师：哦,还有梯形的定义。什么定义？

生：一条边平行且……

师：一条边怎么平行？

生：哦,不不不,一组对边平行而且另一组对边不平行的四边形叫作梯形。

师：嗯,非常好！

生：还有,还有,梯形题目当中常见的辅助线的作法。

师：常见的作法在这里。我们其实是把分散的条件集中在一起,用相对集中的原则、分割补形的方法将梯形问题转化为其他我们熟悉的问题,这也是我们数学中的化归思想。

师：还有没有补充啊？

生：还有梯形的中位线,梯形的中位线平行于两底,且等于上下两底和的一半。

师：还有梯形的中位线的性质定理。这是一个性质定理。这是一个怎么样的梯形啊？

生：所有梯形。

师：没错,所有梯形都具备这样一条性质。

师：最后我还有一个藏着的方法。这个证法是我五年前的一个学生想到的。在证完了同一底上的两个底角相等之后,想证对角线相等,怎样啊？

师：将三角形 ABC 沿 AB 翻折,你能得到一种证明等腰梯形对角线相等的新办法吗？

生：（恍然大悟）哦,平行四边形。

师：来,咱们那个××同学,就你不按照我的要求做的,你来讲讲思路。

生：我在想。

师：你咋了？

生：我在想。

师：有没有思考好的？翻折过去。

生：因为它是翻折的嘛，$AB＝DC$，所以 AB 就等于 D 上面那个点，四边形两条边就相同了。那个角就等于上面那个角。

师：你说的"那个"，是不是指这个？（师指着图中的一个角）

师：是这个吗？（师指着图中的另一个角）

生：这个就等于那个角。（学生大笑）

师：这个就等于那个角，是不是？这怨我，我没给它取名。这个角等于那个角，那么这两条边就平行，后面就不要说了吧？

师：我觉得学生强过老师，你才是成功者。我相信你们到初三毕业时，你们能强过你们的老师。

师：短短的四十分钟时间我们真的要探索梯形的奥妙，是不能够完全探索，相信下一节课《梯形2》会更加精彩。孩子们下课，谢谢你们！

听课反思：

教师教态自然、亲切，语言幽默风趣，受学生欢迎，学生的动手机会多，展示自我的机会多，做到了"以学生为本"的教学理念；课堂内容设计目标有层次，注重一题多方法，以提高教学效果，教学中更注重渗透数学思想，"转化与化归"思想贯穿整个教学过程，提高了学生理解数学与解决问题的能力。教学过程中运用几何画板等多媒体，让学生直观感性知觉数学知识的存在，让学生快速有效地领会知识，这符合学生的认知水平，开拓了学生探究新知的思维方法，同时又让学生通过推理论证得到的新知，培养了学生的逻辑推理能力，使学生受益匪浅。这是一堂丰富、严谨、高效的课。

【名师简介】

姓名	李 馨			
性别	男	年龄	36	（照片无）
教龄	17 年	职称	中教一级	
任教年级	八年级			
所在学校	杭州市青春中学			

【教学设计】

变阵——图形的切割

李 馨

教学目标

1. 经历图形的切割及变换过程，激发学生产生探索的愿望。通过独立思考，体会图形变换中数的作用。

2．通过观察、猜想、证明等数学活动,发展合情推理和演绎推理的能力。

3．掌握平行四边形与特殊平行四边形的判定。

4．通过旋转、平移等手段完成图形的切割重构。

重点与难点:

本节教学的重点是将切割图形进行重构。图形切割中对数的把握是学生不容易掌握的,是本节的难点。

教学过程:

一、创设情境,引出课题

1．截取电影《赤壁》中关于阵法和变阵的视频,引起学生的兴趣。

2．问题:已知:Rt△ABC 中,∠C＝90°,AC＝2BC,$S_{\triangle ABC}$＝4,则 BC
＝_____。

在学生解题过程中,引导学生意识到图形对解题的重要性。可以通过切割,把图形拼成正方形,更直观,进而引出图形的切割。

二、自主学习,构建新知

问题1：

(1)如果直角边长度发生变化,是否仍然能拼成正方形?

(2)普通直角三角形切割一刀,可以拼成哪些特殊四边形?（结论开放）

(3)追加一个条件,能否拼成更特殊的四边形?（条件探索）

请学生严密证明。通过证明,复习平行四边形与特殊平行四边形的判定。探索切割的线的特点,将拼成的图形和原图形比,研究哪些量发生了变化,哪些量没有发生变化,为后续探索铺垫。

问题2：（由特殊到一般）

(1)普通三角形切割一刀,可以拼成哪些特殊四边形?（结论开放）

(2)追加一个条件,能否拼成更特殊的四边形?（条件探索）

问题3：（由三角形到四边形）

(1)平行四边形切割一刀,可以拼成哪些特殊平行四边形?（结论开放）

(2)追加什么条件,可以拼成正方形?

问题4：（浙教版八年级下课本 P159 第 20 题）

一张三角形纸片 ABC 如图,三条边互不相等,把它剪开,拼成一个矩形至少需要几刀?说明剪拼的方法,并画出示意图。

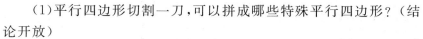

问题1图

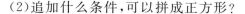

由前面的探索可知:普通三角形切割一刀不足以确定能拼成矩形,因此从切割两刀出发。引导学生提出两个变阵思路:1.不等边三角形——平行四边形——矩形;2.不等边三角形——两个直角三角形——两个矩形——矩形。

问题2图

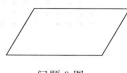

问题3图

三、探究巩固,应用拓展:

问题 5：一个任意四边形，切割后能否拼成矩形？

引导学生关注切割图形时不变的量，以此为突破口。也可以引出一条思路：普通四边形——两个三角形——两个矩形——矩形。

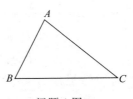

问题 4 图

问题 6：如图，在直角梯形 $ABCD$ 中，$AB /\!/ DC$，$\angle ADC = 90°$，E 为 BC 中点，$BE = CD$，$\angle B = 110°$，则 $\angle BAE = $ ＿＿＿＿°。
（根据杭州市 2009 年中考题改编）

提供一种通过切割来解决本题的方法，本题当年中考得分率较低。

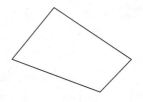

问题 5 图

问题 7：（杭州市 2004 年中考第十题）如图，$E，F，G，H$ 分别是正方形 $ABCD$ 各边的中点，要使中间阴影部分小正方形的面积是 5，那么大正方形的边长应该是 （　　）

A. $2\sqrt{5}$ 　　　　B. $3\sqrt{5}$ 　　　　C. 5 　　　　D. $\sqrt{5}$

鼓励学生用多种方法切割来解决，以此巩固知识，拓展学生思维。

四、小结反思：

1. 通过本节课的学习，你对图形的切割有哪些收获？还有哪些困惑？

2. 展示本节课的主要流程，回顾图形的变化和变化过程中不变的量，体会包含其中的那种"蝉噪林愈静，鸟鸣山更幽"的数学美。

五、课后探究：（原创）

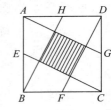

问题 6 图

诸葛亮变阵

诸葛亮率精兵 120 名，共 121 人组成攻击型锥形阵（如图 1），遭遇敌军大部队，需变换成方阵（如图 2）。若变阵过程中，所有士兵只能往上或左或右三个方向移动。那么完成这次变阵，所有士兵移动距离之和至少为多少米？（不到万不得已，不打开锦囊）

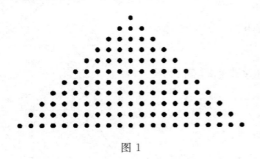

图 1　　　　　　　　　图 2

注：图 1、图 2 中士兵前后左右间距均为 1 米。

提供学生答案作为锦囊，在探究有困难的时候给予提示。

诸葛亮的队伍共有 11 行，为奇数，左右对称。故研究 $(2n+1)$ 行的情况。

（1）当 $n=1$ 时，共 3 行：

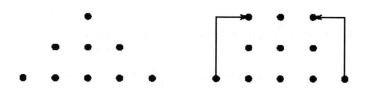

两侧各一名士兵至少调动 3 步，至少 $1 \times 3 \times 2 = 6$ 步；

(2)当 $n=2$ 时，共 5 行：

两侧各 $1+2=3$ 名士兵至少平均调动 5 步，至少 $3 \times 5 \times 2 = 30$ 步；

(3)一般的，共 n 行时：

两侧各 $1+2+\cdots\cdots+n=\dfrac{n(n+1)}{2}$ 名士兵至少平均调动 $(2n+1)$ 步，

共 $\dfrac{n(n+1)}{2}(2n+1) \times 2 = n(n+1)(2n+1)$ 步；

(4)当方阵为 11 行时，$n=5$，至少需要 $5 \times (5+1) \times (2 \times 5+1) = 330$ 步。

故完成这次变阵，所有士兵移动距离之和至少为 330 米。

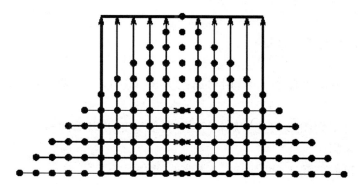

事实上，为了以最快速度变阵，如上图正方形内士兵最中间一列不动，其余各列向上移动，左右两侧正方形外的士兵分别向右，向左移动，即可成方阵，而总移动距离不增加，仍为 330 米。

【教学实录】

变阵——切割三角形拼四边形

李 馨

师:刚才我们同学和我一起看了这部电影,你知道这部是什么电影?(学生回答)

生:《赤壁》。

师:大家从这里面有没有看出来其中包含什么数学问题?

生:(迷惑不解)

师:其实,这部电影里面的内容跟我们这节课有非常大的关系。

师:大家再看下去就会发现,请看大屏幕!(教师给出题目)

师:看谁解得最快!

师:我们有很多同学解完了! 能分享一下这道题怎么解吗?

生:采用设未知数的方法,最后解得……$BC=2$。

师:做对的同学请举手,看来我们的同学基本功都非常扎实,用了设未知数的方法,用方程解决了这个问题。还有部分同学没有用方程思想解决这个问题,是不是还有更简便的方法?

师:小学里我们解决面积问题经常用什么方法?

生:割补。

师:对,割补法!

师:看!

师:割——不要眨眼睛,我数三二一,结束 秒杀!

师:是什么图形?(学生回答)

生:正方形。

师:变成面积等于几?(学生回答)

生:4。

师:BC 等于……(学生回答)

生:2。

师:多快啊! 刚才我看了一下,用普通的方法来解这个题啊,我们大概需要 1 分钟左右的时间。

师:而巧妙地用到图形的变换解这个题,我们真正可以瞬间秒杀!

师:兵贵神速啊。

师:今天让我们一起来学变阵——图形的变换。

师:影片里的诸葛亮,羽扇纶巾,谈笑间,尽奔腾分合五阵之势。

师:我们不是诸葛亮,但是三个臭皮匠怎么样啊?

生:顶个诸葛亮。

师:顶个诸葛亮!

师:今天啊! 大战之前就让我们——纸上谈兵。

师:直角三角形如何变阵! 小组合作

师:在我们的桌上大家看到有很多绿色的三角形。现在,我们画一画以后 可以按照样子把它剪开,拼一拼。在我们的桌上拼一下啊!

师:现在我们大家可以开始操作。

师:画出一个就把它剪下来。

师:好！下面请大家一起来看一看。

师:我们同学想拼成什么样子啊？给大家看一看。

师:想拼成个什么样子啊？（学生回答）

生:这个样子的形状，我们可以剪一刀然后拼成梯形。

师:好 拼成梯形。下面我们讲一下我们的规则。

师:这块图形其中有一部分和原来的能够重合、不变。

师:我们就按照样子叠上去，贴单独的一块，放好。

师:来将何人？报上名来（学生回答）。

生:某某某。

师:好，我们这是第一组，这是第二组，这是第三组，这是第四组，第五组，第六组。

师:第五组在边上写一个"五"现在开始。

师:我们是小组比赛，只要有不同的就自己上。好，快，抢答开始！

师:上、上、自己上。

师:第二组第五组第六组都有了。好，快。

师:有一队兵撤退了，其他的赶快顶上。

师:哦，第一组最厉害，现在有两种了，其他的继续。

师:哦，敌人的援军倒了，赶快去消灭。

师:嘿嘿……这是怎么拼上去的？

师:哦，好，非常好，还有没有了？

师:被人抢走了对吧？哦，抢走了好几个。

师:那么……这样噢，我们先停一下，一起看一看，大家变出的阵。1号阵，这是个什么图形？

生:等腰梯形。

师:嗯，等腰梯形。2号阵，这是个什么图形？（学生回答）3号阵呢？（学生回答）4号阵呢？（学生回答）5号阵？（学生回答）6号阵？（学生回答）

生:长方形，平行四边形，等腰梯形，长方形，直角梯形。

师:噢，是一个直角梯形。7号阵呢？（学生回答）平行四边形。

生:平行四边形。

师:让我试一试，噢，我该怎么剪呢？请大家教教我，你们觉得怎么样才能成功？剪在这里能成功吗？（学生回答）

生:不能。

师:剪在这里能成功吗？（学生回答）剪刀下去切入点在哪里？（学生回答）哦，中点。

生:中点。

师:好，标准一些。

师:折个中点，点切住了开始剪。唉，大家觉得我怎么剪成功可能性高一些啊？

生:朝另外一个边剪。

师:哦,那另外一个(学生回答),嗯,其他的端点啊!哦!(学生回答)垂线等等。哦,这样的一些特殊的线,那么我这样剪能不能成功?大家看我现在的这个方向能不能成功?(学生回答)能啊!哎呀!手抖了一下,剪斜了,唉,大家觉得这样能成功吗?

生:或者说其他的端点垂线能成功吗?

师:我们来试试吧!

师:这是一块重叠的部分,发生变化,贴上,还有一个,来比。哎呀!好像很难拼呀!这样拼呀!怎么样呀!这样拼怎么拼呀?拼到后面,拼回去了,拼不出啊!刚才我们同学上来拼的时候啊,我们就看到这样一个情况,要把这个图形剪开,然后去拼,我们发现有问题了。唉,拼的时候很笨的。怎样拼的!请大家告诉我!

师:刚才我的这个是什么点啊?(学生回答)中点。那么这两条线段(学生回答)既然他们相等该怎么样?(学生回答)哦,旋转,试一试,转。看看,现在是一个什么图形?(学生回答)

生:中点……相等……旋转……梯形。

师:这是一个什么图形啊?(学生回答)看起来很像直角梯形(学生回答)。刚才这刀剪下去有同学说未必,那么什么情况下就不一定是直角梯形呢?(学生回答)不垂直就不一定是直角梯形了,但是如果不垂直那么他剪出的是不是一个梯形呢?(学生回答)

生:直角梯形……未必……不在垂直……是的。

师:我们照样可以成功呀!对吧!那么我们在这个图形中啊!大家有没有发现,实际上我们今天去拼这个图形,第一个,首先要找到一个切入点,在这里大家找到的都是什么切入点啊!中点。

生:中点

师:看看我们的兵法,大家都找到了中点,一个点找到了以后,接下来要去切,切出的是什么?(学生回答)线。好,这一条线,我们看看有非常特殊的线,对吧,这些线特殊吧。

生:线

师:这条线呢?这条线实际是三角形的。(学生回答)那这条呢?(学生回答)这条是不是三角形的中位线呢?(学生回答)刚才我们切得这条是不是三角形的中位线呢?(学生回答)也不是。好,我们有一些特殊的线,也有一些一半的线,好,各种各样的情况都要考虑,而有了点有了线,切下一块图形,接下来我们要做的是什么工作啊?

生:中位线。

师:会成功啊?(学生回答)旋转是一种什么东西?图形的变换!

生:旋转。

师:一点、一线、一系列的变换可以拼成如此多的阵型。那么大家来看一看,在这里到底包含了哪些变换?剪下的一块图形和新拼成的这个位置啊!大家看一看这是经过怎么样的变换得到的呢?这里经过了什么变换呢?(学生回答)

生:旋转。

师:旋转变换,好!大家一个一个看过去。好!我们这里有很多通过旋转变换得到的图形。

师:除了旋转变换还有什么?

师:嗯,还有什么啊?(学生回答)对称。好!(学生回答)

生:对称,还有对称和平移。第五组的那个,对!其实我说的是另外一个,不过都一样,可以先看作是进行 2 次轴对称变换。

师:嗯,第五组的那个图形到底几个图形?(学生回答)

师:嗯,可以看作是竖的,是哪一个?好!上来指一指。(学生上台演示)

师:除了轴对称变换、平移还有什么?(学生回答)

生:中心对称变换。

师:那还有没有?有轴对称变换、中心对称、我们还有……?(学生回答)平移变换,这里有没有哪两个图形可以平移变换?

生:平移变换。

师:那么,通过这样的图形变换大家得到了那么多不同的阵法。

师:刚才,我们进行了思想的交流,现在每一位同学都具备了诸葛亮的谋略,可以独立排兵布阵。

师:现在看一看 $ABCD$ 为什么会有这个图形?(学生回答)不确定,是的 。请坐。那么,这个图形大家看看符不符合题意(学生回答)?

生:因为 DA 加 CD 等于 4,但是它们的长度不确定和是确定的,但是它的各自的长度是不确定的。

师:刚才的那个结论面积等于 4,在这里会不会发生变化呢?(学生回答)好!大家觉得不会发生变化。

生:不会。

师:已经有了想法的同学请举手,哦,非常厉害哦。请放下。

师:老师啊,在这里准备了一些东西,准备了一些正方形,准备了一些这样的四边形,大家需要的话可以举个手,试一试 、摆一摆。

师:找找它们的关系,比一比。

师:我们有同学的图出来了啊,图形出来了。

师:但是啊,大多数同学还是感到有困难的,对不对?

师:老师在这里有一个透明的正方形,这个图形可能看起来会比较清楚一些。

师:好,我看到我们很多同学都这样来拼的,这个图形都这样拼的,是不是发现这也多出一个角来啊。

师:那边呢,多出一块四边形来,有没有感觉到比较别扭啊?

师:是的哦,让我们来请同学演示一下,他是怎么来拼的啊。(同学演示)

师:大家看看这个图形怎么样?什么感觉?看不看得到?

师:这一块和那一块多出来的,(学生回答)是吧?

生:全等。

师:为什么大家拼不出啊!看看,因为我们都这样拼,这里有个什么东西啊?正方

形有什么啊？（学生回答）

生：直角。

师：正方形有直角，当然大家就叠一起了，不成功呀！

师：那么这个直角不成功呀，我们有什么策略啊？（学生回答）

生：换一个方向。

师：换一个直角，叠一下，怎么样？

师：这样的排兵布阵，尽在不言中，不用讲了吧。（学生回答）

生：把它拼成一个等腰直角三角形。

师：哦，非常好，把它拼成一个等腰三角形，大家看，这样的一种变换，可以吧？把这块剪下来，为什么我搞不清楚啊！

师：因为我们没有看清楚这是通过怎么样的一种变换。

师：这样的一种变换，旋转，看到了没？非常好！那么接下来让我们一起来看一下，一刀切开，切了以后分合怎么样？成功！图形的面积有没有发生变化？

师：现在我们回顾一下我们的用兵之道。

师：道都已经有了，那么自己用兵吧！

师：老师看到，我们同学这个题啊，这样的一种变换，找到了什么？

生：分——合。

师：我们这里很多同学都找到了这样一个方法，非常好！我们看变成了一个什么图形？

师：面积有什么变化？

师：总面积没变，那原来的边长呢？

师：原来大长方形的面积，这道题的答案是什么？

师：好，我们做对的同学请举手！请放下。

师：大家知道吗？这是一道中考题。

师：在那一年的中考当中啊，这道迷魂阵不知道让多少大将马失前蹄啊！

师：我们同学现在的得分率、正确率已经略微超过了那一年的中考。

师：看来学过兵法就是不一样。

师：我们一起来欣赏一下。

师：变阵神奇吧！好，课后我们还要继续做诸葛亮。

师：我给每位同学一个锦囊，需要的时候可以用。

师：这节课我们就上到这里，下课！

专家点评

【主持人】

敬爱的老师们，由中国教育科学研究院主办，杭州市下城区人民政府承办，杭州市下城区教育局协办的中国教育科学研究院教育综合改革试验区第二届高质量课堂展示,即下城区名师好课堂研训活动,经过大家两天共同的努力,已经到了最精彩的尾声部分。在八位老师的精彩演绎下,每一节课都如一道美食,色、香、味、形俱全,让我们为之震撼,也回味无穷。接下来就有请来自八个教育综合改革试验区的教研专家带我们回味课堂,深度反思。八位专家评委依次坐在我们会场的第一排,我们就按照这个就座的顺序从左边开始,请各位老师先自我介绍,再简单点评下课堂。

【第一位评委】

谢谢提供这样的一个平台,各位教研区的数学老师,付出了辛勤的劳动,利用了杭州安吉路实验学校学生扎实的数学基础。我对我们下午的二次函数一课进行点评。二次函数是最普通和平淡的课,在平淡而普通的课中,数学老师有几个特点。第一个是在一次函数的基础上,用一次函数来类比二次函数,充分采用了多种不同的形式,利于学生进行同样的类比。第二个特点,是充分体现了认知规律,让学生充分地发挥。虽然授课过程不是轰轰烈烈,但是思维容量很大,学生表现相当好。第三个特点,充分表现了教师梳理教材的能力。浙江省新版的教材该如何使用,这些教师都做了很好的梳理工作。教师对于教材出现的例题和习题,都赋予了实际意义。这是一堂容量充分的课堂。虽然平凡,但又体现了众多的不平凡。

【第二位评委】

各位领导、各位老师大家好,我是来自广州荔湾区的数学教研员。我们荔湾区在广州属于三个老城区之一,而且是最老的城区。我们接到这个任务是 5 月 1 日,我们这次和胡老师来的目的是把广州市(特别是荔湾区)的教学情况展示给大家,希望各位同行可以给我们一些意见。接下来我简单对胡老师这节课进行点评。

胡老师这节课的第一个特点是充分让学生动手探究,小组合作,主要目的是培养学生独立思考的能力以及良好的学习习惯。从这方面入手,胡老师在课堂中特别关注学生的学习状况。其中有一个小细节,是在我们荔湾区使用比较多的,在教学不断巡视的过程中,用红笔批改同学的课堂练习,除了了解学生的数学学习情况之外,也可以给个别学习有困难的学生适当辅导。

胡老师的第二个特点是让学生充分发表自己的意见,培养学生规范的几何表述。课堂上,胡老师花了许多时间让学生动笔书写几何解题过程。广州的中考题,有一些简单的解答题(如解答第一题、第二题)丢分率都比较高,源于几何表述不规范。我们广州市区各所学校,都要求老师按这个规则上几何课,虽然需要花费较长的时间,但我们都认为这是值得的。

另外,我们在市区里都开展了有效的课堂教学研究,总体分为四个基本策略,分别是整合策略、分层策略、训练策略和评价策略。在我们提供的课中,这四个策略都有不同的呈现方式,希望得到兄弟同行的指正,谢谢!

【第三位评委】

在座的各位老师，各位专家大家好，我是来自宁波鄞州区的数学教研员，很高兴有这样的机会参加第二届高质量课堂展示活动，对我和在场的各位老师而言，这是一次非常宝贵的学习机会。在听了八节精彩的课堂之后，我觉得，这八堂课不愧是高质量的课，接下来我就八节课的创意进行点评。

例如下城区老师上的图形的变换，其创意在于能够让学生在图形的变换中跃跃欲试。再例如第三节课中这位老师在探索一个解法的时候，能让学生上来展示，我觉得这位老师（校长）上的课十分了得。比如宁波北仑的老师上的这堂课，将环保运用于课堂之中，并且运用了高科技——电子白板。这些给我的感觉是，我们有很多东西可以学习。

接下来我想重点谈谈第二节课——认识事件的可能性。我们鄞州区采用的是浙教版教材，由于去年教材改编，这个课时原本安排在七年级下，现在已经整改到九年级，所以这堂课对现在的学生而言，是可以掌握的。这门课其实在小学已经接触过，但是小学的教学重点在于对事件可能性的初步的感受及认识，而初中的重点是将事件可能性上升到一个概念性的鉴定。虽然现在七年级学生对这个课时已经有一定的了解，但是我觉得还是需要通过大量的例子来感受到可能性这个概念，并留下深刻的印象。所以在上课之前，我们就设计了一个互动的游戏，让学生相互猜拳。上课开始，教师对六组猜拳获胜者进行了采访，从采访过程中，让学生了解到，有些事件一定不会发生，有些事件有可能发生，有些一定会发生。再通过第二个摸球的游戏，引出了今天要学习的三个事件的概念。接下来设置了判断练习，让学生对生活中的实例进行判断。然后带领学生走进数学，对数学中的例子进行判断。最后在经过一次次判断后，通过一道变式，让学生开放性地添加一个条件，让学生了解到，我们在判断的时候，必须有一个前提。这样可以让这三个概念有一个更完整的表述。在巩固新知的部分有两个环节，第一个是在巩固新知的部分，让学生来寻找，有哪些事件；第二个环节，通过问答游戏，让学生自己来描述事件。这个环节有助于让学生对事件可能性的概念有一个螺旋式的上升。其实这个环节不单单是对概念的判断，也是为三种方法做了中间转化的桥梁。在摸球的过程中，学生要么摸出白球，要么摸出黄球，让学生感受到，可能的结果是哪些。在这个环节之后，教师将这个环节变成摸两次球，让学生来总结，可能的情况有哪些。这样让学生亲身感受到先摸到什么球，再摸到什么球的过程。学生不可能摸到所有情况，最后需要让学生通过想象总结出所有的情况。教师也不急于对学生做出评价，而是通过例证的方法——列举出所有的情况，由此得到了列表法。让学生思考如何简单地得到列表结果，学生会想到用画树状图的方式。在得到这三个方法之后，教师也不急于讲解，而是让游戏升级，让学生自己选择方法来操练，我们最终通过这个游戏的练习，让学生了解画树状图是一个普遍且较为简单的方法。从本堂课中，能将概念以及方法落实到位。虽然这堂课的想法可能还有不足之处，但是这位年轻的老师课堂教学能力还是不错的，最后我感谢能有这样一个机会，让我们区的年轻教师来到这样一个舞台当中，谢谢在座各位。

【主持人】

您好，不好意思，稍微打断一下，我们中国教育科学研究院史习琳校长全程观摩我们的课堂，可是现在因为有事，所以要提前离开，让我们用热烈的掌声欢送她。

史习琳：我们感谢杭州下城区给了我们这么好的平台，也感谢八个实验区对我们的大力支持，也感谢各位评委的支持。谢谢！

【第四位评委】

首先，感谢中国教育科学研究院，也感谢杭州下城区为我们提供了这样一个平台，尊敬的各位领导、各位专家、各位老师，我是来自重庆市九龙坡区的数学教研员，下面就这两天，我们老师展示的精彩的课堂，说说自己的体会和思考。

第一点，短短的八节课实际上涉及初中数学的不少难点，数与代数，图形与几何，统计概率，综合实践，四大点。教师的教学在各方面都提供了精彩的典范。

第二点，总共八节课，在老师的设置方面，无论是思维方式的引入课堂，问题的倒述课堂，趣味性的倒述课堂，生活的倒述课堂，都是有的放矢，为我们后续的学习提供了便利。

第三点，体现数学以问题为核心的本质，我们的课堂都是以问题为中心，以解决问题和思考问题来贯穿，使我们的课堂为学生学习数学提供理性的思考，给予了学生很大的帮助。

第四点，较好地突出了数学学科的本质。数学课堂的本质，我认为是抽象、推理和建构，无论哪节课，都在不同程度上体现了这一本质。比如说代数这节课，体现了运算的核心。再比如几何这节课，它的操作和变换都能体现它的本质，推理过程也是本质的体现。再接下来是统计，他举了随机的例子，以此来建构。我认为我们的课堂，都能很好地体现这些本质。

第五点，我们的课堂中，学生主体性的表现都十分突出。大家应该看到我们各位老师的课堂都有不同的小组形式的合作探究，在课堂过程中，老师十分关注学生学习的状态，直到我们的学生能够学好数学为止，而不是由我们老师一味地讲解，来完成这个课堂。这一点体现得非常好。

第六点，则是教学技术。这无疑是这次课堂的最大的亮点，技术的运用使我们课堂中的一些结论得到了一般性的验证。在图形的转换中，它也运用了技术，这样有利于提高我们的课堂效率。

这是我对于这八节课的一些认识和体会，但是有一些问题我认为还是值得我们思考的。

第一个是教师在教学中起到了什么作用的问题，这一点虽然我们已经做得比较好了，但我希望我们能做得更好。比如一些简单的问题，我们是否需要老师引导之后来完成？在我看来，一般的情况是，学生先完成，然后老师来指导，以此来引导推进学生去完成。不需要老师的引导来帮助学生完成,否则,老师的思维会代替学生的思维。

第二个是合作学习,虽然我们大家现在大多采取的是这种形式,老师们表现得非常好,学生的主体性很强,给我的感受是学生的思考独立性很强,但是在小组之间交流是否充分,得到的信息是否全面,这一点没有在我们的课堂中加以表现。再一个,交流之后我们学生的展示方式不够好,学生总是背对着我们听课的老师和其他同学,这样的习惯需要得到校准。

第三个是课堂小结的部分,对课堂的小结是比较重要的一个环节,但我们很多课堂都没有这一环节,这个课堂环节的设计,我认为十分重要。这个环节是学生对自己所学的思考,以及判断自己所学是否到位,是否达成我们学习目标要求的重要部分。对于小结,我认为可以引导学生完成三个方面。第一,我们今天学习的知识是什么。第二,我们解决问题的过程和方法是什么。第三,我们的经验是什么,其中经验包括好的也包括不好的。这样可以让学生做得更好一些,谢谢大家,我的点评结束。

【第五位评委】

大家好,我是来自深圳南山区的数学教研员陈力。刚才听了几位老师的课,也听了在场这么多专家的点评(澄清一下,我并不是专家,只能说是老教师,况且现在专家也不是什么好词儿),我谈一下自己的感想,关于课的理念和方法,前几位专家已经点评得很好了,我想后面的专家也自然会讲到。我谈几点看法:

第一个是总体上来说我觉得八位老师都很注意点拨、引导和鼓励,另外还有一些创新,像今天的一位老师,他的课里面有很多值得我学习,比如一道例题,幸福边和幸福三角形,这本身就是一种创新。但是在八节课里面,我觉得教师的创新要多于孩子的创新。孩子的创新,还有些落后。另外在鼓励方面,各个老师都做得很好,我觉得这个鼓励可以分为两个层次。第一是表面上的用话语来鼓励,或者鼓掌和表扬。另外一个是较为高层次的鼓励,比如另外一位老师的课,在最后几分钟,给了一个例子(前几届学生做过的)去引导学生完成。这种鼓励能给学生一个很好的暗示。教给在座的所有年轻老师一个方法,准备一个小本子,记录每一届学生的奇思妙想,记在一起,一届一届地往下传,包括这些学生的名字。我会告诉孩子,这本本子的名字就叫作奇思妙想,这里面的名人就来自你们。这对于每一届的学生,都是一种无形的鼓励。另外,我的感想就是非常真实,大部分的好课,都要经过许多次的模课。但我觉得,我们不能因为比赛,而丧失了实质。我们应该要懂得在实际的课堂中,你也要这么讲。但是我们这两天看到的来自不同地域,不同风格的八节课,尽管有小的瑕疵,但都非常真实,没有表演的痕迹。这也是我觉得做得十分好的一点。

另外我想说的就是,师生关系。数学课堂标准强调,数学课堂,应该在师生平等的关系上进行。八个老师都非常注重这一点,在我们上课之前都有十分钟的时间,这个十分钟衔接的非常紧密,但上课的老师都很想在上课之前与孩子们进行一下接触,可能只有两三分钟的时间,但是无论哪个老师,都很注重暖场这个细节。其实我们都知道借班上课都是有一定的困难的,各位老师都能在课前的几分钟以及课堂上,注重和孩子之间的互动,拉近关系,调动气氛,无论用什么样的方式。从这里可以看出教师的个人感染力和教学机智。但我觉得有一点要注意,暖场大家都做得不错,但是整个课堂没有high起来。不管设计得再好的课堂,都需要学生的配合。而你的学生的配合,不是作秀,你并不是王子健,你也不是周立波,你需要孩子们真心实意地来配合你,所以你要让你的课堂热闹起来,你就要和学生配合下去。所以我觉得在这些地方,老师还要改进,因为只有课堂high起来了,你的课堂才会产生火花,才会有意想不到的收获。

最后我再谈一点感想,我从事中学教育31年,我自己的体会是数学这门课,因为课堂本身比较严谨,所以会比较刻板一下,学生学起来就会有些困难,导致一部分学生望而却步。时代在进步,所以课堂也在不断地变化,比如说现代化的设备,高科技啊都用到数学课中。因此我们希望能在现在的课堂里,加入一些民主、人文的思想,渗透一些关怀,包括这两天的八节课,我们也看到了一些时尚的因素以及一些娱乐的因素,比如抢答和求助,有位老师提到了,你们可以求助同伴,也可以求助我。还有及时奖励和细微的调侃。这些细节就像美食的调味料一样,如果你做得好,会使得饭菜更加可口,当然它不能以牺牲数学的理性和严谨性来换取。也就是说不管我们这些老人家乐意不乐意,孩子们认可,孩子们接受,我觉得就够了。这一点值得我们思考和借鉴。这两天,我们展示的老师,听课的老师以及我本人,都收获特别多。八节课都有各自的亮点,太多的细节值得我们学习,各具特色,精彩纷呈。我们八个人和总点评加在一起,也不能将所有的都概括。谢谢大家!

【第六位评委】

谢谢各位老师,各位领导,我来自大连金州新区,大连话不太会说,只能用普通话和大家交流。感谢这八位老师和杭州的可爱的孩子们,还感谢在座所有参与活动的老师。正是因为大家共同的努力,为我们营造了一种浓厚的数学学习氛围。按照主持人的要求,我从两个方面,对看过的课进行回味与反思。我个人认为,点评和数学证明题中的辅助线一样,有些人认为它十分重要,有些人认为它可有可无,但无论如何,它都是一条虚线,更主要的还是回味原题。我们来回味一下看过的这八节课,昨天上午的三节课,张玲玲老师的亲切,李馨老师的青春,张厚东老师的深信,昨天下午的三节课,席波老师的甜,陈波老师的柔,今天上午的两节课,曾波老师的朝气与活力,胡妙婵老师的细腻与朴实,都给我留下了很深的印象。如果让我对这八节课做一下归纳的话,可以从三个方面谈一下感受。

第一,各位老师都尽量地彰显自己数学思维和方法,课堂上我们看到,孩子们从做题,逐渐地走向了学数学;孩子们从解决问题,走向了问题的解决;孩子们从回答问题走向了对话的情节。这使我们很欣喜地看到了数学课上的转变。

第二,八位老师在极力地,真正地让学生独立地思考。课堂上我们可以看到,有学生不会的场景,我们很高兴地看到课堂上,有学生静静地想,默默地做,我们更高兴的看到有学生不求助于老师,老师给学生营造了一种先独立思考,再合作交流,再求助的真实的学习过程。

第三，八位老师最大限度地让学生真正地经历数学学习以及数学思辨的过程。课堂上我们看到学生在剪，在拼的操作过程。这些都是老师留给学生的课堂空间，无论是创设的问题情境，或者是带着学生建立数学模型也好，抑或是和学生一起探究，真正地让学生体会了数学学习的过程。如果没有组织纪律的要求，我会给八位老师都打一百分。但是有纪律要求，这个分数，对于各位上完课的老师已经不怎么重要了。

尽管如此，倒不是说每堂课都是完美无缺的。我想说的第二个话题就是，由八节课引发的深度的思考，留给在座有志于初中数学研究的各位老师共同回味。第一，教师如何让每个孩子都能真正地参与数学学习的过程中来，让学生真正地做到主动的学习。第二，多媒体的"动"与数学的"静"该如何完美地结合。对于学生的认知留一些空间观念。第三，精到的教学设计，如何转化成精美的教学行为，让教学设计落到实处。谢谢各位！

【第七位评委】

前面六位评委已经做了非常精到的点评。我想介绍一下我是来自成都市的数学教研员。我想两天八节不同文化塑造的数学课程，通过这样一个课堂研究的交流和碰撞，让我们经历了一场又一场的数学头脑风暴。于是从事共同的数学思想方法，不同教师的思维策略，以及个性化的教与学的方式，借助试验区第二届教学展示课的平台，得到了很好的张扬。特别是初中数学课堂的探索的价值和内涵，得以升华和张扬。下面我就从两个方面，谈谈我对这八节课的总体评估。我想在这八节课中，体现了很多很好的新方法。

第一，我们老师非常明确教学要求，在教学设计和教学过程中，做到了突出重点和把握难点，设计了有针对性地处理关键知识点的教学情节。刚才有评委提到了九龙坡一次函数应用的方案设计，四个主题式的探究参与，我觉得它设计十分到位。

第二，八节数学课的课堂总体来说是注重结构，张弛有度，有序、有效的推进，特别注重数学思想方法的渐进性和学习效果的累积性。与此同时，我们数学课规范的板书、规范的文化语言以及数学文字语言与符号语言之间的转换，我认为在每一个参赛老师身上，都得到了很好的展现。比如，杭州下城区老师，用兵法的对阵，纸上谈兵和用兵之道，把数学的平移、变换和对称等等相应的变换，很好地结合在教学设计和教学过程当中，给了我们很强的视觉冲击。

第三，我们老师因来自不同地区，版本教材也不同，这次的比赛需要我们教师创造性地使用教材进行改编，这为接下来的教学提供了很好的借鉴和思考。关于这一点，纵观八节课，都很好地体现了材料的情景化和数学内容形式化之间的平衡关系。

总体来讲，我觉得学生在这八节课中的表现，还是不错的。比如曾波老师的勾股定理，他的白板教学。我们金州新区大概有400多块白板。我们的中小学老师大量地在使用白板教学，而且是反复地操练。我们自己去开展教研活动时，我们也很注重通过设备去提高课堂教学的效率。我们曾提出在课堂教学中，合适和必需的相关要求。最后，我认为整个课堂教学进程与课堂教学设计中，体现出我们教师十分注重精心变式。不同的课有不同的方法,数学课堂中对学生提出了发散性思维的要求,非常注重学生思维的广阔性和敏捷性,注重建立合适梯度,有效开展变式教学。我认为这是中学数学教学中我们必须坚持和发扬的。

以上是我认为这八节课中整体呈现出的精湛和优秀的方面。与此同时我认为还是有几个问题需要大家思考的。

第一点,八节课中有六节课实际上没有完成课堂教学。没有完成的原因在于课堂教学的设计产生了问题,在我们确定了教学的容量和标准方面,我认为是过了。这个需要我们教师认真地思考和研究,我认为最后我们预设的结果并没有达成。

第二点,八节课的老师上课的节奏和轻重的快慢把握还没有给人一种优美、抑扬顿挫、有所轻有所重、详略得当的感觉,这种感觉还不是非常清晰和明显。什么时候用具象,什么时候用表象,什么时候用抽象?我想具象、表象和抽象是递进的关系,该具象的时候用抽象,反而减弱了学生的思考力度。

第三点,很多课,在学生的检测和反馈方面,这些课不一定明显地体现出来。我们数学课必须在课堂上展现对一些知识的理解和把握,但我认为对学生进行有效的检测和反馈,在课堂教学过程中有所欠缺。

第四点,课堂中较少有对学生的作业分析,我认为课堂因为浓厚而精彩。我们应该抓住这些稍纵即逝的机会,很好地去理清学生错误的原因,了解学生错误的背后是什么,这有助于对学生的点拨和指导。这样才能提升学生的学习兴趣。

这两天八节课,从不同角度和不同层面,反映了各个地方对教育的理解和追求。我相信有我们共同的努力,我们一定能使课堂成为学生一生中最美丽的回忆,谢谢!

【第八位评委】

各位领导,各位专家,各位老师,大家好,我是杭州下城区的数学教研员。首先,感谢中国教育科学院将初中数学教学的武林盛会放在下城区,让我们能有机会向兄弟试验区学习。前面七位评委老师的点评,都很到位,对我启发很大很大。下面,我也说一下自己的感受。这次上课的八位老师都有自己鲜明的特色。川味之热情,川哥哥魅力四射,深圳老师干脆利落,大连老师气场十足,广州老师实实在在,两位宁波姑娘婉约如邻家姐妹。而各位老师的教学设计可谓精彩纷呈,鄞州老师的石头剪刀布,大连的深圳老师阵法的多样化,北仑老师填表求助后的驻足观察,广州老师的类比学习等,看似随意,实则清新,还有在新课程标准实施后,数学似乎亲民了,很多老师尝试将各种文化加在数学教学中,如:这次鄞州的喜羊羊与灰太狼,北仑的水资源利用,还有川妹子美轮美奂的重庆游记。如果说我们下城的李诸葛让大家回到三国,那成都的熊猫盼盼老师则带我们领略了千年之前之美,如果说数学是冰美人,那么这些上课的老师们,都在试图揭开冰美人的面纱,将美人的内在和外在美一一展现出来。再次感谢兄弟实验区给我们传经送宝,我的讲话完了,不当之处请大家指正,招待不周之处请大家海涵。

【主持人】

感谢张老师,我们也应该感谢在这两天,甚至是这两天之前的两个月里,我们大会的工作人员,在这里一并感谢。接下来最激动人心的时刻到了,教育综合实验区办公室蒋芳老师为我们公布本次活动的评比结果。

【蒋芳老师】

高质量课堂展示活动,在大家的有趣和创新中圆满结束了,我代表主办方、承办方向参与本次活动的评委、来宾和老师表示衷心的感谢。经过我们的统计和核对之后,计分结果已经显示在这里了,我先把评分规则解释给大家。八个评委对每个赛课老师有四项评分(包括课堂效果,师生互动,课堂气氛等),排序和总分根据累计后的总分给出。所有评委给出的分数,去掉一个最高分,去掉一个最低分,再求平均数,得出最后的平均分。结果公正,所有评分结果和投票结果我们都保存留档。如果有老师需要核对的,我们十分欢迎,接受大家的监督。我们对这些老师取得的成绩表示热烈的祝贺。谢谢大家!

【主持人】

谢谢蒋老师为我们揭晓比赛的结果。接下来我们有请本次活动总评专家——中国教育科学研究院数学课程专家李铁安,为我们做总评。

【李铁安老师】

中国教科院第二届高质量课堂展示马上就要结束了,应该说是圆满地结束了,如果说有什么不圆满的,可能是我接下来讲的这些话。另外,在最后做讲话实际上是一件很困难的事情。一个是在最前面我们八位老师上课之后,八位老师也做了点评。尤其是,整个评分结果已经出来了,大家正在对结果比较感兴趣的一个阶段,所以我接下来的讲话可能会很困难。但是我想对自我做一下介绍,我是一个没有参与课堂评分的局外人,按照组委会要求,我对整个活动进行点评。我想首先我两天来用了320分钟时间全程地聆听了八位老师的展示课,我最想对八位老师的辛劳和智慧表达一下敬意。这是我的心里话。中国教学院举办了一个高质量的课堂展示,这个各位老师也都了解,这是第二届,第一届在成都,第二届在杭州。课堂是我们中国教育科学研究院在教育改革和推进的过程中一个非常重要,也是一个非常核心的主题。我们教科院在下一步深化教学改革的总领的思路中,提到了这样几句话:要以质量为导向,要以教师队伍的建设发展为核心,以课堂教学为突破点。今天老师们也都看到了,我们院里的书记和国际交流中心的王主任也全程聆听了我们的课堂,说明我们院里十分重视这样的活动。虽然已经将所有的分数都展示了出来,但是大家看,这个标题是高质量课堂展示,展示一词就代表了我们对这个活动的定位。这样的八节课,我似乎没有勇气来形容。为什么这么说呢?因为一节课的精彩,不在于教师讲得精彩,更多的在于我们学生学习得精彩,在于我们学生在这个四十分钟里对知识的感受精彩。以往我在做教学比赛的时候，我会坐到最能够看到学生表情和眼神的这样一个位置。因为在我看来，学生在课堂中语言的表达，学生的表情，尤其是学生的眼神，更能够直接和客观地反映学生在这个课堂上学习的收获和生命的体验。但今天我坐在了后面，我没有完整地看到学生的表情和眼神。更重要的是，这节课我们也没有对学生进行真实的调查，例如学生一节课下来之后，我刚才说了，更多的精彩在于学生的学习是精彩的，学生的体验是真切的。我们没有对学生做这样的调查，所以我们不知道学生的体验究竟是怎么样的。所以在这里我说，我似乎没有勇气来形容这八节课。另外呢，每个人的心中都有一节好课，都有一个好课的标准。我刚才也看了我们评分的结果。在我心中也有一个所有课的排队，那可能是另外一张评分表。事实上，评价永远是一个很难的事情。不仅需要我们每个人对所评价的对象有一个客观的、真实的评价标准，更需要一个科学的、合理的评价模式。更重要的是，评价的时候还要有一份良知。我觉得中国的教育，最欠缺的，实际上就是良知。我们中国的教育，迫切地需要一份良知。所以我没有勇气说精彩，我也不想把我希望中老师课堂展示的排名说给大家听，这个是没有意义的。

但是呢，我想这两天来，对八位老师奉献的这个课，有这样几点感受，我想谈一下。八节课反映了这样一个特点，什么特点呢？我用一个词来形容，就是创新，那么在这里我从这几个方面来梳理一下。

第一，我认为我们八位老师选课的内容第一是十分经典，第二覆盖面比较全，比较多样。我们看到有两节代数课，分别是一次函数和二次函数。这从课程的内容来说，可以说是响当当的。还有一节统计概率，事件的可能性。这是统计中非常基础的一个知识。还有五节几何课，那么在五节几何课中，有两节是梯形，我想在我们初中学习中，这个内容的学习是十分激动人心的。还有三节从课的塑造来说，我将它归到综合实践活动的课中去。直角三角形勾股定理和辩证的题法，还有关于一道几何题的奥秘都引发我们对于数学的思考。这五节课的内容，在场的数学老师都清楚，这些都是极富挑战力的内容，也是多样的内容。

第二，我们内容的设计，思路很开阔，拓宽了我们对数学内涵的理解。在八节课里面，我们看到生活进入了数学课堂，历史进入了数学课堂，文化进入了数学课堂，地理也进入了数学课堂，风土人情、音乐包括诗歌、名言，也都进入了数学课堂。刚才有个老师也谈到，数学，往往给人庄严而冷峻的感觉。那么这些元素进入了数学课堂，我觉得至少拉近了学生学习和认知的距离。在这里，我看到重庆的老师通过去重庆旅游，在这个过程中，可能会发生的一些问题，做了一个主线索，来呈现一次函数的内容。我们下城通过设置一个穿越式的学习情境，来带领学生进入几何变换的直观的欣赏。

第三，在这八节课里面，每节课中都有独立思考，启发感受，合作探究，合作学习，有现代化辅助教学手段。尤其是我们成都曾波老师的课，在这里面这种教学手段的使用，让我耳目一新，我觉得这一种就是手段。一方面它可以激发学生的兴趣，另一方面可以快速地了解学生的学情。我想这个技术在某种程度上来说，是为学生学习活动设置的一个新的模式，当然，不是没有问题。这两天来无论是我们的主持人，还是八位评委老师，都用了十分优美的词汇，来评价我们的八位老师，但是我还想说，这八位老师还有一个共同的特点，就是他们都很爱学生，他们都尊重学生。这一点，我想对于我们的课堂教学，是尤其重要的。或者说，没有爱，没有尊重，就不要谈质量。这是在八位老师身上我看到的最重要的一点，因此，我在这里对八位老师表示深深的敬意。另外，我觉得我们八位老师的基本功非常扎实，对深层问题的处理很到位，每位老师的教学设计我都标注得很细致，包括每一个环节的设置和每一个细节的处理。但今天我在这里我不想具体地来谈了。

作为中国教育科学院的专家，我想谈这样几个事情。

第一个，关于我们数学新课程的基本理念，这个不多讲，我就谈两个核心的东西。在修订之后的数学课程标准中，对数学教育的价值表述，有一句话非常重要。要发挥数学教育在培养学生思维能力和创新能力方面的不可替代的作用。这是原来的课程标准中没有的，这句话是对数学教育价值的最直接的定位，所以排在最高位置。我想在场的老师们，如果你对新课程标准什么都不知道，什么都忘了，那么请你记住这一句话，因为这是对数学教育的价值定位，我们做任何一件事，都必须考虑这件事的价值到底在哪里。思维能力和创新能力是无可替代的，那么在数学教学过程中，如何设计这一点呢？我认为，第一个就是抽象思维能力。数学最本质的一个特征，就是高度的抽象性。高度的抽象性使得数学这门学科区别于其他学科，在自然社会生活中具有广泛的应用。现实生活中的东西都可以抽象成数学，这其实也是一个数学建模的过程。数学方法也可以返回去解决这些问题。第二个就是逻辑推理，这个逻辑推理能力一度被人们淡化和忽视，导致我们在初中课程教学中对逻辑推理这方面的培养以及认识都有所欠缺。逻辑推理不止在几何的问题上可以用，代数的问题上也可以用到。这逻辑推理能力是理性思维的最直接的要素。第三个则是合情推理能力，还有发散思维能力和举例思维能力，后面几个能力课程标准中没有做详细的解读，课程标准即使是用了六年的时间重新修订，也没能做到尽善尽美，有些问题仍然是模棱两可。这是新课程标准具有特色的两句话，希望我们的老师们能够认真研读并且深入思考。在这里面有几个核心的理念，比如数学思想和数学活动经验。课程标准中指出，培养学生发现、提出和解决问题的能力，这也是问题解决的全过程所需要的。这是非常合理的理念。还有，新的课程标准中，出现频次非常高的词语，叫作独立思考，我想这是一个非常具有导向性的问题。它要结合我们的教学方法来考虑，我们该如何去落实学生独立思考的这一环节，又如何去处理这些理念之间的关系。思考它们到底是什么含义。我想关于问题解决、独立思考，我们是否能用这样一句话来理解新的课程标准：对我们当今数学教学的要求，我们要让学生真正经历独立思考，经历问题解决的全过程，有机地渗透数学思想，培养和积累学生的数学活动经验。这就告诉了我们应该如何去做。

第二个话题，目前我们初中课堂上还存在哪些欠缺之处。我并非针对我们这八节课，我也听了几百节不同的初中数学课，我想谈谈这个话题。这样几点也是我们应该共同思考的，国家中长期教育改革发展当中讲，要把促进学生健康成长作为学校一切工作的出发点和落脚点。逻辑推理、课堂是学校工作的一部分，所以我们的课堂也要将学生的健康成长作为我们教育教学的出发点和落脚点。但是我们看，我们中国的初中数学课堂，我们的育人性不见了，这是我们所欠缺的，这也是我们遗忘或者迷失的。过分地追求知识的准确率和技能的熟练度。这也没有办法，我现在发现因为中高考压力比较大，所以在初中教学里，很注重这一点。我们往往在教学上，追求效率和技能的熟练度，我们要对这些进行时间的保证。所以在课堂上，我们老师往往要暴露这个解题的正确思路，而不敢或不愿把解决问题时错误的想法暴露。因为要追求效率，所以一切都那么的合情合理。但是学生怎么想呢？因此我非常赞同刚才一位老师的观点。我们老师在课堂上不要思考你会如何想，我们应该思考，学生会怎么想。学生的主体性，不是仅仅喊口号，我们应该将它落到实处。主体性包括态度主体性、意识主体性、思维主体性以及活动主体性。课堂教学中缺乏活跃的思考。最后也是最重要的问题，教与学的关系处理的问题。课堂中，老师的教和学生的学是互相呼应的。我常常说，教与学有三个要素，一味地谈以学定教，本身就不客观。不要忘了，还有以教导学。以教导学和以学定教，这两者是呼应的。我们课堂上如何处理这个关系，这也是十分重要的。

接下来我讲一下我心目中的好课，和我心目中的好教师。我心目中的好课堂用一句话说是给定的课堂。"给"有三给：一是把一份尊重关爱关怀抛出来给学生；二是结合本质和育人内涵把课堂挖掘出来给学生；三是教师要把发现、思考、实验、应用和创造的机会给学生。在这三给之下，还可以产生三力。如果能做到三给，也能做到三力。第一力，就是我们教师在课堂上的亲和力；第二力，我们课程的穿透力；第三力，学生学习的生命力。这是我对我心目中好课的解释。三给也好，三力也好，都有其理论依据，在这里我不多做解释。接下来我想谈的是，好的数学课堂，能让学生真正地经历独立思考，经历独立发现问题、分析问题、解决问题的过程，并在过程中，教师能有机地渗透核心的数学思想，能够培育学生并让学生积累经验，这是我的一个认识。下一个话题是建议，主要有三点。第一点，追本溯源，三层意思，一是认真研读新的课程标准；二是深入挖掘课程本身内涵；三是理性出击。创新的同时要追问，你为什么要创新，你创新的依据在哪里？我们创新有好的方面，但是否会产生新的问题？如果遇到新的问题我们该如何解决？所以我想，理性创新，非常重要。第二点，淡化形式，注重实质。一是精心挖掘和设计问题。问题第一要保证好，第二要保证精。当然，我们可以创造或者塑造问题。要塑造真的、好的问题。二是注重过程，主要是思维过程。在我们数学课堂上能否给学生留出思考的时间？注重过程主要是注重思维过程。这八节课，我要对概念教学做一个分析，概念教学过程中，我认为老师们都忽视了一个环节，就是概念出来了之后，先要举例。举例不是我们给的举例，而是让学生举例，这是让学生的概念有一个重构的过程。经历这个过程之后再拿出一个例子来辨析或者判断，让学生自己经历，这个是一个归纳演绎的过程。这就像两个翅膀，一个是归纳，一个是演绎，而且我们要将这两个翅膀呼应起来，从归纳到演绎再到归纳，或者从演绎到归纳再到演绎。如果说哪位老师有同感的话，也可以和我交流一下概念教学。还有就是如何在概念教学上加以创新，在这里，我想让学生举一个例子，这是一个很不错的想法。第三，目标和策略的统一性，其含义就是策略是为目标而服务的。我经常看到这样的课堂，目标是这样的，策略却是那样的。第三点,耐心收割。我也做过多年数学老师,除了小学数学外,其他程度的数学我都设计过。我常常用这样一句话来形容我们的数学课堂:我们不同于别的课堂的地方在于,我们要把三年,甚至是六年的课堂,当成一节课来上,而不是把一节课当成三年来上,因此我们要从容,数学课上当堂清,当堂的知识可以清,当堂的目标是清不了的。我们都不知道十五分钟的内容孩子掌握了多少,我们当然也不知道四十五分钟下课铃响之后,还给学生留下了什么。所以目标无法清。另外,耐心收割,我们要通过展望孩子们三年后的成长,来定下我们今天的数学课到底要学一些什么。我想这对于初中的数学课堂尤其重要。

最后,说句心里话,我们中国教育科学院有了如此好的一个平台,让我们的课堂教学有如此的交流和碰撞,我们希望能够团结一致,矢志不渝地去创新,能够精益求精地去求实,能够带着一份真爱,带着一份对数学课堂的情怀,来好好经营我们中国教科院实验区的数学课堂,希望我们能够引领和影响我们中国的数学课堂,乃至影响其他课堂,真正形成我们中国教科院独具特色的、有气派的好数学课堂。我相信这两天来无论是老师,还是各区的教研员,他们所展示出来的智慧,还有各个区对这次活动的高度的重视,有理由相信,追求高质量的课堂,这样的期望是可以实现的。说的内容有很多可能都不准确,希望各位批评和指正。

【主持人】

感谢李铁全研究员,也感谢八位教研员。以研究员的话来说,最重要的是具有亲和力、生命力、穿透力的给力的鉴定,聚焦课堂,头脑风暴,共同进步,决胜反而是次要的事情。带着这场饕餮盛宴的余味,我们即将踏上归途。我们相信,明年的活动一定会更精彩! 今天的活动到此结束,谢谢各位的参与!

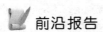 前沿报告

高科技课堂的感慨

——希望有中国式的"反转课堂"

5月15—16日,中国教科院教育综合改革实验区第二届高质量课堂展示暨下城区"名师好课堂"第四期研训活动在安吉路实验学校举行,我很荣幸听完了所有展示老师的课,其中成都青羊区树德实验中学曾波老师的课堂令我感触最深,我也想就他的课抒发一下自己对科技教学的思考!

多媒体技术是为教育服务的:鉴于本次活动全程微博互动,所以我先引用两篇对此堂课的微博评论:

1. 成都曾波老师给我们带来了华丽的技术展示,让与会教师眼前一亮。曾老师熟练的"触电"能力也让人佩服。我们教师也该多多学习新技术,使教育技能与时俱进。

2. 高科技也离不开黑板与粉笔,处理好两者的关系,是数学老师应该追求的!

我作为一名刚刚踏上教学岗位的年轻教师,深深感觉到只有学生认真听了你的课,

你想传达的知识才有可能让他引起共鸣，不然你的设计再精心他不听你都是白搭！我觉得把随机抽取学生姓名的软件用于叫学生回答问题，很好；用抢答器来回答问题，很好；选择题还有仪器及时统计全班的正确率，更好。

在台下听课的时候，我觉得这样的科技课堂让我最专心，最专注。也同时让我思考一个问题：什么样的数学课堂是学生参与度最高的？众所周知，数学课堂是实施数学的素质教育的主渠道，课堂教学是学校教育活动的基本组织形式，是传授知识、培养能力、全面提高学生素质的主要途径。当今中学生对老师有很强的依赖心理，习惯跟随教师运转，没有掌握学习的主动权。表现在不制定学习计划，坐等上课；课前不预习，对老师上课的内容不了解；上课忙于记笔记，或呆坐听着，上课不得要领，没听到门道。凡此种种都是学生没有真正参与教学过程，也就是参与意识差，被动学习。

听了曾老师的课，我想若干年后，中国是不是也可以有自己的"翻转课堂"。传统的教学模式是老师在课堂上讲课，布置家庭作业，让学生回家练习。与传统的课堂教学模式不同，在"翻转课堂式"教学模式下，学生在家完成知识的学习，而课堂变成了老师学生之间和学生与学生之间互动的场所，包括答疑解惑、知识的运用等，从而达到更好的教育效果。

随着互联网的普及和计算机技术在教育领域的应用，"翻转课堂式"教学模式应该可实现了。学生可以通过互联网去使用优质的教育资源，不再单纯地依赖授课老师去教授知识。而课堂和老师的角色则发生了变化，老师更多的责任是去理解学生的问题和引导学生去运用知识。

如果可以让学生晚上在家完成对知识点的学习，上课的时候每人配备一个电子作业本，不仅仅是选择题可以及时统计反馈，填空题解答题也可以做到！教师可以把数学教学课堂当作一个学生展示自己的天地，可以在讲板上直接呈现学生在电子作业本上的解答，而不再需要一个一个拿上来投影呈现，极大地提高效率。我想如果不再让教师的主观意志去衡量对错，而是让电脑直接筛选的话肯定更有意思！然后这个电子作业本，可以记录你每天的作业情况，对你的错题进行整理，然后再自动呈现同类型的题目让你纠错，这真的是太有意思的设想了。让每一个学生都成为参与者，让每一个学生都成为实践者，让每一个学生都成为研究者，让每一个学生都成为探索者，让课堂真正成为学生赏心乐学之所，奇思妙想之处。想得有些远了，希望真有那样一天吧，让科技真正地融入教学。

后　记

　　在"名师好课堂"书稿即将付梓之际，想到了"名师好课堂"这一新生的教育产品在实践的过程和整理著述的过程中，都得到了各方的大力支持和帮助。从"名师好课堂"这一平台的诞生、成型到发展，始终有浙江省师干训中心、浙江省名师名校长工作站的关怀和扶植。每次活动，承办的学校及教师都尽心尽力提供服务，兄弟市县积极组织，区内外教师认真参与，主动反思。大家的努力和付出，使"名师好课堂"风生水起，影响广远，口碑极佳。书稿的出版得到了浙江大学教育学院肖龙海教授的关心和指导，也得到了浙江大学出版社的大力支持。浙江大学教育学院刘力教授不仅亲眼见证了"名师好课堂"的发生、发展，还倾心作序。下城区教师教育学院张祖庆、柳琏、汪燕宏、汪和庆、张琳、陈红霞、叶晓林、徐园、张晋红、戴秀梅、施环红、邵理云、金铃等老师用心策划、精心组织每次活动，还全情投入书稿的编著中，甚至放弃休息时间，将大量的信息汇总、整理和提炼，真实而全面地再现了现场活动的精彩，为顺利完成书稿做出了极大的贡献。对于以上及其他为本书的编著做出努力和贡献的广大教育工作者，一并表示衷心感谢。

　　"名师好课堂"虽已出版，但其实践探索的道路还更长远。我们愿意与教育领域内的广大同仁共同把"名师好课堂"这一平台搭建得更高更广。期待"名师好课堂"在下城区有更加美好的明天。限于水平，书中难免存在不足之处，恳请大家多提宝贵意见和建议，以便在后续的研究中探索中不断完善和深化。

唐西胜

2015 年 9 月

图书在版编目(CIP)数据

名师好课堂:研训教一体化创新 / 唐西胜编著.
—杭州:浙江大学出版社,2015.11
ISBN 978-7-308-14913-6

Ⅰ.①名…　Ⅱ.①唐…　Ⅲ.①课堂教学－教学研究－
中小学　Ⅳ.①G632.421

中国版本图书馆 CIP 数据核字(2015)第 168415 号

名师好课堂——研训教一体化创新
唐西胜　编著

责任编辑	吴伟伟 weiweiwu@zju.edu.cn
责任校对	杨利军　陈晓璐
封面设计	春天书装
出版发行	浙江大学出版社
	(杭州市天目山路 148 号　邮政编码 310007)
	(网址:http://www.zjupress.com)
排　　版	浙江时代出版服务有限公司
印　　刷	杭州日报报业集团盛元印务有限公司
开　　本	787mm×1092mm　1/16
印　　张	18.25
字　　数	410 千
版 印 次	2015 年 11 月第 1 版　2015 年 11 月第 1 次印刷
书　　号	ISBN 978-7-308-14913-6
定　　价	49.00 元